高等学校"十四五"规划教材

大学生就业指导

刘 畅 主编

化学工业出版社

·北京·

内容提要

《大学生就业指导》始终秉持"立德树人"的理念，针对大学生就业指导课程的实际需要，以求职择业为着眼点设计内容，同时将德育和思想政治工作贯穿其中，引导大学生树立正确的就业观和劳动价值观。本书不仅使大学生获得可持续发展的择业知识和求职技巧，而且激励大学生树立家国情怀，奋力建功立业，争做新时代有理想、有本领、有担当、有作为的新青年。

本书共分五章，包括就业形势与就业观念，就业途径与就业信息，就业材料与应试准备和就业协议、就业流程与权益维护以及职场适应与职业发展。本书各章节前设有"学习目标""学习重点""案例引导""案例分析"，章节后设有"拓展阅读"和"思考与练习"，体例活泼，逻辑清晰，有较强的针对性和实用性，可作为本科及高职高专学生教材。

图书在版编目（CIP）数据

大学生就业指导/刘畅主编.—北京：化学工业出版社，2020.9（2022.8 重印）
高等学校"十四五"规划教材
ISBN 978-7-122-37697-8

Ⅰ.①大… Ⅱ.①刘… Ⅲ.①大学生-就业-高等学校-教材 Ⅳ.①G647.38

中国版本图书馆 CIP 数据核字（2020）第 168663 号

责任编辑：唐旭华　王淑燕　　　　　　　　　装帧设计：张　辉
责任校对：刘　颖

出版发行：化学工业出版社（北京市东城区青年湖南街 13 号　邮政编码 100011）
印　　装：北京建宏印刷有限公司
787mm×1092mm　1/16　印张 10¼　字数 246 千字　2022 年 8 月北京第 1 版第 2 次印刷

购书咨询：010-64518888　　　　　　　　　　售后服务：010-64518899
网　　址：http://www.cip.com.cn

凡购买本书，如有缺损质量问题，本社销售中心负责调换。

定　价：26.00 元　　　　　　　　　　　　　　　　　　版权所有　违者必究

前言

就业是民生之本，更是安国之策。2019年的政府工作报告明确要引导各方面集中精力抓好"六稳""六保"，其中"稳就业""保居民就业"作为"六稳""六保"任务之首，并进一步明确"就业优先政策要全面强化"，这进一步彰显了就业在我国经济社会发展中的优先位置和重要地位。

随着社会的发展以及高等教育大众化进程的加快，越来越多的学生有机会走进大学校园，随之而来的大学毕业生数量也在"水涨船高"，大学生就业问题已然成为不容忽视的社会焦点问题。据统计，全国2020届高校毕业生人数已攀升至874万人，再创历史新高。受新冠肺炎疫情影响，经济下行压力加大，新增就业岗位减少。多重因素叠加下，大学毕业生的就业竞争更加激烈，就业困难指数明显上升。"保居民就业"是"六保"的首要和核心内容，而保大学毕业生就业则应该成为"保居民就业"的重中之重。党和政府十分重视高校毕业生就业工作，始终把高校就业工作放在全国就业工作的突出位置。为了缓解大学毕业生就业难的问题，教育部、各高校以及各地方政府从升学扩招、增加岗位、专项招聘、就业服务、加强指导等方面多措并举，采取有效措施积极促进就业。

大学生就业指导的探索与研究聚焦提升大学生的职业素养，是高等教育坚持以学生为本、打造大学生就业竞争力、为大学生解决切身利益的重大研究课题。这有利于推动高等教育进一步落实以"出口"为导向的教育教学改革，为真正做到"入口旺，出口畅"奠定思想认识和理论知识的基础。

辽宁石油化工大学一直十分重视大学生就业指导工作，在机构设置、人员配备、课程建设、师资培养等方面重点推进。多年来，就业指导课程一直作为本科学生的必修课列入教学计划，在指导大学生树立正确的就业观念、引导大学生端正态度等方面发挥了不可替代的作用。大学生就业指导是一门具有很强实践性的课程。为贯彻全国高校思想政治工作会议精神，坚持"立德树人"的教育理念，本书在编写过程中注重挖掘课程所蕴含的思想政治教育元素和所承载的育人功能，如家国情怀、建功立业、爱岗敬业、脚踏实地、服务基层、责任意识、社会实践、人际交往、核心素养等育人元素，使"课程思政"教育新理念在教材建设中"落地生根"，达到就业指导与思想政治教育同向同行。本书结构简明、内容翔实、贴近实际，具有很强的指导意义和应用价值。希望本书能够帮助大学生增长求职应聘的相关知识，树立正确的就业观，以实现无业者有业、有业者敬业、敬业者乐业、乐业者创业的最高境界。

编者在辽宁石油化工大学主要从事就业指导的理论研究、教育管理、教材建设等工作，具有丰富的理论和实践经验。本书由辽宁石油化工大学刘畅担任主编，共分为五章，具体分工：刘畅撰写第一章、第二章、第三章、第五章，张金辉、冯锡炜撰写第四章。全书由刘畅负责统稿和审定。

本书在编写过程中广泛借鉴和吸收了国内外最新成果，参阅了大量有关就业指导的教材、著作、文献和网络资料，吸取了不少有益见解和精彩案例，力争集思广益、博采众长。辽宁石油化工大学马克思主义学院硕士研究生杨萌萌对全书进行了初稿校对，北京万瑞腾达投资基金执行总裁牛晋提供了有针对性的教学素材，化学工业出版社有限公司对本书的出版给予了大力支持和帮助，在此一并致以真诚的谢意。

由于编者水平有限，书中不当之处在所难免，恳请各位专家和读者批评指正。

编者

2020年8月

目录

第一章　就业形势与就业观念 —— 001
学习目标 / 001
学习重点 / 001
案例引导 / 001
案例分析 / 002

第一节　理性认识大学生就业形势 / 002
一、大学生就业的基本形势 / 002
二、大学生就业的基本特征 / 004
三、石油化工行业特点、发展趋势与人才需求新变化 / 009
四、影响大学生就业的主要因素 / 017

第二节　树立正确的就业观念 / 018
一、树立家国情怀，奋力建功立业 / 018
二、提升综合素养，助力终身发展 / 019
三、爱岗敬业为荣，脚踏实地作为 / 023
四、面向基层就业，树立服务意识 / 024

拓展阅读 / 025
思考与练习 / 026

第二章　就业途径与就业信息 —— 027
学习目标 / 027
学习重点 / 027
案例引导 / 027
案例分析 / 028

第一节　扩大就业的途径选择 / 028
一、大学生就业的基本途径与流向 / 028
二、选择合适的就业途径 / 034

第二节　收集有效的就业信息 / 037
一、就业信息的分类与内容 / 038
二、就业信息的特点与作用 / 039
三、就业信息的收集与整理 / 041
四、就业信息的运用与分享 / 048

拓展阅读 / 050
思考与练习 / 050

第三章　就业材料与应试准备 —————————— 052

学习目标 / 052
学习重点 / 052
案例引导 / 052
案例分析 / 052

第一节　制作求职材料 / 053
一、自荐信的撰写 / 053
二、求职简历的制作 / 054
三、相关资料的准备 / 061

第二节　做好应试准备 / 061
一、笔试准备 / 061
二、面试准备 / 064
三、心理准备 / 075

拓展阅读 / 084
思考 / 085
思考与练习 / 085

第四章　就业协议、就业流程与权益维护 —————————— 086

学习目标 / 086
学习重点 / 086
案例引导 / 086
案例分析 / 087

第一节　就业协议 / 087
一、就业协议的作用 / 087
二、就业协议的内容 / 088
三、就业协议的注意事项 / 090

第二节　就业流程 / 095
一、就业工作基本程序 / 095
二、就业派遣注意事项 / 100
三、就业改派注意事项 / 102

第三节　就业权益维护 / 104
一、毕业生就业的基本权利与义务 / 105
二、毕业生就业权益保护 / 106
三、常见的求职侵权行为及预防 / 110

拓展阅读 / 115
思考与练习 / 117

第五章　职场适应与职业发展 —————————— 118

学习目标 / 118
学习重点 / 118
案例引导 / 118
案例分析 / 119

第一节　职场适应 / 119
　一、角色转换 / 119
　二、职场适应 / 124
第二节　职业发展 / 128
　一、职业发展的影响因素 / 129
　二、职业发展的核心素养 / 132
　三、职业发展的自我管理 / 145
拓展阅读 / 152
思考与练习 / 153

参考文献　　154

第一章
就业形势与就业观念

 学习目标

1. 了解大学生就业的总体形势和基本特征。
2. 理解树立正确的就业观念的重要意义。

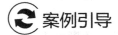 学习重点

1. 通过对大学生就业基本特征、基本趋势的把握，明确职业取向。
2. 树立正确的就业观念对大学生求职择业起到关键性的作用。

案例引导

顺应政策形势　先就业再择业

　　小张是2019届自动化专业的一名本科毕业生，直到2019年的5月，他还没有落实自己的就业单位。他一直希望毕业后能够到经济发达的城市工作，同时希望自己能够在毕业后拿到不低的薪酬。2018年的冬季和2019年的春季，他相继参加了学校、政府、企业组织的数十场招聘会，投递了近百份的个人简历。结果，一些看似不错的用人单位总是由于地域、薪资等因素不合他的需求，而一些心仪的用人单位却因为他的综合成绩、实践经历等原因与他"擦肩而过"。

　　小张的择业思想在毕业生求职过程中具有一定的代表性。不少毕业生过于向往经济发达地区，尤其是沿海地区的重心城市，最低的期望也是回到自己家乡所在地的中心城市。这些大学生只注重经济文化发达、工作环境优越的一面，而忽视了这些地区人才济济、相对过剩的一面。他们的择业期望值居高不下，甚至还有逐年攀升的趋势，从而导致主观意愿与现实需求之间的巨大落差。

　　如今，像小张这样过分看重单位所在地的毕业生不在少数。根据2019届毕业生的抽样问卷调查结果，在衡量单位是否符合个人选择标准时，93%的毕业生选择地域好、薪资高的单位，其中超过85%的毕业生对目标单位的要求是地处大中城市，愿意到急需人才的边远地区、艰苦行业的毕业生仅占3%。小张同学如果不能认清形势、积极调整心态，就只能面临"高不成、低不就"的尴尬状态，找不到适合的就业单位。

案例分析

在当前毕业生就业形势严峻的背景下，偏远地区抑或是经济不太发达地区对人才需求的缺口依然较大，人才供给不能得到满足。毕业生不妨将目光放得长远些，暂时不要挤在去往大城市的"独木桥"上，先就业，待积累一定的工作经验和技能资本之后再谋求更长远的发展。

（案例来源：编写组收集整理。）

就业是民生之本，就业稳则心定、家宁、国安。就业通常被称为高等教育的"出口"，高校毕业生就业涉及千家万户，影响学生的一生，被党中央、国务院列为就业工作的重中之重，领导关心、群众关注、媒体聚焦。高等教育培养的大学生不仅是一个国家宝贵的人力资源，更是一个社会生产力的重要推动者。随着市场经济的快速发展，大学生自主择业已成必然。因此，了解当前大学生就业的基本形势，树立正确的就业观念，才能在求职过程中有的放矢，为就业做好充分的准备。

第一节　理性认识大学生就业形势

改革开放以来，我国培养出6000多万名本科毕业生，这些毕业生已成为各行各业的中坚力量，高等教育经历了二十几年的大规模扩招，圆了无数考生的大学梦，高等教育对于莘莘学子来说不再是遥不可及的梦。随着我国经济结构的不断调整和改革措施的不断推进，产业结构、城乡结构都得到了明显优化，但我国大学生就业依然面临诸多难题，例如短期供给超量、学历结构性失业、区域选择偏好、就业能力不足等方面的问题。

一、大学生就业的基本形势

1. 大学毕业生人数逐年增加，供给速度超过劳动力市场消化速度

回望新中国成立初期，1949年的高等学校毕业生人数为2.1万人，到恢复高考的第二年毕业生人数为16.5万人，2019年的高校毕业生人数已经达到834万人，毕业生人数是新中国成立时的397倍，是恢复高考起始时的50倍。从1998年开始，中国每年的高校毕业生人数开始逐年增长，从1998年的82.98万人直线上涨到2019年的834万人，在短短21年的时间内涨了10倍，并且还在保持继续增长的趋势。在线高等教育的录取率已经达到了75%，比1998年翻了一倍多，比刚恢复高考时录取率翻了15倍。毕业生人数的增长，使得毕业生就业压力增大。2020届高校毕业生规模达到874万人，同比增加40万人，毕业生人数再创新高，就业形势依旧严峻。

在时间结构上，大学毕业生供给超量增长在短期内超出了需求的增长，劳动力市场还需要时间逐步调整。近年来，我国经济一直快速增长，特别是经济结构的升级速度加快，带动了对高人力资本存量的高校毕业生的强劲需求，从而促动了高等教育迅速发展。我国从业人口中具有各类大专以上学历的人员仅占5%，而工业发达国家则为25%~30%，因此，加快提升国民素质的需要也极大地推动了高等教育的迅速发展。可随之而来的问题是大学毕业生供给增长的速度远高于经济增速，越来越多的大学生在寻找工作。劳动力市场需要一定的时间逐步消化大学毕业生在短期内的超量供给。不可否认的是，高等教育招生规模的扩大，为更多的青年人提供了接受高等教育的机会，不仅促进了教育公平，改进了个人职业发展潜力，还从整体上促进了我国人力资源开发水平的提升。

2. 经济增速下行压力持续加大，就业形势总体趋于稳定

受经济下行压力和化解过剩产能影响，钢铁、冶金、矿业、建筑、酒店等行业效益不佳，对高校毕业生的需求减少；石化、石油、建材等行业利润下降，用工不旺；通信、电力、互联网等部分企业产业转型，用工紧缩。从学科专业看，文科类特别是历史、艺术、法律、财经、管理等相关专业需求不足，国际贸易、国际金融、国际法律等"时髦"专业就业不畅。从学校来看，地处三、四线城市的一般本科院校、综合高职，就业遇冷。从群体看，部分学业困难、经济困难、残疾和部分少数民族的毕业生、部分女性毕业生就业困难。应该说，不同地区、学校、群体都存在有业难就、有业不就和无业可就现象。也就是说，一些毕业生找到合适的工作难、一些用人单位找到合适的毕业生也难。当然，有困难必有机遇。虽然我国经济遇到一些暂时的困难和调结构转方式过程中的阵痛，但健康发展的基本面和向好的趋势没有变，不论是实体经济、虚拟经济，还是要素成本、技术水平、创新能力、劳动生产率等，促进经济社会发展的潜力和动力依然十分巨大。当前，大众创业、万众创新的新热潮，每天都催生1万多家新企业；城镇化率已超过53%，进入快速发展新阶段，城镇化率每提高1个百分点将带动1000万以上的人口就业；"中国制造2025"和"互联网+"行动，将重新发动传统产业新引擎，并产生新业态、新职位、新商业模式；我国已成为世界第一货物贸易大国，机电产品、高新技术产品、高端装备制造产品分别占出口总额的56.3%、28.2%、17%。特别是新型工业化、城镇化、信息化、农业现代化和绿色化在快速推进，将催生大量就业机会。市场化、区域化、国际化趋势没有逆转，新常态蕴含着未来发展的新动力，我国经济仍然具有巨大的韧性、潜力和发展空间，高校毕业生就业局势稳定亦有保证。

3. 朝阳产业竞争力暴涨，传统行业渐受冷落

根据调查数据，毕业生简历扎堆在IT、环保、能源、信息产业等朝阳产业，传统医药、制造、加工行业遇冷。从百度指数搜索最热门公司来看，TOP20大多集中在互联网、金融两大行业。腾讯、华为、百度等成为校园招聘最受关注的公司。而招聘上升最快的企业当中，汽车、科技、制造成为校园招聘潜力行业。资格证书的热度间接反映了对应职位的热度。房地产行业、金融行业的繁荣刺激了对应资格证书考试的热度。资格证书从近两年的搜索热度来看，建造师、会计、司法考试是最热门三类资格职称考试，但人才市场对初级人才的需求逐渐饱和，会计从业资格和初级会计证的热度相比早年间有大幅下降。调查同时得知，以往以高薪、高职、明星人物频繁出现为优势的IT、信息、电子等行业，近年来受到广大求职者追捧，"人才热"现象导致朝阳产业人才局部饱和。从薪酬趋势来看，朝阳行业的高薪优势明显丧失，而企业淘汰率高、人员流动过快等不安定因素在一定程度上影响职业发展。反观医药、制造、加工等传统行业出现技术、生产人才巨大缺口，近年来薪酬增长速度惊人，正成为高薪人才的"摇篮"。

4. 经济转型背景下产生的大学生结构性失业

改革开放以来，我国高校为了适应市场需求对专业设置进行了很大调整，然而随着改革

的不断深入，一些专业已经不再适合企业对人才的需求方向，而一些专业却由于经济的发展和企业需求旺盛不断扩招。这两方面都造成了一些大学毕业生在求职时遇到专业设置带来的困惑与影响，从而引发专业结构性失业。同时经济转型与产业升级客观上要求从业者不断更新知识结构与提高学历层次，以便适应快速发展的经济对人才的需求。在我国就业市场中，很多单位在招聘时都设置了应聘者的最低学历要求或毕业院校类型要求。比如不少用人单位都要求应聘人员具备"211""985""双一流"院校的硕士以上甚至博士学位。由此出现了学历的拔高与本科生就业难度增大之间的矛盾，从而造成了学历结构性失业。同时，根据2020年1月13日发布的《2019中国劳动力市场发展报告》指出，大学生就业结构性矛盾突出，外部环境变化造成大学生需求升级、大学生供给调整滞后，具体表现为文科毕业生就业困难，理工科人才短缺的现象。

5.存在区域结构性失业现象

区域结构性失业是指劳动力的供需在地区上存在着失衡，更确切地说，是经济落后地区的需求大于相关专业大学生就业倾向供给。由于历史和自然条件的差异，不同地区经济发展也存在很大的差距，这种差距对求职者会产生两种影响：一是本地区的大学生会向经济发达地区流失，导致就业缺口增大；二是有些经济发达地区大学生也不愿意去经济欠发达地区工作，毕业后纷纷去北京、上海、广州等一线大城市找工作，地理位置好、气候宜人、经济发达的城市仍然是部分大学生就业的首选之地，而且这些区域大都拥有高端的产业结构，向大学生发出持续强劲的需求，造成一些大学毕业生流向经济发达的地区，这必将会进一步导致区域结构性失业严重。

6."无业可就"与"有业不就"现象始终并存

一些毕业生求职时过分看待地域条件和物质待遇，眼光盯着大城市、好单位，宁愿有业不就也不愿降低"身价"，因此每届毕业生就业都呈现希望到大城市和好单位就业人数居多，愿意到小城市、边远地区和中小型民营企业就业人数居少的态势。从地区分布看，高校毕业生到西部地区和县级以下农村及城镇就业的比例明显偏低，出现严重稀缺现象，而东部沿海地区和大城市则出现"求职扎堆"现象；思想观念方面，有些毕业生的大众化就业观念尚未普遍确立，明显存在就业期望偏高观念，人为地加大了就业难度。

二、大学生就业的基本特征

（一）就业选择走向多元化

扩招以来，大学生就业形势发生了逆转性变化，随之而来的就业分配制度的改革，把市场竞争机制引入毕业生就业工作中来。从统包分配到就业市场化的转变不仅充分发挥了学生的主动性、积极性和独立意识，而且培养了大学生的危机感和责任感，祛除了依赖感和优越感。自主择业对于大学生本身而言，是一个广阔无际的舞台。

在新的经济环境下，随着新模式、新机制、新平台爆发式不断增长，新的就业资源和方式不断被开发，就业选择更加灵活。而随着大学生就业观念和方式更加多元化，已经衍生出许多新的就业机会。随着越来越多的"95后"走出校园，虽然他们将面临就业的压力，但他们对就业的选择更加青睐工作与兴趣相结合，由此也反映出就业选择多元化已经成为新的趋势。

1.自主创业成就新选择

正当国内的人才市场格外红火之时，自主创业又颇为引人注目地悄然热了起来。"更在乎自由"——这是人们贴给"95 后"的标签，一些"95 后"毕业生都深表认同，并表示"自己不喜欢稳定的生活，而是更向往自由的工作及生活"。因此，毕业后创业成了他们热衷的选择。在很多人看来拥有一份稳定的工作，毕业生的生活轨迹也会渐趋稳定。不过，在一些大学生看来，未来创业才是他们的人生目标。比如，一些大学生心怀创业梦想，在大学期间，自己就曾做过互联网创业项目，虽然未有太多赢利，但却获得了很多与人交流的机会，也参加了许多国家级和省级比赛，并获得了较好的成绩。大赛就像一剂强心剂，促使一些有想法、有梦想、敢闯会创的青年在毕业后选择了创业。

2. 考研与出国留学备受热捧

一张本科文凭在很多人眼里是工作的"敲门砖"，但在一些大学生看来，这样的学历还远远不够。他们认为当前社会竞争越来越激烈，很多岗位对学历提出了更高的要求，还有一些高才生选择出国深造，让自己有一段缓冲时间，能慢慢考虑人生道路，并找到自己想要的东西、有兴趣从事的职业，这比盲目就业好得多。

进入 21 世纪后，大学入学率和研究生招生规模不断增加。中国高校研究生招生人数从 2000 年的 12.8 万人增长到 2016 年的 66.7 万人，增长了 5 倍多；出国留学人数从 2000 年的 3.9 万人增长到 2016 年的 54.45 万人，翻了近 14 倍（见图 1-1）。这一变化，尤其是大学后高等教育（国内读研和出国留学）的持续发展，对中国高等教育分层乃至社会分层的重要影响不可忽视。在社会转型和高等教育大变革的背景下，将中国教育分层的研究从"进入大学"扩展至"进入大学后"，通过调研发现，大部分学业表现、经济条件较好的大学生更倾向于选择读研。

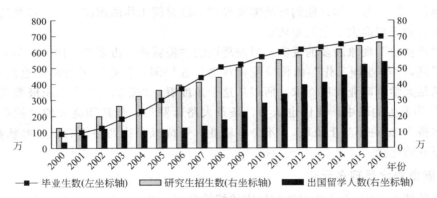

图 1-1　21 世纪以来的中国高等教育发展

注：数据来自《中国统计年鉴 2016》和《中华人民共和国 2016 年国民经济和社会发展统计公报》。

越来越多的人开始关注从量的覆盖到质的差异，即从"谁能获得教育"，逐渐转向区分精英大学与非精英大学的教育不平等，关注"谁获得了更好的教育"。从某种程度上来说，当今海外研究生教育可能更富竞争力。申请去国外留学，尤其是名校的研究生项目，对大学生的学习能力、研究经历和综合素质要求相对更高，因而其本身的竞争性往往更强。

3. 互联网行业成为就业的新兴高地

越来越多的数据表明，互联网行业已成为目前大学生就业的新兴高地。有专家指出："互联网给予了这一代人机会，再加上互联网处于中国发展的红利期，我们能明显体会到互联网对传统行业的颠覆和改造。相对于传统行业，互联网公司不仅更有前景，也更符合'95

后'年轻人的个性,因此,互联网创业项目成为最受欢迎的'吸纳大户'也就不难理解了。"而作为跟随互联网发展而成长起来的一代人,"95后"还非常敢于尝试由互联网所催生的各种新鲜职业,例如网络主播、网红、声优、化妆师等。社会正在变得更加包容与开放,让"95后"毕业生有更多的机会与选择,多元化发展成为新趋势。

4."慢就业"成为一种新的"冷思考"

所谓"慢就业",是指一些大学生毕业后既不打算马上就业也不打算继续读书深造,而是暂时选择游学、支教、在家陪父母或者创业考察,慢慢考虑人生道路的现象。据统计,中国越来越多的"90后"年轻人告别传统的"毕业就工作"模式成为"慢就业族"。

"慢就业"是在物质生活丰富的前提下,中国就业观念发生转变的一个重要表现。事实上,"慢就业"在国外早已不是新鲜事,不少西方青年在升学或毕业后会选择游历、参加志愿活动等,以开阔眼界、丰富阅历。在国内,不管是因为"最难就业季"造成的被迫选择,还是拿出更多时间为人生发展作出思考的主动选择,"慢就业"都需要高昂的经济和时间成本。"慢就业"可以让年轻人认真制订未来规划,提高就业质量,为他们提供缓冲期。

那么,一些大学生为何选择"慢就业"呢?通过调查显示,一些毕业生选择"慢就业"最主要的原因是"找不到满意的工作";其次是受访者希望能够"理性寻找发展方向,不愿意在没有找到方向前被具体工作束缚";再次是"准备自己创业""要考研"等理由也位居前列。针对这一现象,有评论分析,这反映出随着越来越多的"95后"走出校园,他们对就业的选择更加多元化,也更加青睐工作与兴趣相结合的选择。自由灵活,自己喜欢,能够发挥自己的热情和想象力的工作才是他们乐意做的工作。而看起来沉稳一些的工作,诸如政府、事业单位、国企等工作,他们可能需要经过一段时间工作的沉淀,才会更加适合,他们的这一选择有助于提高大学生就业质量。

针对"慢就业"现象渐多的现实,目前理性的"慢就业"占多数。因为,随着物质生活水平不断提高,"毕业即工作"的传统就业观念正在松绑,就业不再是简单地找一份工作,而是为了满足大学生职业发展需求。所以从这个角度看,"慢就业"有其积极意义。而在一些"95后"毕业生的眼中,他们也认为,条条大路通罗马,与其和庞大的"就业大军"争相挤"独木桥",或许不当上班族,"不急着就业,等待机会找到心仪的职业再就业或创业"才是一种更好的选择。

(二) 就业观念呈现多元化

智联招聘基于2018年在线招聘数据库的统计分析,80.22%的大学生选择毕业后直接就业,符合2018年就业情况;8.00%的大学生选择"慢就业",较去年同期上升1.01个百分点。虽然绝大部分应届毕业生积极主动地投入到求职大军当中,但选择"慢就业"毕业生占比也在缓慢上升。根据近两年麦可思研究院对毕业生就业情况的调查,"慢就业"的群体在不断地扩大。无论是大数据展示出来的"先就业后择业",还是"慢就业",毕业生们的就业观更加多元,更注重从自身的情况出发,寻找适合自己的职业发展道路。腾讯网教育频道于2016年推出《中国大学生就业压力调查问卷》,由统计结果显示,高校毕业生最期望的工作地点是省会城市,近半数的毕业生渴望去省会城市工作,相比之下期望去县、乡镇工作的大学生各占7.8%和1.3%。由调查问卷可知,经济转型期,经济增速换挡、经济驱动转变会使得毕业生就业压力更为严峻,并且相当一部分高校毕业更倾向体制内的工作,使得现在考研、国家公务员考试也仿佛是千军万马过独木桥。由此可见,新的就业观念的产生并非偶然，细究背后的原因，主要有以下几个方面。

第一，有限的就业岗位使大学生求职的难度增大。每年只有有限的就业岗位，高校应届毕业生不但要面对毕业生之间的相互竞争，还要面临往届未就业人口的挑战。一旦高校毕业生在毕业后未及时就业，就会失去应届生的就业优势，甚至还需要与下一年的毕业生争夺就业岗位。

第二，大学生的社会经验不足。中国青年网校园通讯社对全国381所高校大学生开展的问卷调查显示，87.93%的大学生担忧自己的就业前景。其中，70.87%的大学生觉得"实习经验不足"是最困扰未来就业的原因。尽管按需培养已在高校的专业设置、学科体系的设计、实践课程的安排上成为主导，但是供需不平衡，理论与实践的差距等原因对毕业生就业造成一定的困扰。也因此，先就业后择业成了一部分毕业生们的选择。或许最初的工作并不理想，但是最初的工作能够使毕业生们积累一定的社会经验，促使毕业生们更快地成长。无论是人与人之间的交流沟通还是工作中需要的专业技能，都可以得到较快的提升。而毕业生们在工作的过程中，随着专业技能的提高和社会经验的增加，再次寻找工作时，会拥有更多的筹码和自信，可以更加从容地找到更好的工作。

第三，大学生的选择与时代有关。当代大学生正处于知识经济和信息大爆炸的时代，人才的竞争日益激烈，只有不断地学习才能跟得上时代的步伐。因此，对于毕业生来说，先就业后择业，也不失为自己尝试的机会。无论是智联招聘基于2018年在线招聘数据库的统计分析，还是腾讯网教育频道推出的调查问卷，均表明应届生求职对于职业前景的考虑非常充分。智联招聘的数据显示，大学生在求职时最关注的因素是"能够学习新东西"，占比为54.01%；其次是"待遇好，能挣钱"，占比为47.31%。中国青年网校园通讯社的问卷调查表明，42.78%的大学生选择"个人发展前景"，28.08%选择"工资待遇"，10.24%选择"兴趣爱好"。毕业生的这种选择无疑是符合社会经济的发展。在求职过程中结合自身的短板追求快速成长，更加期待个人能力的提升，实现对自我价值的长期投资回报。在这一过程中，随着工作经验的增加，能更清楚地认识到自己的兴趣和方向，为以后的工作奠定基础。而当一份工作有好的发展前景时，也能够不断充实和丰富自己，工作能力提高后，其他的方面诸如薪资也自然会提高。

尽管"先就业再择业"或者"慢就业"在时下严峻的就业形势下存在一定的合理性，但是如果过分地强调甚至曲解，也会带来一定的负面效应。其不合理性主要包括不利于高校毕业生的心理健康、不利于专业知识的学习、容易造成人才资源的浪费、影响高校毕业生的诚信形象、增加用人单位的招聘成本。因此，"先就业后择业"或者"慢就业"是一把双刃剑，其固然可以让学生以务实的态度选择工作，但如果没有科学的职业规划，则可能走入不断就业、辞职、重新择业的怪圈。

因此，当自主择业成为大学生流向社会的必然选择，生存自立与谨慎挑剔成为摆在大学生面前的现实问题。"先就业后择业"和"慢就业"构成了当前大学生就业的主要基本特征，一些大学生先试图找到一份心理上接受的岗位，通过边工作边积累，逐渐调整个人的职业规划，经过几年的沉淀后，当个人的竞争实力、认知水平、适应能力有所增强时，再向心中的理想职业进发。这种择业方式不仅有利于人才流通顺畅，也有利于就业市场的稳定发展。

（三）复合型人才受到青睐

随着全球科学技术与文化艺术的迅猛发展与高度繁荣，世界上经济实力较为突出、文化艺术成果交相辉映的国家都达成了较为一致的共识，那就是：要适应目前全世界范围内知识与技能的综合化发展趋势，就必须培养出与之相适应的复合型人才，唯有如此，才能紧跟时代的步伐，贴近人才市场的需求。复合型人才就是多功能人才，其特点是多才多艺，能够在很多领域大显身手。复合型人才包括知识复合、能力复合、思维复合等多方面，在当今社会的重大特征是学科交叉、知识融合、技术集成。这一特征决定每个人都要提高自身的综合素质，个人既要拓展知识面又要不断调整心态，变革自己的思维，成为一名"光明思维者"。复合型人才的基本特征首先在知识结构上应该是自然科学和社会科学的结合；其次，复合型的人才还体现在对人文社会科学内各学科的融会贯通；再次，复合型的人才还体现在理论和实践的有机结合上。

长期以来，高等教育是高层次的专业化教育，其被赋予的主要职能是培养高级专门人才。因此，根据社会经济发展中各行各业对专门人才需要的预测决定各专业类别的招生数量，学校按照各专业方向对学生进行专业化教育，即"术业有专攻"，也就是说，在其所属的特定领域，他们能熟练地掌握本专业所要求的知识与技能，并能按照其专业方向在完成相应的专业课程教育之后找到适合自己的行业进行"对口就业"，这成为高等教育运作的基本模式。半个多世纪以来，这种培养模式与就业方式为社会输送了层出不穷的人才，促进了社会各个领域有序的发展与前进，对促进社会经济的发展做出不可磨灭的贡献。

然而，随着科学技术的迅猛发展与多学科交叉融合、综合化的趋势愈加明朗化，专门型人才已经越来越无法满足飞速发展的社会现状对综合型人才的需求。用人单位在使用人才的过程中经常会发现这样一种现象：有些专门型人才离开其熟知的领域便手足无措，甚至对其他领域的知识一无所知，这不仅限制了用人单位对其才能的挖掘，也阻碍了其自身的发展，同时也反映了高等教育的教学理念需要更新，教育模式需要改变，教学内容需要革新。因此，培养出高质量的"复合型"创新型人才以满足形势发展的需要，已经引发高等教育的深层次变革。许多国家的教育界早已纷纷摒弃了专业化教育模式，把高等教育转移到提高国民整体素质的轨道上来。开放的社会更亟须一专多能、适应能力强的人。"复合通用型人才"远比"只具有某一专长的人才"有更强的适应能力和竞争能力。"复合通用型人才"除了要有较高的技能水平外，还应具有社会交往能力、分析解决问题能力、心理承受能力、适应和掌握新技术的能力等多方面的综合职业素质。

从近几年就业市场传来的信息显示，许多企业，尤其是知名的外资企业和国内大企业在招聘高校毕业生时呈现出这样的需求趋势：专业对口不再是用人先决条件，复合型人才受到青睐。首先，对专业要求相对淡化，综合素质成为重要的人才测评指标。会外语，能使用计算机已经成为求职的基本条件；良好的人际协调能力和心理素质的人才受到企业的重视。其次，学校的品牌意识加强，企业认可名校的师资水平、教学质量和学生的素质。从某种意义上来说，学校的品牌已成为一些知名企业判断人才的标准。再次，跨界复合型人才受到欢迎。例如，随着线上渠道的持续繁荣发展，快消行业对"互联网+"人才需求更加旺盛。企业的用工需求青睐应聘者具备跨界思考的能力，能够根据不断进步的技术和随之而改变的消费者习惯，来调整宣传及销售策略，优化或者创新渠道，来实现价值的提升。同时，新供应链向全链条数字化转型，从客户、物流、支付、服务等数字一体化到构建智能高效供应链体系，催生了大量的跨界复合型人才需求。基于此，培养复合型人才以适应局势的发展与大学生自身素养的提高也就具有举足轻重的作用了。

三、石油化工行业特点、发展趋势与人才需求新变化

石油化工行业是国民经济中的重要能源及原材料工业,向来是国家经济支柱之一,其地位和作用尤为突出,而企业的竞争归根到底是人才的竞争,任何企业的发展都需要依靠一批高素质、高技能的专业型人才,石油化工行业也不例外。特别是当前,随着全球经济一体化向纵深推进,我国石油化工企业面临着前所未有的压力和挑战,要想抓住机遇谋求发展,就必须要不断增强企业核心竞争力,因此加快国际化人才队伍建设成为当前我国提高石油化工企业国际竞争力和国际化经营水平的重要途径和必然趋势。

(一)石油化工行业特点与经济运行状况

1. 石油石化行业的特点

我国石油石化产业是国民经济中能源产业、原材料产业以及众多基础产业和支柱。其特点是生产规模大、生产线长、涉及面广,资金、技术、人才密集,对安全生产要求很高,同时生产连续性强,自动化程度高,对节能、环保及物流要求也比较高,因此对所需各类技能型人才的要求也高。经过70多年的建设与发展,石油石化产业由小到大,初步形成具有40多个子行业,生产6万多种产品,门类基本齐全、品种基本配套、具有一定国际竞争力的完整工业体系。

2. 石油化工行业经济运行情况

据统计,2019年,石油和化工行业增加值同比增长4.8%;营业收入12.27万亿元,同比增长1.3%;利润总额6683.7亿元,同比下降14.9%;进出口总额7222.1亿美元,同比下降2.8%;原油天然气总产量3.47亿吨(油当量),同比增长4.7%;主要化学品总产量同比增长约4.6%。

(1)增加值增速回升,营业收入平稳。据国家统计局数据,截至2019年12月末,石油和化工行业规模以上企业26271家,全年增加值同比增长4.8%,增速较上年加快0.2个百分点,但仍低于全国规模工业增加值增幅0.9个百分点。其中,化学工业增加值同比增长4.8%,较上年加快1.2个百分点;石油和天然气开采业增长6.0%,同比加快1.0个百分点;炼油业增长4.3%,同比减缓2.1个百分点。2019年,石油和化工行业营业收入为12.27万亿元,同比增长1.3%,占全国规模工业营业收入的11.6%。其中,化学工业营业收入为6.89万亿元,同比下降0.9%;炼油业营业收入为4.02万亿元,同比增长4.6%;石油和天然气开采业营业收入为1.10万亿元,同比增长2.4%。

(2)行业效益下滑趋缓。据统计,2019年石油和化工行业实现利润总额6683.7亿元,同比下降14.9%,降幅较前11个月收窄2.7个百分点,较一季度收窄7个百分点,行业利润占全国规模工业利润总额的10.8%。每100元营业收入成本为82.67元,同比上升1.39元;资产总计13.40万亿元,同比增长7.7%;资产负债率为55.92%,同比上升1.16个百分点;亏损企业亏损额为1320.8亿元,同比扩大9.7%;行业亏损面达17.6%。2019年,全行业营业收入利润率为5.45%,同比下降1.04个百分点。首先,石油和天然气开采业效益保持增长。截至2019年12月末,石油和天然气开采业规模以上企业302家,全年实现利润总额为1628.6亿元,同比增长6.1%,占石油和化工行业利润总额的24.4%。其中,石油开采利润总额为1174.4亿元,同比增长1.4%。2019年,石油和天然气开采业营业收入成本为7605.4亿元,同比增长4.7%;每100元营业收入成本为68.94元,创两年来新高。

2019年，油气开采业亏损面达21.2%；亏损企业亏损额为252.0亿元，同比下降39.1%；资产总计2.54万亿元，同比增长14.4%；资产负债率为47.19%，同比上升3.36个百分点。2019年，石油和天然气开采业营业收入利润率为14.76%，同比上升0.51个百分点。其次，炼油业效益下滑趋稳。截至2019年12月末，炼油业规模以上企业1124家，全年实现利润总额947.0亿元，同比下降42.1%，降幅较前11个月收窄7.1个百分点，占石油和化工行业利润总额的14.2%。2019年，炼油业营业收入成本为3.35万亿元，同比增加8.4%；每100元营业收入成本为83.16元，同比上升2.91元，为5年来新高。2019年，炼油业亏损面达26.1%；亏损企业亏损额为199.9亿元，同比上升71.0%；资产总计2.59万亿元，同比增加19.7%；资产负债率为64.25%，同比上升4.46个百分点。2019年，炼油业营业收入利润率为2.35%，同比下降1.90个百分点。再次，化学工业效益低位运行。截至2019年12月末，化工行业规模以上企业23335家，全年实现利润总额为3978.4亿元，同比下降13.9%，占石油和化工行业利润总额的59.5%。进入21世纪以来，化工行业共计有3次利润下降，本次降幅最大。从各主要板块看，专用化学品、涂（颜）料制造和橡胶制品等利润保持增长，同比增速分别为1.4%、8.1%和9.7%；农药制造利润持平；基础化学原料制造利润同比降幅仍较大，为30.5%；合成材料制造利润同比下降7.0%；肥料制造和化学矿采选利润同比分别下降38.0%和22.5%；煤化工产品制造利润同比降幅最大，达136.5%。2019年，化工行业营业收入成本为5.83万亿元，同比下降0.1%；每100元营业收入成本为84.58元，同比上升0.69元。其中，基础化学原料制造每100元营业收入成本为85.18元，合成材料制造为87.16元，专用化学品制造为83.12元，涂（颜）料制造为78.68元，肥料制造为86.08元，橡胶制品为84.28元，煤化工产品制造为91.15元。2019年，化工行业亏损面达17.1%，同比扩大0.9个百分点；资产总计7.86万亿元，同比增幅2.8%；资产负债率为55.91%，同比下降0.37个百分点。2019年，化工行业营业收入利润率为5.78%，同比下降0.87个百分点。

（3）能源和主要化学品产量平稳较快增长。据统计，2019年全国原油天然气总产量为3.47亿吨（油当量），同比增长4.7%；主要化学品总产量增幅约4.6%。首先，原油生产平稳，天然气持续较快增长。2019年，全国原油产量为1.91亿吨，同比增长0.8%；天然气产量为1736.2亿立方米，同比增幅9.8%；液化天然气产量为1165.0万吨，同比增长15.6%。全国原油加工量为6.52亿吨，同比增长7.6%；成品油产量（汽油、煤油、柴油合计，下同）为3.60亿吨，同比增长0.2%。其中，柴油产量为1.66亿吨，同比下降4.0%；汽油产量为1.41亿吨，同比增长1.9%；煤油产量为5272.6万吨，同比增幅10.6%。其次，主要化学品增长总体平稳。2019年，全国乙烯产量为2052.3万吨，同比增长9.4%；纯苯产量为861.8万吨，同比下降2.1%；甲醇产量为4936.3万吨，同比增长0.4%；涂料产量为2438.8万吨，同比增长2.6%；化学试剂产量为2360.7万吨，同比增幅12.0%；硫酸产量为8935.7万吨，同比增长1.2%；烧碱产量为3464.4万吨，同比增长0.5%；纯碱产量为2887.7万吨，同比增长7.6%；合成树脂产量为9574.4万吨，同比增长9.3%；合成纤维单（聚合）体产量为7405.9万吨，同比增长9.9%。此外，生产轮胎外胎产量为8.42亿条，同比增长1.9%。再次，化肥农药产量小幅回升。2019年，全国化肥产量在连续3年下降后出现小幅回升，全年产量（折纯，下同）达为5624.9万吨，同比增长3.6%。其中，氮肥产量为3577.3万吨，同比增长5.3%；磷肥产量为1211.7万吨，同比下降6.9%；钾肥产量为762.2万吨，同比增幅11.7%。全年农药原药产量（折100%)

为 225.4 万吨，同比增长 1.4%。其中，除草剂（原药）产量为 93.5 万吨，同比增长 0.4%。此外，农用薄膜产量为 85.2 万吨，同比下降 10.6%。总之 2019 年，石油和天然气开采业产能利用率为 91.2%，同比上升 2.9 个百分点；化学原料和化学制品制造业产能利用率为 75.2%，同比上升 1.0 个百分点。

（4）能源和主要化学品消费保持平稳较快增长。数据显示，2019 年，我国原油和天然气表观消费总量达 9.70 亿吨（油当量），同比增长 7.7%，增速较上年减缓 2.2 个百分点；主要化学品表观消费总量同比增长约 5.0%，加快 2.8 个百分点。首先，原油消费保持较快增长，天然气消费减缓。2019 年，国内原油表观消费量达 6.96 亿吨，同比增长 7.3%，增速较上年加快 0.5 个百分点，对外依存度为 72.6%；天然气表观消费量为 3047.9 亿立方米，同比增幅 8.7%，较上年回落 8.5 个百分点，对外依存度为 43.0%。2019 年，国内成品油表观消费量为 3.10 亿吨，同比下降 2.7%，上年为增长 2.6%。其中，柴油表观消费量为 1.46 亿吨，同比降幅 6.0%；汽油表观消费量为 1.25 亿吨，同比下降 0.8%；煤油表观消费量为 3878.0 万吨，同比增长 4.4%。其次，基础化学原料消费缓中趋快，合成材料消费大幅加快。数据显示，2019 年，基础化学原料表观消费总量同比增幅约 2.3%，较上年提高 0.9 个百分点。其中，有机化学原料增速为 5.9%，无机化学原料增速仅为 0.4%。主要基础化学原料中，乙烯表观消费量为 2302.1 万吨，同比增长 7.9%；纯苯表观消费量为 1052.1 万吨，同比下降 7.2%；甲醇表观消费量为 6008.8 万吨，同比增长 6.8%；硫酸表观消费量为 8771.3 万吨，同比微降 0.2%；烧碱表观消费量为 3556.7 万吨，同比增长 1.6%；纯碱表观消费量为 2762.9 万吨，同比增幅 7.3%。2019 年，合成材料表观消费总量同比增幅约为 9.6%，较上年加快 4.4 个百分点。其中，合成树脂表观消费量为 1.23 亿吨，同比增长 10.3%；合成纤维单（聚合）体表观消费量为 8251.7 万吨，同比增幅 9.2%。再次，化肥消费反弹。2019 年，全国化肥表观消费量（折纯，下同）为 5103.9 万吨，同比增长 3.6%，化肥消费量在连续 3 年下降后首次出现小幅回升。其中，氮肥表观消费量为 3007.5 万吨，同比增长 2.2%；磷肥表观消费量为 764.6 万吨，同比下降 6.6%；钾肥表观消费量为 1258.0 万吨，同比增幅 13.0%。

（5）化工行业投资增长放缓。据国家统计局数据，2019 年，化学原料和化学制品制造固定资产投资同比增长 4.2%，比前 11 个月回落 0.4 个百分点。同期，全国工业投资同比增幅为 4.3%，较前 11 个月加快 0.6 个百分点，年内首次超过化工行业投资增速。

（6）对外贸易小幅下降。2019 年，国际贸易环境变得异常严峻复杂，但我国石油和化工行业进出口贸易总体仍运行平稳，贸易额小幅下降，且降幅有收窄趋势，成绩来之不易。海关数据显示，2019 年，石油和化工行业进出口总额为 7222.1 亿美元，同比下降 2.8%，占全国进出口总额的 15.8%。其中，出口总额为 2269.5 亿美元，同比下降 1.8%；进口总额为 4952.6 亿美元，同比下降 3.3%。贸易逆差为 2683.2 亿美元，同比缩小 4.6%。首先，橡胶制品出口保持增长，成品油和化肥出口额增速放缓。2019 年，橡胶制品出口总额达 482.5 亿美元，同比微增 0.3%，上年增幅为 3.3%；出口总量为 1021.1 万吨，同比增长 2.3%。成品油出口总额达 328.8 亿美元，同比增长 9.4%，较上年大幅回落；出口量为 5537.6 万吨，同比增长 20.2%。化肥出口总额达 73.4 亿美元，同比增长 2.9%，较上年减缓 13.3 个百分点；出口量为 2773.7 万吨（实物量），同比增长 11.7%。其次，原油进口继续平稳快速增长，天然气进口增幅回落。2019 年，国内进口原油为 5.06 亿吨，同比增长 9.5%，增速较上年减缓 0.5 个百分点，连续第 3 年维持在 10% 左右；进口天然气为 1348.0

亿立方米,同比增长7.3%,上年增幅逾30%。

3. 经济运行中的新情况、新问题

(1) 石化市场疲软,价格持续低迷。2019年,石油和主要化学品市场价格大幅波动,总体疲软,价格总水平在连续两年上涨后再度下降。国家统计局价格指数显示,2019年,石油和天然气开采业出厂价格指数同比下跌3.6%;化学原料和化学品制造业同比跌幅为3.9%。特别是一些主要基础化学原料和合成材料市场价格持续大幅下挫。例如,在监测的84种主要有机化学原料的市场价格中,年均价下跌的逾83%,跌幅20%或以上的占比达35%。合成材料主要品种价格几乎全线下挫。市场疲软,导致化工行业效益在低位徘徊。

(2) 单位成本保持高位运行。2019年,全行业营业收入成本增长3.1%,高出营业收入增幅1.8个百分点;每100元营业收入成本上升1.39元。其中,化工行业每100元营业收入成本上升0.69元,炼油业则上升2.91元。成本持续高位运行,严重制约了行业经济效益的回升。

(3) 石化市场因进口压力继续增大。2019年,我国石化产品进口持续较快增长。数据显示,全年净进口有机化学原料4448.6万吨,比上年增长2.4%,特别是下半年以来,增速不断加快。合成材料进口增长更甚,净进口4100.9万吨,增长9.3%,为2010年以来最大增幅。数据还显示,2019年合成树脂进口3366.8万吨,增幅达12.4%,12月当月进口增幅高达26.3%。由于进口量巨大,国内石化市场竞争十分激烈,价格不振,有些企业举步维艰。

(4) 新冠肺炎疫情对行业的影响。2020年初,随着新冠肺炎疫情的爆发,一季度重点产品包括成品油以及化工产品的产销出现较为明显的下降。但是,疫情过后,产销量会有稳步提升。近几年国内石化产品的表观消费量一直处于增长态势,供需的不平衡会拉动化工产品价格回升。

(二) 煤化工行业特点与经济运行状况

煤炭是我国最主要的能源资源和重要的化工原料。近年来,在国际油价急剧震荡和对替代化工原料、替代能源的需求越发迫切的背景下,节能减排已成大势所趋。在已经上报国务院待批的新兴能源产业规划中,洁净煤利用成为十个新兴能源产业之一,在诸多上市公司积极介入煤化工领域的背景下,煤化工产业发展前景备受关注。

随着煤炭价格的快速下跌,原油与煤炭的价格比进一步扩大。煤炭和原油价格表现的差异,使得煤炭作为原材料的成本优势得到提升,煤化工的经济性逐步显现。我国独特的能源结构也进一步提升了发展煤化工的必然性,未来我国煤化工产业,特别是新型煤化工有望迎来快速发展。石油、天然气的进口常常受到战争、地缘政治等因素的影响而波动较大,因此石油和天然气的过度对外依赖,对我国的能源安全保障带来很大的隐患。目前,我国在建的和拟建的煤化工项目多达104个,煤制油项目产能累计已经接近5000万吨,天然气项目产能累计超过1500亿立方米,甲醇制烯烃产能累计超过2800万吨,加之在建的乙二醇、二甲醚等项目一旦投产,产能将会在原来的数字上成倍飙升。在煤价下行的情况下,煤炭企业的压力正不断加大。由于人力、安全等成本的提升,煤炭企业的成本长期处于上升态势,煤企业的盈利能力不断下滑。单纯依靠低附加值的煤炭开采业务无法维持企业的竞争力,提升煤炭附加值将是煤企业的一个重要出路,因此大型煤企均对进入煤化工领域有很大的兴趣,在政策支持以及企业投资加大的推动下,我国煤化工投资在"十二五"期间进入高峰期。

中国产业调研网发布的《2020—2026年中国煤化工行业现状调研分析及发展趋势预测报告》认为，我国基础煤化工产品总体产能过剩，竞争激烈，产业结构有待优化。以清洁煤气化技术为龙头的新型煤化工产业，具有能源利用率高、资源利用充分、二氧化碳等温室气体排放量少等众多优势，成为煤化工产业未来发展的重要领域。我国新型煤化工如煤制油、煤制烯烃、煤制天然气、煤制乙二醇等示范装置大多仍在装置建设后期或准备试车阶段，新型煤化工正处在大发展的前夜。煤化工新增产能主要分布在中西部地区，七大主要煤化工产业区，分别是黄河中下游、蒙东、黑东、苏鲁豫皖、中原、云贵和新疆。受地区经济发展不平衡的影响，当地市场容量相对较小，主要市场在东部沿海地区，产销区域分割，因此将煤炭就地转化是当地煤炭产业很好的选择。

根据产业的成熟情况，煤化工可以分为传统煤化工和新型煤化工。传统煤化工主要包括煤焦化、电石乙炔和合成氨三大产业链，下游主要为钢铁、房地产和农业。我国传统煤化工发展较早，我国已经是全球最大的煤化工生产国，焦炭、电石、合成氨产能分别占全球的60％、93％和32％。新型煤化工主要包括煤制油、煤制烯烃、煤制天然气、煤制乙二醇和煤制醇醚（甲醇、二甲醚）几种产品，其中大部分产品作为化工产业的重要原料，其发展受到国家政策支持。由于我国原油资源的匮乏，这些化工原料多数均依赖于进口。新型煤化工的产品需求空间大，有望顺利实现进口替代，有效降低大宗石化原料的进口依赖度。由于煤炭运输成本较高，煤化工取得经济效益的先决条件是在临近煤炭产地建设煤化工项目，以自产廉价煤炭为原料。"十二五"新型煤化工15个示范项目近期或将获得发改委批准。其中7个煤制天然气、3个煤制烯烃、2个煤制油、2个低质煤综合应用、1个煤制甲醚，合计投资金额在7000亿元左右，市场容量巨大。

（三）石油化工行业国际化人才队伍现状

近年来，中国石油石化企业不断加快国际化经营步伐，取得了有目共睹的成绩，但与海外市场的快速拓展相比，在国际化人才队伍建设方面仍存在一些问题，因此制约了整个行业国际化发展进程。主要表现为以下几方面。

1. 人才先天短缺

目前我国石油化工企业的海外业务拓展仍处在初级阶段，虽然经过前期培养与锻炼造就了一批基本适应国际化经营的人才，但由于企业境外业务增长迅速，对部分新增国际业务进行人员配置时往往捉襟见肘，难以满足现有业务需求，特别是精通国际化业务的高端人才仍然稀缺。

2. 结构不尽合理

石油石化企业从现有人才的知识结构来看，一方面是专业技术人员虽然较多，但熟悉国际商务、法律的人才相对不足。另一方面是缺少能够熟练运用外语进行交流的专业技术人才。既懂专业技术，又懂外语、国际惯例和经营管理的复合型领军人才尤为缺乏。

3. 体制机制不够完善

目前，我国石油石化企业对国际化人才主要立足于使用，在吸引、培养、激励和留用等方面办法不多，对国际化人才管理系统研究不足，没有建立起一套系统的国际化人才管理方法。

（四）石油石化行业人才需求侧重点

随着石油石化企业人才战略需求的不断调整，对高层次专业技术人才的需求质和量不断提高。当前形势下,我国石油石化行业对人才的需求侧重点主要有以下几个方面。

1. 石油石化行业急需大量现代化人才

在石油石化工业领域,随着各种自动化技术的广泛应用,传统的简单操作性技能人才需要量越来越少,与此同时,各类生产设备安装、调试、维修的难度越来越大,对操作者技术知识要求越来越高。生产者只有具备现代技术知识和创新能力,才可能解决生产中不断出现的各种疑难问题。企业急需大量具有创新能力的高技术技能型人才,因此要求相关院校必须培养具有创新能力的毕业生,并要同时具有扎实的理论知识、熟练的操作技能、较强的创新能力。企业普遍要求毕业生具有较好的职业素质和职业道德,良好的专业知识和实践应用能力以及良好的成长发展潜力。根据石油石化职业岗位群对从业人员的要求,当前石油石化行业要求相关院校培养生产技术专业的人才目标为:以就业为导向,以职业能力培养为目标,培养具有较强实践动手能力,具备必需的文化基础知识、石油化工工艺基本理论和从事石油化工生产操作、工艺运行、技术管理等工作的职业能力和综合素质,在生产、建设、管理、服务等一线工作的精工艺、懂管理的高素质技能型专门人才。由此可见,相关院校只有将培养目标和培养途径问题解决了,才能彻底打通学生就业之路。

最近几年,由于我国各类院校石油和化工及相关专业学生总量持续增长且结构不平衡,具体表现在本科生继续增长,而高职与中职招生数量则连续下降。因此为了满足石油石化行业对高技术生产性型人才的需求增加,相关石油石化高校必须同时增加在校本、专科生乃至研究生的工程技术训练,以弥补一线生产人员的不足,以克服因结构性问题导致的毕业生就业困难。而职业技术院校由于学科渊源和侧重点不同,侧重担负着培养一线创新型人才的重要任务,高等院校侧重承担着培养高素质国际化人才以及国内高水平的生产和管理人才任务。

2. 石油石化行业人才需求新趋势

中国化工教育协会曾在全国范围内对部分石油和化工企业职工结构和新进员工情况进行了调查,结果显示:在员工总数中,生产人员所占比例最高,达69.09%;其次是管理人员,占13.71%;研发人员和营销人员的比例接近,在4%~5%之间。目前我国石油石化相关专业的本科教育和职业教育的培养规模与企业的需求存在着严重倒挂现象。今后相当长一个时期,石油石化行业仍然需要增加大量的技能型高素质生产技术人才,仅目前每年就需要增加27.4万人全行业技能劳动者,每年需要增加10.4万人高技能人才,而近3年进入石油石化产业技术岗位的新增员工中,高职院校毕业生占比77%,由此凸显了石油石化职业教育是技术工人新生人力资源的主力军。其他相关石油石化院校则是专业技术、经营管理人才培养的主力军,因此也预示着未来一段时间内大量石油石化类本科毕业生将面对就业难题。政府职能部门应在今后一个时期控制石油石化类院校本科生、研究生培养规模,调整培养方式和课程体系,同时一定幅度地增加高、中职后备人才的培养比例,以满足我国石油石化行业对大量一线创新型高技能人才的需求。

(五)石油石化行业人才培养趋势

随着我国经济持续发展,原油对外依存度还将进一步提高,这无疑给我国能源安全和经济发展带来了严峻挑战。为此,我国政府提出要充分立足国内资源,推动石油石化企业加快"走出去"的步伐。在此形势下,中石油和中石化等企业理所当然要成为主力军和排头兵,立足国内、拓展海外,实施人才强企战略,加快国际化人才队伍建设的步伐,加大国际合作和资本运作力度，不断提高企业竞争力，为缓解我国石油供需紧张和保证国家能源安全发挥应有的作用。

近年来，我国石油石化企业不断加快"走出去"步伐，尤其是海外油气勘探开发、石油工程、炼化工程以及国际贸易等业务快速发展。目前，我国石油石化企业在国外的合作项目遍布非洲、中亚、南美、东南亚、俄罗斯等地，在更大范围和更深程度上参与国际经济合作与竞争，呈现出全方位、多层次、宽领域的对外开放态势。为了适应"走出去"需要并保持强劲势头，国家已从顶层设计着眼，同时加快石油石化企业国际化人才队伍建设步伐，培养一支高素质的国际化人才队伍。针对行业特点和人才特性需求，石油石化企业国际化人才在具备专业技能的同时还必须具备以下素质和能力，即掌握必要的跨国经营知识，包括跨国交流和语言知识、国际油气市场的动态分析、国际资本市场知识等；有较强的运用现代技术进行信息处理和分析的能力；有较强的跨文化沟通管理能力；有较强的学习和创新能力；有健康的心理素质和较强的与不同国家管理人员团结协作的能力。中国石油石化企业要实现国际化战略目标，在国际大舞台上崭露头角且占有一席之地，必须切实提高人才素质，优化人才结构，加紧培养一批符合上述能力素质要求的国际化人才。为了建设适应"走出去"需要的国际化石油石化人才队伍，近年来国家主要着手而且未来仍将在教育培训、实践锻炼和人力资源管理等方面下功夫。

1. 加大引进和培养力度，建成国际化后备人才库

基于长远和战略的角度，国家在加强国际化人才储备的同时大力加强人才引进与培养力度。

（1）从教育培训开始，全面推进校企合作进程。石油石化企业结合人才需求状况，逐步与相关高校联手，确立并完善"立足本土，胸怀全球"的人才培养模式，形成资源共享、优势互补、双赢互动的校企合作新局面，加快高素质复合型人才培养。于企业而言，往往在全面推进全员培训的基础上，突出重点，组织实施核心人才培训，同时通过与其他专业培训机构的合作，采取各种培养方式，拓宽视野、增加经验，提高核心管理人才的管理水平和能力，通过加强与国内相关高校、科研院所的技术合作，发挥产、学、研一体化优势，切实提高核心技术人才的创新能力和解决重大技术难题的能力。

（2）立足企业内部资源，选拔培养国际化人才。多年来石油石化企业一直结合各自海外项目业务开拓实际，加大国际化人才培养力度，为公司海外发展、跨国经营提供坚强的人才保障。

（3）不断提高国际化人才政治素质。石油石化事关国家能源安全大计，因此选拔启用国际化人才还必须同时具有坚定的政治立场和良好的道德情操，在对外经济活动中不丧失国格、人格，具有较强的政治敏锐性和政治分析能力，善于利用国际、国内政治为开展国际化经营活动服务为前提。每年中国石油石化所属各企业都有计划、有步骤地安排国际化人才到各级培训中心、管理干部学院及相关高校等专职机构接受理论培训和优良传统教育，不断提高国际化人才的宗旨意识和道德品质。

2. 强化海外实践锻炼，以本土化促国际化人才队伍建设

随着我国石油石化行业不断扩大境外市场，整个产业"走出去"步伐加快，海外业务得到迅速拓展，国际业务对国际化人才需求越来越急迫，急需建设一支实力强大的海外军团，因此培养国际化人才成为一个重要课题和发展战略。

(1) 坚持"实地实战"培养。就是先从各相关高校大量选拔具有潜力的专业技术和生产人才作为重点后备人选，再发挥海外机构和合资企业作为国际化人才培养基地的过渡作用，开展实地实战岗位锻炼，开门培养国际化人才，通过在更大范围、更广领域、更高层次参与国际合作提高未来国际化人才的实战水平和竞争本领。当前各石油石化公司都制定了符合市场经济规律的人才引进政策，通过多种方式和渠道做好人才引进工作。如探索共建、定单式委托培养以及校园招聘等有效方式方法，并适时调整与相关合作院校的人才培养模式以及技术引进、技术合作、公开招聘等方式引进各类紧缺人才，重点引进具有丰富实践经验、较高专业知识的优秀领导人才及紧缺的核心技术人才、具有绝技绝活的技能人才。企业对引进的核心人才采取灵活务实的薪酬分配政策，如实行以年薪制、协议工资制为主要形式的特聘特薪政策等分配方式灵活吸引他们为企业效力。以上薪酬政策正日渐成为石油石化行业有别于其他产业而特有的分配方式，对相关院校毕业生吸引力尤其巨大。

(2) 完善并坚持"传帮带"制度。实行行业内"导师制"，为新分配到国内和海外项目的相关院校毕业生和管理人员精心挑选优秀师傅，签订师徒合同，通过师傅的指导和培养，有效赋予了各类专家培养核心人才的重要责任，促进核心技能人才快速成长；侧重按照"新老搭配，互促共进"原则，选派成熟的国际化人才与国内、国际"新人"组成团队，实现"以老带新"。

3. 加强人力资源管理，推进国际化人才队伍建设

当前国际石油石化企业间的竞争除了技术和理念外，皆涉及人才背后的体制竞争。因此石油石化行业已基本建成与"走出去"战略相一致的人力资源管理体系，拥有了一支数量充足、结构合理、素质优良、保障有力的国际化人才队伍。

(1) 统筹规划，提高人才使用效率。石油石化行业内部已基本实现打破部门、单位界限，按专业分类建立国际化人才库，统一管理、合理调配国际化人才，使现有人才发挥最大的效用。通过合作协议及政府宏观调控作用会同相关院校，将在校生个人职业生涯设计与企业发展需要、个人职业发展取向相结合，尽量为国际化人才"量身订制"成长计划，鼓励并帮助其尽快实现个人目标。同时采取措施"盘活"国有企业和合资企业现有人才，大胆引进、促进其国际化。相对于其他行业，石油石化行业更坚持科学的人才观，打破学历、职称、国籍、种族的限制，注重真才实学，在做到人尽其才、人尽其用方面居国内领先地位，这也正是该一行业对在校生吸引力巨大的根本原因。

(2) 初步形成激励机制，促进员工实现自我价值。积极探索市场化的薪酬机制，石油石化目前仍在全面推进依据业绩贡献和能力大小，推进关键岗位薪酬水平与国际市场价位接轨，建立了规范有序、分级管理、充满活力的薪酬分配制度，激发国际化人才闯市场、创效益的工作热情。当前石油石化公司施行的绩效考核内容主要从基本素质和工作业绩两方面对管理岗位、专业技术岗位、操作岗位，按不同的侧重点和要求进行考核，并将考核结果作为职工聘用、职务升降、工资调整、奖惩、评选先进以及领导职务任免、选拔的重要依据，这种方式被所有员工所接受，是一种十分实用有效的绩效考核方法。

(3) 科学合理评价员工劳动价值。石油石化行业的人才奖励政策直接与人才绩效挂钩，统一标准、分类考核，因为坚持客观公正、注重实绩、简便易行、激励约束并重的原则，坚持定量考核与定性评价相结合，确定的考核指标体系和指标值合适，有效激发了员工的内在潜力，实现了员工个人发展和企业目标的统一。从长远与全球的视角来看，随着我国飞速的

经济发展与国力强盛，我国的人才引进必将迈向高端化、国际化、市场化，这三者是不可分割的有机整体，高端化是目标，国际化是模式，市场化是机制，这三方面的协调发展决定着我国石油石化人才引进事业的未来，充分地体现了我国石油石化企业未来的人才引进和培养策略。

四、影响大学生就业的主要因素

在经济充满挑战的大环境下，每年都在增加的毕业生人数使得"就业难"被毕业生、家长以及媒体广泛关注。同时，根据调查可知，"就业难"并不都是难在岗位的缺乏，更多难在相当比例的毕业生对未来方向、社会需求的认知错位及自我缺乏了解而产生的迷茫。

1. 综合素养与社会需求的偏差

随着我国经济体制改革的不断深入和劳动力市场的结构性变化，用人单位对人才的需求模式发生了显著的变化，更注重大学生的综合素养，主要表现在以下几个方面：一是服务意识，能否从客户的角度出发思考问题；二是解决问题的能力，即"问题拆解＋框架思维＋调用资源"三个能力的组合；三是创新能力，各种实践活动领域中不断提供具有经济价值、社会价值、生态价值的新思想、新理论、新方法和新发明的能力；四是沟通能力，是个人素质的重要体现，暗含着一个人的知识、能力和品德；五是合作精神，它是大局意识、协作精神的集中体现；六是职业操守，即必须遵从的最低道德底线和行业规范。对于大部分大学生而言，整个大学教育阶段知识教育仍然占据较大比重，对于上述能力的建构仍然较为薄弱，与用人单位的需求之间存在不小的差距。

2. 自我认知与社会认知的错位

随着我国三十多年的高等教育改革，不仅本科生入学比例攀升，研究生规模也实现了"跨越式发展"。高等教育已经从"精英化"全面走向"大众化"，并正在向"普及化"迈进。然而，教育体制的改变并没有给有些毕业生及家长的认知带来根本性的改变。一些从小被家长期望成为"天之骄子"的孩子们，一路被灌输"精英"式定位，过分强调自身价值而忽视社会需要，不良就业心态和择业观念与经济发展的现实存在相当程度的不吻合。长期以来，有些毕业生对民营企业在薪酬福利待遇、工作环境、发展空间等方面存在错误认知，事实上，经过多年发展，多数民营企业已经走过创业阶段，资本积累和业务基础都在不断地提高。尤其面对国内人才荒的瓶颈，这些企业也在不断提升自身管理组织水平与薪酬福利待遇。因此，"大众化"的民营企业对大学毕业生的渴求有增无减。

3. 信息缺乏，毕业生前途迷茫

针对许多专业的调查发现，校园招聘活动中常见的宣讲会、介绍会、就业指导等很难让毕业生深入了解企业制度、文化、职位定位和职场规划。毕业生对职场信息的缺乏导致自我职业道路迷茫。通过百度指数的数据可以看出，大家对于专业的就业前景其实并不了解，在校园宣讲之前只能通过网络搜索的方式了解，而这方面的信息获得往往是不系统的。人力资源专家认为，职业信息获取不全面以及职业规划培训的缺失让大学生求职者更加迷茫。当前对于高校毕业生而言，真正地了解企业最好从企业实习开始，任何纸上谈兵的职业规划意义并不大。

4. 价值观和需求偏离，企业与毕业生产生代沟

随着企业人力发展不断趋向成熟，在人才成本管理上更精细，招聘"性价比"高的毕业

生并培养成为企业后备力量已成为趋势。然而企业对于"90后"自由、独立的价值观和思维方式了解欠缺，未能及时调整管理策略，忽视个性化管理，使企业与毕业生之间产生代沟。

第二节　树立正确的就业观念

大学生就业观念是大学生在深入了解社会需求、充分认识自我的基础上，在就业活动过程中表现出来的比较稳定的观念体系、职业选择倾向和价值取向。树立正确的就业观念不仅有利于大学生顺利就业，而且可以在今后工作中克服困难、做出贡献、得到认可，为事业发展打下良好的基础。反之，如果没有正确的就业观念作指导，大学生就像一艘没有航向的轮船而易迷失航程。

一、树立家国情怀，奋力建功立业

子安有云：老当益壮，宁移白首之心；穷且益坚，不坠青云之志。人若无志，便如行尸走肉，饱食俸禄却不思进取；人不自强，便如朽木草灰，一事无成且碌碌终生。当代大学生作为新生代，是建设中国特色社会主义的主力军，是建设富强、民主、文明、和谐、美丽社会的先锋队，是现代社会发展的智力支持和人才保障，是一个民族兴旺发展的基础和脊梁，更是实现中华民族伟大复兴中国梦的践行者。

建设有中国特色社会主义的伟大时代，是一个争奇斗艳、英才辈出的时代。在这样一个时代，大学生肩负着全面建设小康社会、努力构建和谐社会、实现中华民族伟大复兴的历史重任；也正是这样一个时代，为大学生施展聪明才智、实现报国之心提供了良好条件和广阔舞台。在中国近代史上，从开启新民主主义革命开端的五四运动开始，大学生就走在了反帝反封建的最前沿；到后来包括毛泽东，周恩来等一大批先进大学生知识分子为中国革命呕心沥血，孜孜以求；新中国成立后，以钱学森和邓稼先为代表的一批有志青年，发愤图强，毕业于优秀院校的他们并没有为外国优越的生活条件所动，而是返回祖国，义无反顾地投进了社会主义建设的潮流中；再到今天，有像洪战辉那样肩负家庭重托，奋发图强考上大学，用行动回报社会的大学生，也有像长江大学三位救人英雄那样道德高尚、见义勇为的大学生。所以，无论是过去，现在，还是未来，肩负民族伟大复兴重任的当代大学生任重道远。

纵观当今的世界环境并不太平，各国竞争愈发激烈，说到底是经济科技的竞争，中国人必须团结凝聚、不畏强权、艰苦奋斗、开拓创新，在干扰和阻挠中更好发展、更快崛起，而实现这样的伟大目标，大学生责无旁贷。因此，大学生在求职择业过程中，应当具有国家观念、民族意识，要有远大的胸襟和抱负并付出切实的行动。

与此同时，全面建设小康社会、构建社会主义和谐社会又是极为崇高而繁重的历史任务。大学生要在实现这一历史任务中真正有所作为，不但要有爱祖国、爱人民的满腔热情，而且要有服务祖国、造福人民的真才实学。进入新世纪新阶段，知识与人类社会发展空前紧密地联系起来，科学技术是第一生产力的作用更加显现出来。报效祖国，振兴中华，要求大学生与时代同步，要更加勤于学习、善于求知；更加集中精力、只争朝夕。大学生要将学习当成首要任务，把自己的爱国热情和理想抱负融化在刻苦学习、掌握本领之中，牢固树立远大理想，积极汲取中华民族和人类社会创造的一切优秀文明成果。要努力学习马克思列宁主义、毛泽东思想、邓小平理论、"三个代表"重要思想和科学发展观，尤其要学好习近平新时代中国特色社会主义思想，通过学习不断提高自己的理论水平，提升自己的思想境界，增强自己的社会责任感。要刻苦钻研专业知识，不断优化知识结构，努力提高综合素质。只有这样，才能使自己成为有理想、有道德、有文化、有纪律的一代社会主义新人，成为改革发展稳定的积极推进者和坚定维护者，成为中国特色社会主义事业的合格接班人。

因此，大学生要实现个人价值与社会价值的统一，必先要学会自立自强，否则任何理想都是空想。学会自立，自立是一个人成人，拥有生存能力的基础；学会自强，自强是一个人成才，成就一番事业的前提。常言道："立身百行，以学为基。"大学生要把大学的时间充分利用起来，这个阶段最重要的任务就是刻苦学习、增强本领、树立志向，而非整日无所事事，闲庭散步，虚度光阴。古人有言：子在川上曰，逝者如斯夫，不舍昼夜。若是整日哀怨悲伤，儿女情长，且不说浪费了大好资源，也终究芸芸众生一员，绝不会有任何希望。当前，我国社会主义现代化建设正处在关键时期，改革发展稳定的任务繁重。为了实现经济社会又快又好地发展，大学生一定要更加自觉地刻苦学习、掌握本领；更加自觉地把个人抱负同全民族的共同理想统一起来，把个人奋斗融汇到振兴中华的伟大事业中去，以刻苦学习、报效祖国的实际行动彰显人生的价值和意义。

二、提升综合素养，助力终身发展

当前人类社会正进入飞速发展的时代，知识对于一个国家、民族及个人都是极为重要的。尽管人们需要持续学习、终身学习，但是，正规而系统的高等教育对于大学生的人生来说仍是非常重要的。高等教育能够让一个人接受系统的知识、学会正确的方法、建立科学的思维方式、形成正确的"三观"，从而少走弯路、快速成功，而大学时代是人生历程的重要阶段，是长知识、增才干、树品格的黄金时期。大学给了大学生更加自由的发展空间，大学生如何把握自己，主动学习成了一个十分关键的问题，尤其是在知识获取、实践训练、兴趣培养、习惯养成、人格塑造等方面不断提升综合素养。

（一）知识获取

大学生进入大学之后，在知识获取层面还存在不同程度的误区。

1. 大学生不能及早地确立学习目标

对很多大学新生而言，刚刚经历过高考的洗礼，有一种放松的心态，甚至对自己所学的专业并不了解，不知如何去学习。这使得大学生不能及早地调整状态，确立新的学习目标。缺乏主动性的大学生在很长时间里只会盲目的、被动地学习，当他们意识到问题的严重性时，补救已显得措手不及。

2. 大学生不能充分利用学习资源

一方面，大学生没有充分利用好课本这一学习资源，大学教师通常会按照教学体系授课，所讲授的内容或许会与所学的课本知识有一定的差异，但这并不意味着课本知识不重要，有些大学生为了应对考试而只复习课堂笔记，却忽视了对课本知识的学习；另一方面，大学之"大"的内涵中，包括图书馆的丰富资源，大学生可以在其中吸取营养，有效地提高自己的专业素养和人文科学素养。而一些大学生并没有系统的、有计划地利用好图书资源；同时，互联网是一个巨大的"资源库"，为大学生提供了很好的学习平台，可以快速地获取大量的有用信息，而有些大学生却在网络上虚度时光，没有有效利用丰富的学习资源。

3. 大学生不能主动与任课教师联系

在大学的自由发展空间里，老师较少涉及学生的学习和生活，但是大学生在大学期间，仍然离不开教师的指导。大学生需要主动找任课教师指导，但是大部分学生在这方面做得远远不够，不能主动找教师探讨问题，更谈不上主动与任课教师联系，并有针对性地探讨大学规划、特长、发展和职业取向等问题了。

新时代的大学生必须清醒地认识到接受教育和主动学习应该成为个体发展的重要因素，甚至是必要的投资，原因在于大学校园里习得的知识因为知识爆炸正在变得过时。这种现象不仅仅是由于时间的流逝，更是由于科学技术的持续进步。所以青年学生需要清晰地意识到从学校生活中获得的理智财富并不足以受用一生，教育是终身的过程，同时大学生的心中需要不断培植学习热情，不断地探索知识前沿。

（二）实践训练

新时代对大学生的素质要求越来越高，实践能力作为大学生的一项重要的基本素质，在人才培养和市场竞争中的作用越来越凸显。大学生应该从以下三个方面强化实践能力的培养。

1. 强化实践能力规划意识

从观念层面看，新时代的大学生群体应逐步摆脱传统学习观念的束缚，明确新时代的人才标准与学习实践观念，在充分了解所学专业的现实指向性、社会需求性及实践导向性的基础上不断提升实践能力，保证专业知识学习和综合实践能力的全面培养与优化。树立"能力本位"的人才培育观，实现专业实践能力与社会需求的优质对接，提高自身的综合实践能力与社会适应性，并培养反思意识与多维度学习能力。新时代知识信息体系发展迅速，亟待大学生不断优化自身所学知识，紧跟时代发展需要，并在改变传统"理论知识导向"学习模式的基础上，转向注重提升学习能力与反思意识，综合培养学习动机与专业兴趣，力争在有效过滤杂乱信息的同时，吸收和借鉴社会和市场发展的新知识，以此提高社会适应能力与动手实践能力，促使自身对综合能力的精准定位，从而制订逻辑度高、连贯性强、现实指向性明确的职业规划方案，以此降低就业或专业实践过程中的盲目性。

2. 多维遴选实践资源

大学生在选择专业实践项目种类时，应以社会需求和技能综合提升为着眼点，在实践初期制订内容详尽、现实操作性强的方案，确保实践环节的可行性。同时，大学生要注重实践项目对未来工作的可利用度，选择自身擅长领域或含金量高的实践项目，再根据实践项目制订各个阶段的操作步骤与发展目标，发现本专业领域的创新点与提升点，扎实开展市场调研，在充分了解社会或公众需求的前提下，促进实践项目的充分落实。此外，大学生群体要充分贯彻"双创教育"的核心理念，根据实践项目的需要组建高素质的实践或创业团队，掌握与运用相关团队建设的原理，打造专业技能更强、实践能力互补的高素质团队，保证实践活动与社会发展的优质对接。

3. 关注社会实践政策

在当前的教学机制下，部分大学生仅仅注重理论课程的学习，忽视专业教学与社会层面的对接，忽视政府部门对各类专业培养或就业培训等相关政策指导，影响了自身对所学专业社会实践性的判断。大学生作为处于学校培育与社会实践过渡阶段的重要群体，应该重新审视专业实践与社会岗位需求，多接触更多类型的学习渠道，力争充分建构更为系统、优质的专业实践计划。一方面可以关注创业培训、就业指导、融资合作、专业扶持等方面的优惠政策，并对政策的可执行度及社会覆盖度做出合理认知与预测；另一方面，应积极借助政府、社会和学校创建的优质资源管理平台，为实践环节创造机遇。

（三）兴趣培养

"兴趣是最好的老师"，学习的第一前提就是学习兴趣的调动与激发。兴趣本质上表现为一种心理倾向性，主要指"人力求认识和趋向某种事物并与肯定情绪相联系的个性心理倾向，是以人们认识或探索某种事物的需要为基础，并通过社会实践而得以体现的一种心理倾向"。一般而言，在人们探究或认知事物的过程中，如果产生兴趣，就会表现出兴奋、快乐、紧张等心理状态，并外显为一种认知事物的速度、力度和强度，具有很强的个性化色彩。因此，所谓的学习兴趣就是人们在学习过程中积极探索、认识事物并带有强烈情绪色彩的心理倾向。总之，大学的学习更具探索性和研究性，知识的高深性与复杂性使得大学生的学习活动变得更为困难。拥有浓厚的学习兴趣，是大学生学习得以前进并发展的重要内在保障机制。因此，为提高大学的教育教学水平，提升大学人才培养的质量，培养与激发大学生的学习兴趣是一个非常重要的内在环节。

勒温认为一种目的或一种意向，可以形成一种准需求，产生具有动力意义的紧张系统。人的心理紧张系统代表的就是一种心理需要，倘若学生在学习问题上能够有这种心理需要，学习的兴趣就会得到有效的激发。但由于受到各种因素的影响，有些大学生一方面对自己专业知识学习兴趣不高；另一方面对广泛的科学文化知识学习兴趣并不浓厚。分析其原因，从个体的视角看，就是这些学习的需要和心理紧张系统不健全。换句话说，就是这些学生尚未树立科学正确的学习价值观。从当前的大学教育教学实践情况看，加强大学生的思想教育，坚持从学生自身的思想意识层面剔除各种负面影响，是提高大学生学习兴趣的良好途径之一。其一，大学生新生入学时加大学习价值观的引导，学生从第一天开始就感受到学习的价值与意义所在。其二，在日常的课堂教学中，每一位学科教师都负有树立学生正确学习价值观的重任，因为教学本身就具备了教育性特征，这是教学活动质的规定性，教师应当根据教学任务，适时给予学生在学习价值观问题上的教育。其三，大学的教学管理部门可定期召开大学生学习的经验交流会，让学生们就学习问题进行探讨与互动，其目的是实现学生之间的相互教育与影响，从而共同树立正确的学习价值观。

在正确观念的指引下，进一步分析不同兴趣大学生的专业兴趣培养途径，分别施以不同的培养方式。首先，对专业不感兴趣的学生，其专业兴趣的培养可能是最为困难的。这一层次的大学生可以多参与一些志愿活动，尽管这不是专业本身对学生兴趣的影响，但也是"循循善诱"个体的兴趣培养方式。其次，对专业兴趣不确定的学生，往往缺乏对所选专业的了解。对这部分学生来说，专业兴趣的引导应该是先确立后培养，通过专业课程的教学方式和课程的参与来培养专业兴趣，主动增强与专业任课教师的交流，同时认真完成课前预习和课后复习。最后，对于本来就对专业感兴趣的学生，要想提高自身的专业兴趣，就要主动联系专业教师，积极参与到教师的科创小组和科学研究团队中来，更大幅度提升专业的认知水平。

（四）习惯养成

习惯教育属于养成教育，它是德育的根基。大学生养成教育的落脚点是要形成良好的行为习惯，学生的一言一行、一举一动将直接反映高等教育思想政治教育的成效。然而，在现实生活中，许多大学生的行为却与其知识层次和道德认知水平不相适应。我国著名教育家叶圣陶先生在谈到青少年教育时指出："什么是教育？简单一句话，教育就是要养成习惯""德育就是养成良好的行为习惯"。大学生良好行为习惯的养成是素质教育的外在表现，行为习惯养成教育是实施素质教育的有效切入点，其最终目的是要培养学生学会做人和做事。

当代大学生良好行为习惯的内涵主要体现在以下几个方面：第一，道德习惯主要指学生在思想道德品质和社会公德等方面表现出来的行为习惯，反映出学生的社会责任感、理想、信念和个人追求，热爱国家，遵守校纪校规，遵守国家法律，热爱社会公益活动，文明礼仪，具有网络伦理道德和职业道德、诚信意识和行为、感恩意识等。第二，学习习惯包括学生的学业规划、学习态度（动机）、紧迫感、自觉性和主动性、学习纪律等方面的行为习惯。第三，生活习惯主要包括生活上勤俭节约，不铺张浪费，不盲目攀比；人际交往方面做到文明礼貌、举止大方等。第四，工作习惯也叫职业行为习惯，指学生在未来从事职业活动时需要表现出来的时间观念、全局观念（大局意识）、团队精神、事业心和责任感、执行力等。要想在大学期间养成良好的习惯，主要从以下几个方面入手。

1. 坚定的自觉性能够充分发挥大学生养成学习习惯的主体能动性

从生理机制上来说，习惯是一种后天获得的趋于稳定的动力定型。学习习惯的形成，就是引导学生长期实践和应用良好的学习方法和策略，以形成稳固的学习行为，而形成良好的学习习惯关键在于养成。养成是在长期的学习和日常生活中，通过坚持不懈的培养和自我约束，使受教育者具有良好的学习行为。大学生在习惯养成的过程中不是出于消极被动的地位，而是出于积极主动的地位。单纯依靠外部强制很难保证习惯养成的长期性、稳定性和持久性。"外因是变化的条件，内因是变化的根据，外因通过内因而起作用"，离开大学生的自我规范和自我改造，离开其主观能动性的发挥，良好的学习习惯的养成很难取得成效。部分大学生厌学现象普遍的最主要原因之一就在于学生自主学习能力的缺乏。因此，坚持培养意志的自觉性能有效激发大学生养成良好学习习惯的主动性和积极性，充分发挥主体性作用。

2. 大学生行为习惯的养成教育要注重与社会实践相结合

良好行为习惯的养成一方面需要理论灌输，使其熟谙人生要养成良好行为习惯的益处；另一方面还必须通过实践这个平台进行践行和体悟。在事业单位和生产车间实习是对大学生进行行为习惯养成教育的最佳时间段。通过实训实习，促使他们耳闻目睹人才就业市场的竞争压力、了解企事业单位对员工的纪律要求及奖惩条例，使大学生群体明白一个道理，良好习惯的养成对自己、对团队是百利无一害的。同时，大学生要积极参加校团委、学生会、学生社团等组织的社会实践活动，加深对未来工作纪律的理解，养成良好的纪律观念，培养积极健康的心态，形成良好的行为习惯。

3. 大学生行为习惯的养成要注重与人文教育相结合

一个人所具有的人文素质是其个人修养、品位的显示器。人文素质较高之人一般都具有积极良好的人生态度与行为方式，能够积极健康融于社会、严格律己，自觉遵守各种法纪章制，体现出较高的素质与品行，并且能在集体实践活动中表现出色。这些人文素质较高之人，之所以能脱颖而出，成功的秘诀之一就是已经养成了遵守各种法纪与章制的良好习惯，能适应各种环境。由此可见，加强对大学生的人文教育有利于他们良好行为习惯的养成。大学生可以通过学习古圣先贤们提出的明德知耻、尚礼守信、舍生取义、改过迁善、格物致知等有关道德修养、伦理教化来潜移默化地影响人格理想、行为规范与精神境界。

（五）人格塑造

"人格"即"人之格"，带有鲜明的伦理性，一方面指人之为人的基本规定性，是人之为人的底线；另一方面指个体在这些基本规定性方面所实现的程度，标志一个人在做人方面达到的高度或境界。人格对人的行为有直接的影响，决定着一个人行为的方向。人格塑造就是通过养育、教育、教化等途径，有目的、有计划地促进受教育者人格形成、发展和完善的系统过程。在人格塑造过程中，大学阶段无疑是一个关键性的阶段。在这个阶段，一个人的人格基本形成，并会直接地、强烈地对个人和社会发展产生基础性和长期性的影响。

改革开放以来，我国经济领域保持了几十年高速增长，繁荣丰富了整个社会的物质生活；社会主义民主法治建设也逐步推进，自由、平等、公正、法治的理念渗透到社会各个生活领域，社会活力进一步释放；文化生活、教育事业、医疗保障等领域的改革逐步深入，取得了历史性的成就，这些都为公民个人包括每一位大学生的人格形成和个体发展创造了比以往任何时期更加良好的社会环境。大学生的人格表现总体上说是良好的，积极、乐观、自信、开放、直率、热忱，充满活力和希望；但同时也面临着前所未有的挑战和压力，呈现出些许不平衡不协调的特征。这种不平衡与不协调则突出表现在以下几个方面：第一，选择判断不够稳定，理想与信念仍需加强。随着国际思想文化领域斗争的深刻复杂，国内各种社会矛盾和问题相互叠加，多元化思潮影响逐步增大，有的大学生面对多元思想的剧烈冲突，感到迷茫与无所适从，马克思主义的理想信念开始日渐淡薄。第二，环境适应能力较差，缺乏应对与承受挫折的能力。基于这些不良表现，大学生可以从以下几个方面不断调整自己。

1. 善于调整心态，勇敢面对失败与挫折

用积极的心态看待问题，积极的心态创造人生，积极的心态是成功的起点，是生命的阳光和雨露。面对失败和挫折，要勇敢地面对。人生不会永远失意，一时的打击其实更应该成为前进的动力。面对挫折，不管当前的问题处理的如何都应该调整心态、坦诚面对，坚信逆境中同样有机会存在。

2. 主动适应社会环境的发展与变化

学会融入新环境，培养良好的人际关系。面对陌生的环境，要学会主动适应，发展自我，要主动关心他人，设身处地为别人着想，同时也要打开自己的心扉，坦诚与人交流，不要过分计较别人的短处，不计较个人得失，才能赢得尊重、交到更多的朋友。

3. 培养诚实守信的品格

树立诚实做人的良好品格是关系到人一生的事情，坚持诚信做人是关系到自己的人格、品格和习惯的事情。一个人如果失去了起码的信誉，就无法在社会上立足，更不要说发展了，没有人愿意和不诚实的人来往。正如赛谬尔·斯迈尔斯所说："我们自己的手掌握着人生的幸福，只有靠不懈地努力、修身养性、自我磨炼和自控自制才能达到我们的幸福。"然而，这个道理的基础是诚信、正直和恪尽职守，这些都构成了大学生优秀的品格。

三、爱岗敬业为荣，脚踏实地作为

培养大学生脚踏实地的敬业精神，需要大学生从自我做起，主要体现在大学生的自我教育和敬业意识上，这样才能形成以爱岗敬业为荣，以不负责任为耻的社会风尚。

一是敬业应当爱岗。虽然爱岗和敬业通常放在一起讲，但爱岗涉及的是人的感情，而敬业涉及的是人的意志，两者属于不同的范畴。爱岗的核心是对社会、对人民、对服务对象的深厚情感，全心全意为人民服务、大公无私为社会奉献，具有崇高的职业道德品质。

二是爱岗必须敬业。在工作中，大学生要具备责任感和主动精神。最受用人单位欢迎的就是那种具有主动工作精神的大学生，也只有这些人通常能从较低的职位逐渐走向更高的职位。主动工作的精神对于一个人走上社会之后，能不能承担更重要的工作和责任起到至关重要的作用。

三是敬业必须精业。所谓精业，就是要熟悉业务、精通业务。要做到熟悉和精通业务，大学生应该在大学期间学好专业知识，加强社会实践，培养动手能力；参加工作以后要充分调动自己的聪明才智，学识和业务才能与时俱进，这不仅为职称和职务晋升创造了良好条件，而且实现了个人成长和价值实现。

四是脚踏实地要从小事做起。在我们的日常生活中，有大量事务性的、琐碎的工作需要去处理，脚踏实地需要从每一件小事做起。现实生活中，很多大学生经常谈情怀，但人生理想和个人价值的实现必须要有一个坚实的切入点。因此，无论从国家与社会的角度来说，还是从个人的角度来说，都必须踏踏实实地从现实做起、从具体工作做起。对待工作一定不能太好高骛远，常言道，一个人要有远大理想，但是更要脚踏实地。远大理想是说要带着一种使命，带着一种理想去工作，这样才能在工作中发现自己和理想的差距，才能通过学习和实践来弥补自己的不足。

四、面向基层就业，树立服务意识

"基层"这一概念对大学生而言并不陌生，基层是大学生熟悉当代中国社会、了解现阶段国情、磨炼意志、砥砺品格、艰苦奋斗、无私奉献、增进与人民群众感情的最好课堂；是思想创新、理论创新和政策创新的"源头活水"；更是人才施展才华、累积经验、创新实践的沃土。"人才是第一资源"，不论是城市、乡镇，还是农村，要想更好更快地发展起来，人才作用的发挥格外重要。应该说有了人才，就有了创新发展的基础，有了冲破桎梏的条件，有了快富裕奔小康的氛围，所以人才是推动社会发展的关键。古往今来，凡是成大事者，必须从基层做起。因此，基层和人才犹如鱼和水，基层的发展需要人才的支撑，人才的发展需要在基层中历练。常言道："良禽择木而栖"，在新时代，基层的建设和发展需要大量人才，也蕴藏着无数就业创业机会。为了留得住人才，各地基层政府出台了很多开放的政策和贴心的服务，努力以"政策+服务"模式让人才扎根基层，特别在从事基层建设、农业发展等方面与基层息息相关、匹配对口的专业型、技能型人才，引导他们主动作为、发挥热量，为更高层面的成长、成才和成功奠定基础。

然而，透过"抢人大战"的硝烟，可以看到，眼下我国经济社会发展仍然面临城乡、区域不平衡等问题，而人才作为生产要素，总是循着"往高处走"的规律。落后地区、贫困地区特别是农村，无法拿出大城市那些诱人的条件，打不起"人才战"。当然我们也必须看到，相比城市而言，基层乡镇、农村更是人才的"历练所""增值地"，能够更好地帮助大学生开阔眼界、提升能力，也能带来更多的认可和尊重。特别是新时代的青年人，思想更活跃、抱负更宏大，更能讲奉献，也更是不怕苦，有能力和有担当，与基层"一拍而合"。

因此，对于大学生而言，基层是一个广阔的天地，基层工作经历特别是基层工作经历的历练是一笔宝贵的精神财富，在基层的实干中掌握新知识、积累新经验、练就既能统筹兼顾又可独当一面的真本领，会受益终身。当代大学生要努力到基层一线去工作，到祖国最需要的地方，形成"想去基层大有可为，愿留基层大有作为"的高尚情怀和价值导向。同时拜人民群众为师，在切实为人民群众服务上不断历练成长，把自己对基层的深切情怀转化为一件件民生实事、一个个发展目标，用真情实意对待群众，用点滴实干赢得信任，日积月累、久久为功，扎扎实实干事情，我们祖国的发展才会越来越好，全民小康社会才能早日实现。

在整个学涯期间，一方面，高校要加强大学生基层意识教育，增强大学生基层就业创业意识、基层发展成才意识。基层意识教育就是要大学生明白一个道理：基层空间广阔是大学生成就事业的试验场；基层事业无疆，是大学生施展才干的广阔舞台；基层大有作为，是大学生成就伟业的沃土；在基层就业创业，建功立业，是有志青年奋斗成才的必由之路。另一方面，大学生也应该自觉进行世界观、人生观、价值观的自我教育，进而树立正确的职业观。

总之，大学生从学校走向社会，从普通学子到社会主义的劳动者，这是人生的一个转变，也是实现人生价值的开始，而劳动就业则是其具体的承载形式。在大学生认清当前就业形势、树立正确的就业观念的同时，也需要社会各界共同努力，为大学生群体的劳动就业创造一个更加宽松的环境和良好的平台，以期让他们更好地实现人生价值、更好地报效国家和社会。

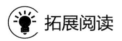
拓展阅读

大学生就业心理测试
A 组

（1）就我的性格来说，我喜欢同年龄较小而不是较大的人在一起。
（2）我想我心中的伴侣应该具有与众不同的见解和活跃的思想。
（3）对于别人求助我的事情，我总乐意帮助解决。
（4）我做事情考虑较多的是速度和数量，而不是在精雕细琢上下功夫。
（5）我喜欢新鲜这个概念，例如新环境、新旅游景点、新朋友等。
（6）我讨厌寂寞，希望与大家在一起。
（7）我读书的时候就喜欢语文课。
（8）我喜欢改变某些生活惯例，使自己有一些充裕的时间。
（9）我不喜欢那些零散、琐碎的事情。
（10）假如我进入招聘员的经理室，经理抬头瞅了我一眼，说声请坐，然后就埋头阅读他的文件再不理我，可我一看旁边没有座位，这时我没有站在那里等，而是悄悄搬个椅子坐下来等经理说话。

B 组

（1）我读书的时候很喜欢数学课。
（2）看了一场电影、戏剧之后，喜欢独自思考其内容，而不喜欢与别人一起讨论。
（3）我书写整齐清楚，很少写错别字。
（4）我不喜欢读长篇小说，喜欢读议论文、小品文或散文。

（5）业余时间我爱做智力测验、智力游戏一类题目。
（6）墙上的画挂歪了，我看着不舒服，总想设法将它扶正。
（7）收录机、电视机出了故障时，我喜欢自己动手摆弄、修理。
（8）我做事情时总希望精益求精。
（9）我对一种服装的评价是看它的设计而不大关心它是否流行。
（10）我能控制经济开支，很少有"月初送，月底空"的现象。

评分规则：

选择"是"记1分，选择"否"不记分，各题得分相加，分别计算两组得分。假设第一组得分为A分数，第二组得分为B分数。你的A分数_____，B分数_____。

A＞B：你的思维活跃，善于与人交往。你喜欢把自己的想法让别人去实现，或者与大家共同去实现，适宜你的职业是记者、演员、推销员、采购员、服务员、人事干部、宣传机构的工作人员等。

B＞A：你具有耐心、谨慎、肯钻研的品质，是个精深的人。适宜选择编辑、律师、医生、技术人员、工程师、会计师、科学工作者等职业。

A≈B：你具备AB两类型人的长处，不仅能独立思考，也能处理好人际关系。供你选择的职业包括教师、护士、秘书、美容师、理发师、各类管理人员。

（案例来源：中国教育在线，编写组略有删改。）

思考与练习

1. 你如何看待当前大学生的就业形势？
2. 当求职遇到挫折和冲突时，你是如何进行自我调适的？
3. 结合自己所学的专业，分析自己所处行业的发展现状，探索自己感兴趣的行业以及就业形势。具体包括以下几个方面的内容。
   （1）调研分析自己感兴趣行业的发展状况和前景，形成调研报告。
   （2）调研分析自己感兴趣职业的发展要素和前景，形成调研报告。
   （3）对本专业的往届毕业生的就业情况进行调研，形成调研报告。

第二章
就业途径与就业信息

学习目标

1. 了解大学生就业的基本途径。
2. 了解就业信息的分类和收集渠道。
3. 掌握收集整理就业信息的方法。
4. 学会利用收集的就业信息不断提升和完善自己。

学习重点

1. 拓宽就业途径是增加就业机会和提高就业成功率的重要基础。
2. 精准收集和整理就业信息可以为成功求职做好充分的准备。
3. 整理就业信息要注意信息的准确性和时效性。

案例引导

盲目逛会不如找准定位

毕业生张楠在大学期间学的是一个非热门专业,他知道自己所学的专业并不容易找工作,于是采取了"漫天撒网"的办法,认为网撒得越大,捕到鱼的希望也越大。他精心设计和制作了电子版的求职材料,通过发送邮件的方式广泛撒网,投递简历,课余时间忙得不亦乐乎,简历发出后认为可以静静地等待好消息了。

大约过了一个多星期,没有任何用人单位回信,他并没有在意,坚信好戏在后头。然而,几个月之后仍然未等到任何邀约,求职信石沉大海,一无所获。张楠非常苦恼,他曾经满心期盼,而结果却令人失望。就业创业教研室的老师耐心地为他指点迷津:"你积极主动的精神值得肯定,但找工作要有较为明确的目标,不要盲目行事,要根据自己的实际情况和对方的需求情况有的放矢地投递简历。"在老师的指点下,他很快改变了策略,在广泛收集用人单位需求信息的基础上,根据自己的实际情况和兴趣爱好,有选择、有重点地参加了招聘会,在投递出的8份材料中就收到6家用人单位的面试通知,最后他参加了3家单位的面试,与其中一家单位正式签约。

📖 案例分析

很多毕业生在求职初期总要走一些弯路，主要原因在于他们开始时收集信息的目标不明确，收集信息的方法不正确。本案例中张楠的想法和做法在毕业生中比较常见。比如在各种招聘会上，总可以见到一些毕业生手持个人材料，像散发传单一样广泛撒网。他们认为，只要把网撒出去，总能捕上几条"鱼"来，运气好的话说不定就能捕上一条"大鱼"。但结果却往往是"大鱼"没撞上，甚至连"小鱼"都没捞着。时间、精力都白白浪费了，一切还得从头开始，而且更为堪忧的是大量时间和精力换回来的是不断加重的心理负担。

因此，毕业生的自我推荐需要讲究一些方式方法，应该有目标、有选择地投送自荐材料或上门应聘，以提高命中率。当然，在求职初期，可能对就业市场的情况并不清楚，可以适当地把"网"撒大一点。但是，一定要知道这只是一种"火力侦察"的手段，摸底后要及时收网，根据自己的求职目标，有针对性地对信息进行分类处理，重点突破，不能"守株待兔"。

（案例来源：编写组收集整理。）

大学生就业机制的市场化使得大学生在面对职业选择时必须主动寻求和积极参与，通过多种方式和多种渠道实现就业。信息时代，大学生就业不仅是实力的竞争，同时也是信息的竞争。作为新时代的大学生，应当高度重视就业信息的重要性，积极主动、广辟途径地收集对自己有价值的就业信息，并认真分析、筛选、整理这些信息，进而把握求职的主动权，为成功就业奠定基础。

第一节　扩大就业的途径选择

一、大学生就业的基本途径与流向

就业途径是毕业生实现就业的方式，是求职较为重要的环节。在社会主义市场经济条件下，毕业生的就业途径及流向呈现出多层次、多渠道、多方位的特点。目前高校毕业生的就业途径主要有以下几种：市场就业、考试录用、项目就业、指令性就业、就读代就业、参军入伍、灵活就业、自主创业、出国深造、延缓就业、人事代理等。

（一）市场就业

随着"市场导向、政府调控、学校推荐、学生和用人单位双向选择"的就业机制的确立，市场就业成为毕业生实现就业的一种主要途径。

1. 校园招聘

高校毕业生校园招聘会是毕业生与用人单位供需双方进行就业双向选择、实现求职和招聘的重要场所，也是高校毕业生就业的主渠道。其主要功能包括提供就业信息、就业服务和就业指导等。其主要形式包括用人单位的专场招聘、以地区或行业为特征的组团招聘、学校自己组织的大型综合性招聘活动或校际联合组织的招聘活动。专场招聘是用人单位人力资源部门在对一所学校的综合实力、学科专业特点、生源质量等各方面情况进行充分了解后，单独在该校召开的招聘活动。以地区或行业为特征的组团招聘主要是中央部委毕业生就业主管部门、行业协会或者省、市地方毕业生就业主管部门为本系统、本行业或本地区的用人单位招聘毕业生创造条件，在学校的支持与配合下组织的招聘活动。各高校也会自己单独或与其他学校联合，组织针对本校毕业生专业和服务行业用人单位的招聘活动，为本校和联办院校的毕业生就业提供服务。例如，中国石油天然气集团公司、中国石油化工集团公司和中国海洋石油集团公司每年组织招聘团到辽宁石油化工大学举办专场招聘会。

用人单位根据岗位需要和具体要求，通过校园就业市场直接到高校招聘符合条件的毕业生，这种招聘方式既节约成本，又提高效率，对于高校毕业生来说，可以在高校内面对面地与用人单位进行沟通和交流，也是最直接、最便捷的就业方式。

2. 政府组织的招聘活动

政府有关部门组织的招聘活动是用人单位选拔高校毕业生的重要途径，而举办毕业生招聘活动同样是各级政府大学生就业主管部门的主要工作内容之一。以辽宁省为例，每年辽宁省人力资源和社会保障厅组织各类毕业生招聘活动百余场，为单位招聘和毕业生求职创造条件，充分发挥了省级毕业生就业市场的示范作用。在各地毕业生就业工作领导机构的组织和监督协调下，社会有关部门每年都在积极组织面向大学生的招聘活动。

3. 专业门户网站

互联网时代，用人单位广泛利用网络进行毕业生招聘活动。许多企业从发布校园招聘计划和职位信息开始，到对简历进行初步筛选，再到通知学生笔试、面试，确定录用意向，都通过网络进行操作，大大降低了招聘成本，提高了工作效率。对于学生而言，也可以避免在求职中浪费大量的时间、精力和金钱。用人单位的网络招聘既有通过其自行建立的网页来开展活动，也有利用毕业生就业主管部门与高校专门建立的毕业生就业网络系统来发布信息。例如，用人单位自己建立的网站如中国石油天然气集团公司、中国石油化工集团公司和中国海洋石油集团公司等企业的招聘网站，已然成为大学生拓展就业渠道的重要平台；就业主管部门网站包括中国高校毕业生就业服务信息网、辽宁省高校毕业生就业信息网以及省内各高校建立的就业网站等。

4. 代理招聘

委托社会人才服务机构等中介单位或部门进行招聘也是企业招聘毕业生的一个渠道。除了政府的各级人才服务部门，近年来，社会涌现出了包括中华英才网、智联招聘、前程无忧等一大批专业化的人才服务机构，可以为企业提供包括招聘毕业生在内的很多专业服务。很多企业委托这些人才服务和职业介绍机构为其选择、推荐人才。这里需要特别提醒的是，由于我国目前的职业介绍中介机构质量参差不齐，毕业生在通过中介求职时，一定要对招聘信息进行认真审核，对中介机构慎重选择，避免落入求职陷阱。

（二）考试录用

考试录用是目前用人单位招聘毕业生的一种重要方式，同时也是毕业生就业的一条重要途径。国家机关考录公务员、事业单位选用工作人员和专业人才，部分企业、公司大批选用人才，一般都采用考试录用的形式。考试包括笔试和面试。笔试主要考核毕业生的文字能力、综合分析能力和知识掌握水平,分为专业知识考试、心理测试、命题写作、综合考试等类型。面试主要了解应试毕业生的素质特征、能力状况、求职动机、形象气质等是否满足特定的岗位要求。

我国的机关单位包括各级党政机关、人大、政协、法院、检察院、群众团体机关等。现阶段,这些机关单位在招聘工作人员时,基本上都是参照公务员的招考办法同期进行。按照国家制订的《事业单位公开招聘人员暂行规定》的有关要求,除了参照公务员制度进行管理和转为企业的事业单位外,事业单位招聘专业技术人员、管理人员和工勤人员,主要采取公开招聘的方式,由用人单位根据招聘岗位的任职条件及要求,采取考试、考核的方法进行。

(三) 项目就业

项目就业就是通过参加国家和省市实施的促进就业项目实施就业,如大学生志愿服务西部计划、"三支一扶"计划、大学生志愿服务辽西北计划、大学生村官计划等,这些项目的实施不但鼓励大学毕业生扎根基层,为建成小康社会贡献聪明才智,而且为毕业生的锻炼成长、成才及事业的发展创造了条件。

1. 大学生志愿服务西部计划

大学生志愿服务西部计划简称西部计划,是共青团中央、教育部共同组织实施的,财政部、人事部给予相关政策、资金支持。该项目从 2003 年开始实施,按照公开招募、自愿报名、组织选拔、集中派遣的方式,每年招募一定数量的普通高等学校应届毕业生或在读研究生,到西部基层开展为期 1~2 年的教育、卫生、农技、扶贫以及青年中心建设和管理等方面的工作,进而推进农村共青团工作、基层检察院、基层人民法院、基层司法援助、西部农村平安建设等方面的志愿服务工作。志愿者服务期满后,鼓励其扎根基层,或者自主择业和流动就业,并在其升学、就业方面给予一定政策支持。

2. "三支一扶"计划

"三支一扶"计划是由人力资源社会保障部牵头,中组部、教育部、财政部、农业部、卫生部、扶贫办、共青团中央共同组织开展的 4 大基层就业项目之一,岗位包括支教、支农、支医、扶贫、基层公共服务岗位。"三支一扶"计划是高校毕业生"面向基层就业"的具体落实,按照公开招募、组织选拔、统一派遣的方式实施,招募的高校应届毕业生服务期间的身份是"三支一扶"志愿者,服务期限一般为 2~3 年。

3. 大学生志愿服务辽西北计划

为贯彻辽宁老工业基地振兴战略,努力建设社会主义新农村和构建和谐辽宁,助推辽西北地区与全省同步发展,2003 年 7 月,根据辽宁省委、省政府的指示精神,由团省委牵头,会同省委组织部、宣传部,省人事厅、教育厅、财政厅共同组织实施了大学生志愿服务辽西北计划。该项计划旨在鼓励和引导辽宁省高校毕业生到辽宁省西北部贫困地区和部分省扶贫开发工作重点县从事包括基础教育、医疗卫生、农业技术、扶贫等各项事业的志愿服务工作,服务期为 2 年,志愿者服务期满后,鼓励其扎根基层,或者自主择业。

4. 大学生村官计划

大学生村官工作是国家开展的选派项目,该项目由中组部牵头,会同中农办、教育部、公安部、民政部、财政部、人力资源和社会保障部、农业部、国家林业局、国务院扶贫办、团中央共同组织开展。主要目的是培养一大批社会主义新农村建设骨干人才、党政干部队伍后备人才、各行各业优秀人才。

大学生村官岗位性质为"村级组织特设岗位",系非公务员身份,其工作、生活补助和享受保障待遇应缴纳的相关费用由中央和地方财政共同承担。大学生村官的工作管理及考核比照公务员有关规定进行,由县(市、区)党委组织部牵头负责,乡镇党委直接管理,村党组织协助实施;人事档案由县(市、区)党委组织部管理或县(市、区)人力资源和社会保障部门所属人才服务机构免费代理,党团关系转至所在村。选聘工作坚持公开、平等、竞争、择优和德才兼备的原则,一般通过个人报名、资格审查、组织考察、体检、公示、决定聘用、培训上岗等程序进行。各地在开展选聘工作时,要把选聘条件、选聘办法、选聘程序、选聘结果及时公布,接受社会的公开监督。

(四)指令性就业

指令性就业是国家根据国民经济和社会发展的需要,直接编制和掌握,并以命令方式下达的、具有强制力的就业计划。指令性就业的特点是具有强制性和约束性,执行单位必须保证无条件接受分配来的人。例如,定向培养、委托培养毕业生回原定向、委培单位就业,毕业生按照国家指令性计划安排就业。

(五)就读代就业

本科生报考硕士、硕士报考博士,这种继续在学业上深造的做法,一方面提高了学历层次,提升了毕业生的就业竞争力;另一方面暂时缓解了就业压力和矛盾。一般来说,在高校里学习条件好,选择机会多,复习时间更为充裕,因而直接取得更高学历的可能性更大。因此,以就读代就业,无疑是大学生毕业时一种不错的选择。

(六)参军入伍

为提高我军的整体素质,增强大学生体魄,每年部队从中央部门和地方所属全日制公办普通高等学校、民办普通高等学校和独立学院的全日专科(含高职)、研究生、第二学士学位应届毕业生中招收义务兵。以男生为主,女性应届毕业生征集根据军队需要确定。参军入伍的学生可以享有以下优惠政策。

(1)高校毕业生应征入伍相当于免费上大学。国家为应征入伍服义务兵役的高校毕业生补偿相应学费,代偿助学贷款。高校毕业生入伍之初就可一次性获得学费补偿或助学贷款代偿,全部由中央财政拨付。

(2)高校毕业生服役表现优秀可直接提干。在同等条件下,高校毕业生士兵在选取士官、考军校、安排到技术岗位等方面优先。具有普通高等学校本科以上学历、取得相应学位、表现优秀、符合总部有关规定的可以按计划直接选拔为基层干部。

(3)高校毕业生服役期满享受更多升学优惠。退役后参加政法院校为基层公检法定向岗位招生考试时,优先录取;具有高职(高专)学历的,退役后免试入读成人本科;报考普通高校专科起点升本科,享受招生计划单列、单独划线、按计划数录取的优惠政策;报考硕士研究生初试加分,荣立二等功及以上的可推荐免试攻读硕士研究生。

(4)高校毕业生服役期满择业参照应届高校毕业生办理就业手续和户档迁转。入伍高校毕业生退出现役后,可参照高等学校应届毕业生凭用人单位录(聘)用手续,向原就读高校再次申请办理就业报到证,并办理户档迁转手续。

(七)灵活就业

灵活就业代表了一种就业观和就业形式,是指劳动时间、收入报酬、工作场地、保险福利、劳动关系等方面不同于传统主流就业方式的各种现代就业形式的总称。灵活就业涵盖的领域日趋广泛：既有在劳动标准方面、生产组织和管理方面以及就业稳定性方面有别于正式职工的各类灵活就业，又有由于科技和新兴产业的发展、现代企业组织管理和经营方式的变革引起就业方式的变革而产生的非全日制就业、临时就业、阶段性就业、远程就业、独立就业、承包就业、家庭就业、兼职就业等，还有个体经营和合伙经营等自雇型就业，如律师、作家、自由撰稿人、翻译工作者、家庭教师等自由职业和独立服务型就业等。这些职业自由度大、限制少，既满足了社会的需要，又在很大程度上符合了大学生的自主择业需要。

在传统的就业观念里，灵活就业是一种质量不高的就业方式，存在待遇低、不稳定、没有长期可靠的保障、子女的教育问题可能会受到限制等多方面的问题。很多毕业生虽然不能落实工作，但也不愿意选择灵活就业的方式。诚然，在传统的观念里，这种看法无可厚非，但随着社会的发展进步，对灵活就业的认识也应该"与时俱进"。

近些年，我国经济融入全球化进程，社会结构、社会组织形式、社会利益格局发生了深刻的变化，也激发了更多的市场需求。"灵活就业"的质量越来越高，灵活就业正逐渐成为一种主流的就业方式。从待遇上看，很多在独资企业、合资企业、民营企业、私营企业等单位灵活就业的毕业生收入更高、待遇更丰厚，甚至有些毕业生被跨国企业看中而到国外"打洋工"；从社会保障来看，国有体制外的企业用工也越来越规范，"五险一金"等社会保障方面的内容都已经纳入薪酬体系。而且，现在的"五险一金"大多都已经采用了个人账户的形式。无论在什么性质的单位工作，只要个人按时缴纳，未来的保障就有保证；从工作的稳定性上来看，当今社会，决定自己的工作是否稳定的最主要原因越来越依赖于劳动者的素质和能力，工作的稳定与否，应该是看"动态的稳定"，也就是说，只要个人素质和能力过硬，就能够长期在竞争中保持主动，即便是离开一个单位也能很快做到再就业。那种一辈子依赖于一个单位的"静态的稳定"越来越不保险，体制内单位的"铁饭碗"的成分也越来越少，素质不高、能力不强、不加强学习，照样会被淘汰；至于将来子女的教育问题，体制性的障碍越来越少，子女异地就学现在已经变得不是问题。目前不同地域之间因户口而带来的各种可能的限制也将越来越少。更重要的是，由于我国干部人事制度和用工制度的改革创新，国有体制内和体制外的人才交流越来越呈现出双向交流的趋势。以前，更多的是国有体制内向体制外的单向交流，也即是从公职岗位向独资企业、合资企业、民营企业、私营企业等非公职岗位流动，非公职岗位上的人才很难向国有体制内的公职岗位回流，但是现在，很多国有体制内单位都在从体制外的企业和非公职岗位上吸引人才。灵活就业是大学生就业的一个新趋势，在大学生就业中占有一席之地。

（八）自主创业

自主创业是近年来国家引导和鼓励大学毕业生就业的一种新途径，是服务国家加快转变经济发展方式、建设创新型国家和人力资源强国的战略举措，是促进大学生全面发展的重要途径，是落实以创业带动就业、促进高校毕业生充分就业的重要措施。大学生在毕业后不是向社会"寻求"工作，而是为实现自我价值，减轻社会就业负担，通过科技创新、社会服务或发挥某一方面的特长，利用所学的知识，自己或与他人合作创办公司。这不仅可以解决自身的就业问题，而且也可以为他人创造就业机会。党的十八大以来，国家和地方在创业培训、公司注册、税收减免等方面出台了一系列优惠政策，积极支持和鼓励大学生自主创业。同时，自主创业对大学毕业生的知识、能力和综合素质等方面也提出了更高的要求。

大学生自主创业的途径有很多种，其中主要的途径有：高科技企业、智力服务企业、加盟连锁企业、家居工作室、开办合伙企业和经营专业商品。

1. 高科技企业

身处高新科技前沿阵地的大学生，在这一领域创业有着近水楼台先得月的优势，"易得方舟""视美乐"等大学生创业企业的成功，就是得益于创业者的技术优势。但并非所有的大学生都适合在高科技领域创业，一般来说，技术功底深厚、学科成绩优秀的大学生才有成功的把握。有意在这一领域创业的大学生，可积极参加各类创新创业竞赛，获得脱颖而出的机会，同时吸引风险投资。目前，在智能研发、软件开发、网络服务、手游开发等领域存在不小的商机。

2. 智力服务企业

智力是大学生创业的资本，在智力服务领域创业，大学生游刃有余。例如，家教领域非常适合大学生创业，一方面，这是大学生勤工俭学的传统渠道，有丰富的经验；另一方面，大学生能够充分利用高校教育资源，更容易赚到"第一桶金"。此类智力服务创业项目成本较低，一张桌子、一部电话就可开业。推荐的领域还包括设计工作室、翻译事务所等。

3. 加盟连锁企业

连锁经营是以若干同业店铺，以共同进货或授予特许等方式联结起来，实现服务标准化、经营专业化和管理规范化，共享规模效益的一种现代经营方式和组织形式。加盟连锁企业不需要特殊的技能，一切都有连锁机构负责，连锁机构对于刚步入社会选择加盟连锁企业的大学生的创业途径提供了很大的帮助。

4. 家居工作室

现在的大学生不喜欢以往朝九晚五的固定工作，更希望自由自主地分配自己的工作时间，因此就出现了家居工作室。家居工作室的创业途径是近几年才产生的，也适合一些大学生。另外，随着计算机网络的日益普及，使得从网上领取工作，完成后从网上交付成为可能，家居办公一族中也常常可见大学生的身影。

5. 开办合伙企业

合伙企业是由多个投资者共同创办，聚集了大家的想法和资金，考虑问题也比较全面，对没经验的自主创业大学生有很大好处，既可以通过大家出资解决资金短缺之苦，又可以集思广益避免由于自己单一的想法影响创业计划的实施，还可以学习和积累一些经验，为以后做更大规模的创业项目做准备。

6. 经营专业商品

专业商品是指拥有专利权或具有特色的商品，一般来讲商品的影响力较大，大多数顾客认同，使得经营起来不需要大力的宣传，经营比较容易。在网上购物盛行的今天，创办特色网店也是一种选择。

（九）出国深造

随着经济全球化进程和改革开放进程的加速，我国与世界各国在经济、文化等领域间的交往和交流日益频繁。作为21世纪最有发展潜力的国家之一，中国早已成为世界关注的焦点。众多的国外知名公司到中国创办企业，我国许多大型企业集团也纷纷在海外投资建厂。

在这样的背景下，社会急需具有远大抱负和国际视野的优秀人才，人才竞争逐步呈现出国际化的新特点。可见，经济的全球化为我国大学毕业生提供了更多国内、国外的就业岗位。

进入 21 世纪以来，国外的高等学府十分注重我国巨大的教育市场资源，纷纷向我国大学生抛出"橄榄枝"，吸引大学生出国留学，使得越来越多的大学生有机会到国外院校继续深造，也有为数不少的毕业生选择参与国际人才竞争，到外资企业或境外的企业公司工作。

（十）延缓就业

延缓就业是部分学生不得已而为之的一种选择。一些毕业生因为准备继续考研，或正在办理出国的相关手续，或是暂时未能找到满意的工作单位，往往会选择延缓就业或者回到家庭所在地再择业就业。也有的毕业生采取先办理就业代理，解决户籍、档案等后顾之忧后再继续择业的做法。延缓就业和暂时的待业是一种正常的社会现象，对社会、个人和市场都是一种调节。大学毕业生对此应该有充分的思想准备。

（十一）人事代理

人事代理是指经政府人事部门批准或授权指定的人才服务机构，受单位或个人的委托，运用社会化服务方式和现代科学手段，按照一定的法律程序和政策规定，为那些无主管单位、不需要具备人事管理权限的单位、要求委托人事代理的其他企事业单位及自费出国、以辞职等方式流动后尚未落实单位的专业技术人员和管理人员，提供档案保管或有关人事方面的服务工作。

目前，全国各地人事代理发展迅速，代理内容不断丰富，代理形式趋于多样化，概括起来主要包括四个方面：第一，围绕人事档案管理进行的低层次人事代理，包括存放或转递人事关系、调整档案工资、评定专业技术职称、办理因私因公出国政审、出具各种人事证明等；第二，围绕社会保障进行的新形式人事代理，包括失业保险、养老保险、医疗保险等；第三，围绕人力资源开发进行的深层次代理，包括人才招聘、人才测评、人事诊断、人才考核和人才发展规划；第四，围绕信息咨询进行的服务性代理，如发布人才供求信息、代发招聘广告和公司形象设计、工薪制度咨询、就业指导、职业咨询等。

二、选择合适的就业途径

如今就业途径种类繁多、纷杂不一，毕业生要结合自身的实际情况选择适合自己的就业途径。以上列举的几种就业途径，并非泾渭分明，互不交叉，毕业生可先选择其中一种就业方式，如未获得成功，可继续选择另一种就业方式。例如，毕业生如果首先选择了就读代就业，进一步提高学历进行深造，那么在不能保证升学成功的前提下，还要考虑寻找工作单位等"保险"措施。在这些就业途径中，能够成功通过"千军万马过独木桥"的热门的公务员考试、事业单位聘用考试、项目就业、自主创业、出国深造或到境外企业就业的毕业生数量毕竟有限，不能把希望全部寄托在一种选择上，多几个备选的方案也是非常重要的，因此，市场就业和灵活就业是更多毕业生的选择。

然而，面对企业的规模、所有制性质、经营生产模式、行业特色千差万别的现状，大学毕业生应该如何选择这些企业呢？

（一）中小企业是大学生就业的现实选择

近年来，我国中小企业发展迅速，被称为"最活跃的经济细胞"。纵观毕业生的求职意向，大型企业、国有企业、事业单位、优势行业是他们的首选，然而这些单位提供的岗位数量远远不能满足数量逐年增多的毕业生需求。近几年,随着国家利好政策的扶持以及中小企业所具有的经营决策快、成本及综合风险相对较低、对市场反应敏锐灵活的优势,中小企业数量快速增加,渗透到几乎所有的经济活动领域,其资产规模、收入规模、就业吸纳量等不断提升,已成为中国经济社会发展不可或缺的重要力量。这些在中小企业的发展和变化为广大毕业生提供了广阔的就业空间。因此,在青睐大型企事业单位的同时,中小企业也是大学生就业的现实选择。

1. 中小企业是促进就业增长的重要途径

中小企业资本有机构成低,由于它主要是劳动密集型企业,可以容纳较多的劳动力就业,同时,随着中小企业的发展,它可以创造更多的就业机会,所以,中小企业是解决大学生就业的重要途径。

从中小企业提供岗位的总量看,中小企业是我国解决就业问题的重要阵地。据统计,城镇工业劳动力的75%是由中小企业安排的,农村50%左右的剩余劳动力由中小企业吸纳。我国经济将继续保持持续、快速、健康的发展,GDP增长率继续保持在7%~8%左右,这一速度将对就业产生强有力的推动,中小企业每年新增就业岗位达到500万~600万个,为大学生求职提供基本的就业空间。

从中小企业的资源配置看,中小企业将为大学生提供更多的就业机会。中小企业技术人员缺乏、管理人员文化程度偏低,影响中小企业的快速发展。我国中小企业已是国家创新体系中的主要创新主体,这些企业要参与国际国内市场竞争,开展技术创新和管理创新,然而企业产品自主开发能力又比较薄弱,企业拥有的技术即专有技术比较少,面对国际经济一体化,需要大量的技术人才和管理人才加盟中小企业。

2. 中小企业是大学生创业的重要基地

高等教育培养的是具有创新精神、创业意识和创业能力的大学生,新时代的大学生将不仅仅是一位求职者,而将成为工作岗位的创造者。如今,高等教育更加注重培养学生的事业心、进取心、开拓精神、冒险精神,使大学生具备从事某项事业、企业、商业规划活动和开创事业的能力。由于中小企业体制先进、机制灵活、贴近市场,具有资金调度灵活、技术单纯且易普及的特性,中小企业必将成为大学生创业的最佳选择。在市场经济条件下,大学生进行创业、实现技术创新也是中小企业求得生存的重要条件。大学生在中小企业的创新成果不仅数量上占有相当的份额,而且水平和影响力也不亚于大企业。大学生加盟中小企业,进行技术创新和知识创新,对推动其发展、提高竞争实力起着重要作用。

3. 中小企业是大学生成才的摇篮

中小企业的发展为大学生实现成才的愿望提供了客观的环境,是孕育大批创业型专业技术人才的摇篮。从我国中小企业现有的力量来说,追求高新技术产品的生产是不太现实的。为扩大市场份额,减少低价值磨损,中小企业正在开发一些具有竞争力的高新技术和专利技术,同时中小企业有灵活的机制,比大型企业更能全面地锻炼和培养专业技术人才,更有利于大学生在中小企业发展中脱颖而出。

同时,中小企业锻炼了经营管理人才,造就了大批优秀企业家,对实现大学生的成才也独具优势。在改革中发展起来的中小企业,企业经营者将决策、指挥、经营、管理、生产开发等角色集于一身,他们经受着市场竞争的考验,在生产经营实践中成长。因此,数百万中小企业的发展,必然造就成千上万的企业家,为发展社会主义市场经济提供了宝贵的资源。

诚然，中小企业受到规模、技术、资金、人才等方面的限制，在发展中不如大型企业顺利，正是这些劣势，为大学生的成才与创业提供了机遇。当代大学生，只有在这种条件中磨炼，才会有更好的成才空间。

（二）别轻易对劳务派遣说"不"

劳务派遣源于美国，成长于欧洲、日本，已有多年历史。中国内地的劳务派遣最早出现在20世纪80年代国务院《关于外国企业常驻代表机构聘用中国雇员的管理规定》中。在国家工业化、城市化步伐加快和城乡就业壁垒逐渐消失的背景下，越来越多的农业剩余劳动力进入城市寻找就业机会，这使得我国人力资源多元化的特色日趋明显，企业的用工形式也越来越多样化，大量的"劳务派遣员工"就在这样的背景下出现，这也是我国劳务派遣迅速发展的原因。随着《中华人民共和国劳动合同法》（下面简称《劳动合同法》）、《中华人民共和国劳动法》（下面简称《劳动法》）对劳务派遣法律内容的进一步修订和规范，劳务派遣这种新的用工方式已经逐渐地步入正轨，人们对劳务派遣的接受程度也相应地提高。

在市场经济条件下，学生就业的观念和心态都发生了转变，劳务派遣作为一种新的用工方式进入了大学生的视野。在劳务派遣员工大军中，大学毕业生是重要力量。但受传统观念影响，仍然有一些大学毕业生对劳务派遣持反对态度，他们很在意企业正式职工和固定职工的说法。实际上，这部分同学对劳务派遣的认识还存在误区。劳务派遣是指劳务派遣单位与劳动者签订劳动合同、建立劳动关系并承担雇主责任，与用工单位签订劳务派遣协议，然后按照用工单位需求，将符合要求的劳动者外派到用工单位，并向用工单位收取相关费用的经营行为。劳务派遣最大的特点是劳动力的雇佣与使用相分离，它具有提升企业劳动用工灵活应变能力、节约人力资源成本、转移风险等优势。在效率优先的市场条件下，对于临时性、辅助性的岗位采用劳务派遣方式，可以增加用工单位应对外界变化的灵活性，特别符合当前企业减员增效的人力资源管理的普遍要求。

目前，劳务派遣在中国正在呈扩大化趋势，受到更多用工单位和劳动者的青睐，主要是因为它具有一些传统的用工方式无法具有的优点：首先，对于用工单位来说，实行劳务派遣制的用人机制更加灵活，由于劳务派遣员工与用工单位之间只是一种简单的有偿使用关系，从而彻底解除了劳务派遣员工对用工单位的依附关系，节省用工单位人力资源管理成本，使用工单位从烦琐的劳动保障事务中解脱出来，更利于集中精力提高企业效率，增强企业的核心竞争力。其次，对于劳务派遣机构来说，它不仅使劳动者从就业信息不对称中解脱出来，为他们提供了就业岗位，还为自己赢得了利润。最后，对劳动者来说，劳务派遣型用工方式更好地保障了劳动者的合法权益。劳务派遣机构对劳动者来说是一个集体维权力量的组织，为劳动者提供了各种岗前职业技能培训，以提高劳动者自身的就业能力，为劳动者解决了在就业、工资发放、社会保险缴纳、劳动合同纠纷等方面的后顾之忧，有效地避免了劳动者因势单力薄而得不到的劳动保障。对于大学生而言，劳务派遣机构不仅仅是为解决下岗职工、农民工的就业平台，它与一些大型企业的合作中，也能为大学生就业提供更多的岗位，提供步入职场的平台。虽然我国的劳务派遣仍然存在着缺憾和不足，但是我们要用发展的眼光来看待这种新型的就业方式，它必将成为我们大学生就业的选择途径之一。

（三）灵活就业是高校毕业生的新趋向

随着市场经济的深入发展，高校毕业生的数量逐年攀升，就业的压力进一步加大，灵活就业已成为越来越多高校毕业生的选择，成为大学生实现知识能力转化、缓解压力的有效方式。

灵活就业可以实现高校毕业生从拥有知识向提升能力的转化过程，同时也是促进知识更快转化为能力的一种弥补形式。大学生在学校接受了丰富的理论知识教育，但接触丰富多彩的现实社会和现实生活的机会较少，学过的方法论要得到社会和实践的认可、检验，还需要一个过程，因此先灵活就业确实为一种积极的心态。同时，企业对应届毕业生的能力和水平没有把握，担心只凭面试会看"走眼"，认为一旦与大学生签约，过一段时间如果对大学生不满意，要想辞退就很困难。有些大学生想创业但没有资本，又担心与企业签约后影响自己的创业计划，于是就采取灵活就业的方式，慢慢地积累资本，为日后的创业做准备。

灵活就业可以促进高校毕业生提高独立生活的能力。我国千百年来形成的一种"望子成龙、盼女成凤"的传统思想，使已经成人的大学生依然无法走出父母的关爱和呵护，甚至婚嫁购房、生儿育女都走不出父母的经济援助圈。灵活就业，让大学生给自己施加压力，让自己敢于并勇于承担成年人的社会责任，迫使大学生在经济上独立，使大学生在生活上的自理能力得以加强，而且家长、社会、企业界和政府也会为大学生的灵活就业提供更多的支持，这样对构建和谐社会、创新型社会、学习型社会将发挥很好的激励作用和榜样作用。

高校毕业生的灵活就业作为全社会的一个就业状况，要给予鼓励，给予支持。同时灵活就业也面临着一些问题。

（1）部分高校毕业生在求职就业过程中存在的法律问题。诸如劳动合同意识不强、法律维权意识较淡薄、违法意识存在盲点等问题，缺乏专门的法规和相应的社会保障配套措施。

（2）社会保障很难落实。我国的社会保障制度目前还没有建立适应非正规就业灵活有效的失业、医疗、养老保险等制度，国家规定企业必须缴纳社会保障金，有些民营的小企业却由于各种原因没有给职工及时缴纳。

（3）待遇偏低。大学生因为社会经验少，处于弱势地位，他们的付出与回报有时不成比例。诚然，用人单位为大学生的成长和成才提供了良好的机会，但是部分企业利用大学生群体的就业压力，有时会把灵活就业的大学生当成廉价劳动力。

尽管灵活就业作为一种就业方式会面临一定的挑战，但灵活就业成为我国就业机会的一种重要形式不会改变。高校毕业生作为主体也将面对同样的发展趋势，其发展必将经历从无到有、从少到多的过程。目前看，高校毕业生灵活就业已经迈出了第一步，但是人数毕竟是有限的，仍然存在相当一部分毕业生宁可不就业也不灵活就业的现象。应该看到的是，随着各方面条件的改善（如政策环境、制度环境、市场环境、社会保障、就业观念等），必将推动更多的高校毕业生走向灵活就业。

第二节　收集有效的就业信息

就业信息是指通过各种媒介传递的与就业有关的消息和情况，包括就业政策、就业形势、就业机构、人事制度、岗位需求、用工信息等。就业信息是大学毕业生求职择业的基础和必备条件，掌握了就业信息，也就拥有了机会。大学生要高度重视就业信息的重要性，加强对信息的分析，可以增强求职择业的针对性，减少时间和精力的浪费；对信息的良好运用，可以根据对方需求采用合适的策略技巧，做到知己知彼，并提高就业的成功率。

一、就业信息的分类与内容

(一) 就业信息的分类

由于就业信息种类繁多，本教材只按照信息的输出形式和空间状态两种分类方式进行阐述。

1. 按照输出形式分类

(1) 媒体信息。媒体信息是指通过各种正式公开发布的媒介载体获取的信息。比如，在自媒体平台、网站、电视、广播、报刊发布和刊登的就业信息。在现代社会中，尤其是网络上的就业信息，因其信息更新速度快、信息量大的特点深受广大青年学子的青睐。但是任何事物都具有两面性，良莠不齐的信息中也容易混杂着一些虚假信息、失效信息和失真信息，甚至是诱人进入"陷阱"的误导性信息，大学生对这类信息一定要谨慎处理，并及时向就业指导教师和有关部门咨询，以免上当受骗、误入圈套。

(2) 书面信息。书面信息是指通过书面材料获取的信息。例如，大学生获得的各种有关就业工作的指导性文件，学校和用人单位的各种书面通知和函件等。书面信息比较正式，权威性强，是毕业生必须重视和掌握的信息。

(3) 口头信息。口头信息是指通过与人交谈获取的信息。毕业生通过与老师、同学、学长、校友、亲朋好友的交谈，了解、打听到的就业信息都属于口头信息。口头信息一般不是很系统和全面，其权威性和可信性与谈话对象本身对信息掌握的程度有关。因此，毕业生对口头信息要做进一步的了解与核实后再做决定。

(4) 行为信息。行为信息是指通过信息传递人的面部表情和肢体语言获取的信息。比如，在接受面试的过程中，毕业生就要善于捕捉主考官的表情、动作、姿势，读出其中蕴涵的潜在意义，从而相应地调整自己的行为和心理。

2. 按照空间状态分类

(1) 宏观信息。就业的宏观信息是指根据国家的政治经济情况制定的方针政策和规定，既包括国家对毕业生的就业政策与劳动人事制度改革的信息，又包括社会各部门和企业需求及未来产业、职业发展趋势所要求的信息。掌握这些信息，就可以从宏观上把握就业方向。大学生要注意关心国家政策的重大改革，对确立宏观的择业方向有着重要的指导意义。

(2) 微观信息。就业微观信息是指具体的就业信息，即与用人单位相关的信息，主要内容如下。

① 用人单位的全称、性质、上级主管部门；

② 用人单位的发展实力及远景规划，在整个行业中的排名和在当地社会经济结构中的地位；

③ 用人单位的经济效益、职工收入状况及其他福利待遇；

④ 用人单位的管理体制、岗位设置、人事管理制度等；

⑤ 用人单位的企业文化、工作氛围、员工培训机会、个人发展前景等；

⑥ 用人单位的地理环境、办公条件、生活条件、联系方式等；

⑦ 用人单位需求人才数量；

⑧ 用人单位对从业者政治思想、道德品质、工作态度、学历层次、学业成绩等的要求；

⑨ 用人单位对从业者职业兴趣、职业能力、职业气质等职业心理方面的要求;
⑩ 用人单位对从业者职业技能和其他方面才能的特殊要求。

(二) 就业信息的内容

就业信息主要是指用人单位的需求信息,包括在招聘活动中各行业和企事业单位发布的具体需求信息、岗位的薪资状况、工作内容和职业发展前景等。通常情况下,完整的就业信息一般包括三个方面:

(1) 职业的信息。如职业岗位的名称、岗位数量、职业工作内容、职业性质或特点、职业待遇、工作地点与环境、发展前途等均属于职业信息。

(2) 应聘条件的信息。如对从业者的知识、能力、年龄、性别、身高、体力等条件的要求属于应聘条件信息。

(3) 程序方面的信息。如报名手续、联系方式、考核内容、面试与录用程序等都属于就业程序方面的信息。

二、就业信息的特点与作用

(一) 就业信息的特点

1. 就业信息的时效性

就业信息具有极强的时效性,每一条信息都有时间要求,在规定的时间范围内是有效的,过了一定时间就失去了它的意义和作用。因此,毕业生在收集、整理、处理求职信息时一定要注意信息的有效时间,争取及早对信息做出应有的反应。"机不可失,时不再来"对于毕业生求职择业具有很强的现实指导意义。对求职的应聘者来说,过时失效的信息,不仅没有使用价值,而且还是有害的,它会使应聘者徒劳往返,浪费时间、人力、财力和精力。

2. 就业信息的真实性

由于就业信息的传播渠道、传播媒介不同,大量的就业信息扑面而来,有真有伪,这就要求大学毕业生要仔细分析和研究就业信息,避免被失真的就业信息误导。虚假信息的存在,要求高校毕业生对待就业信息要客观分析,冷静处理;要从正规渠道获取就业信息,对没有把握的小道就业信息不要轻易相信;要养成对就业信息进行求证的好习惯,不是十分清楚的就业信息要及时与用人单位取得联系或请教专业人士,避免被虚假就业信息所骗而造成不必要的损失。

3. 就业信息的相对性

随着社会分工的进一步细化,用人单位在人才层次、专业类别、综合能力、性别界定等方面的针对性大大提高,就业信息本身必须能够说明它所适用的对象,以及该对象应具备的具体条件。因此,就业信息的价值是相对的,一则招聘信息对一部分人来讲是非常有价值的,而对另一部分人来讲价值性则体现的并不明显。就业信息的这一特点要求求职的毕业生在得到就业信息后,进行认真的分析和研究,结合自身的条件进行客观比对,需要从知识水平、业务能力、综合素质等多个维度进行深入剖析,研究自身是否符合用人单位的要求。这样做的目的是可以减少求职的失败次数,避免求职的自信心受挫,增加求职的成功率。因此，毕业生要注意求职信息的相对性，避免盲目跟风。适合自己的就业信息一定要予以重视，不适合自己的就业信息也一定要果断摒弃。

4. 就业信息的共享性

就业信息的共享性是指就业信息可以通过不同的载体进行传播，所到之处为社会各方共享共用。就业信息的共享性还意味着就业的竞争加剧，竞争并不仅限于本班同学和本校同学，还有国内其他高校的毕业生。所以在就业竞争中要争取早一点获得就业信息，早一点做好准备，成功实现"捷足者先登"。

（二）就业信息的作用

就业信息是一个人能否成功就业的重要因素，一个人的成功就业，不仅取决于他自身的知识和能力等因素，而且还取决于他是否掌握和有效运用就业信息。对毕业生来说，就业信息的作用主要体现在以下几个方面。

1. 就业信息是职业选择的基本前提

在社会主义市场经济条件下，人才资源的配置实行的是市场化配置，用人单位选人与毕业生择业的自主权已得到进一步的强化。对于毕业生而言，如果不拥有准确可靠的需求信息，就无法把握自主择业的主动权，实现职业理想就会变成一句空话。一位求职者掌握大量就业信息，视野就会比较宽阔，也更容易把握择业的主动权，从而比较稳妥地掌握自己的命运。

就业信息是择业的基础，是决策的前提。可以说，求职竞争在一定意义上就是获取就业信息的竞争。谁获得的信息数量多，求职的选择面就宽；谁获得的信息质量高，求职的把握性就大；谁获得的信息及时，求职的主动权就大；谁获得的信息内容全、要点明确，求职的盲目性就小。一旦成功就实现了顺利择业，在职场当中就找到了适合自己的位置，实现了个人的职业理想。

2. 就业信息是择业决策的重要依据

要做好自己的择业决策，就必须要有就业信息量的保证。譬如国家的就业方针、各地区及主要行业的就业政策、自己所属院校的就业细则、有关就业机构的具体职责、校园招聘活动的安排等，当然，更为主要的是用人单位的需求信息。

如果大学毕业生依据所占有的就业信息，在经过筛选比较、科学决策后，最后自己瞄准一个或几个相对确定的目标，那么，大学毕业生此后面临的就是求职面试环节。对毕业生而言，要想顺利通过面试关，就必须对用人单位的文化价值、管理理念、经营方式、产品结构、市场行情、用人制度及以往的历史和今后的发展情况有一定的了解。这就是对就业信息深度和广度的要求。虽然把握就业信息的深度，并不必然地决定自己能被录取，但毕竟增加了录用的可能性。

3. 就业信息是调节生涯目标的参考

大学生在校期间，通过对就业信息的了解，对当前国家的政治经济状况、就业形势、就业政策、就业机构、人才供求情况以及用人单位对人才素质的要求等信息的了解、掌握、分析和研究，就能明了未来能从事的某些具体职业的类型和特点、岗位的能力标准和要求，客观上促使学生更好地认识到学习对社会发展和个人成长的意义，明确学习目的，增强学习的积极性和主动性。人是生活在现实社会中的，现实存在的职业信息，展示着社会经济生活的真实面貌，这可以帮助大学生从实际出发看待个人的发展方向，调整个人的职业和专业学习内容，从而有利于合理地塑造职业自我。因此，就业信息对于在校学生制定职业生涯方向、求职者确定选择目标、已经就业者重新认识职业世界与认定或者调整职业目标，发挥着不可小视的作用。

三、就业信息的收集与整理

（一）就业信息的收集

在职业选择和就业过程中获取有用的就业信息会起到举足轻重的作用。毕业生在收集就业信息过程中，要注意把握就业信息的特性，掌握适度原则，促进顺利就业。

1. 收集就业信息的原则

毕业生在收集就业信息时要遵循一定的原则，明确就业方向，做到有的放矢。

（1）真实性与准确性原则。只有真实准确的信息才是有生命力的。就业信息是否准确是大学毕业生做出决断的关键要素。信息不准，会给择业工作带来决策上的失误。准确性要求信息反映的情况必须真实、可信，大学生应该对不真实、不准确的信息提高警惕，避免由于信息的不准确、不真实带来的损失。

（2）针对性与适用性原则。大学毕业生在收集就业信息时首先要有明确的目的，这是信息收集具有方向性和针对性的前提；其次要在纷繁复杂、形形色色的就业信息中遴选出适合自己的信息，增强就业信息的适用性。毕竟不是每一条就业信息都能适合自己，大学生需要将自己的专业、性格、兴趣、能力、价值观等因素进行综合分析，权衡利弊。如果在众多的就业信息中迷失了方向，就很难捕捉到真实的、有价值的就业信息。

（3）系统性与连续性原则。要想为个人的信息分析和就业择业提供可靠的依据，需要将各种相关的、零碎的信息积累起来，然后进行加工和筛选，形成一个客观地、系统地、能够反映当前就业市场、就业政策、就业动向的就业信息链，使收集的就业信息具有系统性和连续性。

要保持信息的连续性，毕业生就要建立连续的个人电子就业信息库，积累信息并在此基础上不断挖掘新的就业信息，经核实后输入个人的信息库，这样毕业生就可以在任何时候都能享用就业信息。因为许多就业信息的获取并不是空想而来的，需要不断地积累和沉淀。然而，互联网时代的就业信息既丰富又零散，这就要求大学生善于将各种相关的信息在经过加工和提炼后，形成一种能客观、系统地反映当前就业市场、就业政策、就业动向的就业信息，从而为顺利求职做好充分的准备。

（4）计划性与条理性原则。有计划地收集就业信息是指根据事先拟定的计划收集来自不同类型的企业、事业或公司的就业信息，并根据自己的意愿有重点地收集，避免大海捞针，同时还要根据用人单位的需求，提前做好充足的准备。同时，毕业生在收集各种就业信息时，要善于及时对信息进行分析、判别和处理，根据自己的就业定位，选择相对较佳的就业信息，同时果断出击，以提高求职择业的效率和准确性。

2. 收集就业信息的方法

就业信息的选择可以概括为："地域优先"选择法、"行业优先"选择法、"兴趣优先"选择法、"能力优先"选择法以及综合选择法。

（1）"地域优先"选择法。这种就业信息选择方法体现了以就业地为主体的特征。多数毕业生在择业时因家族、地域文化等原因而有着明确的地域要求，在就业信息选择上要以自己限定的"地域"为参考条件进行选择。按地域进行就业信息选择时，可以从以下几个层面考虑：第一个层面，可以将地域粗略划分为诸如"沿海""内地""东部""南方""北方"等不同地区；第二个层面，可以将地域划分得更细些，如东北、西北、华北、华中、华东、华南、中南、西南等区域；第三个层面，可以把选择的区域具体到省份和城市，如回自己父母所在的城市，或北京、上海等一线城市。但地域范围越窄，可选择的单位数量越少，求职难度越大。

（2）"行业优先"选择法。这种就业信息选择方法体现了以就业行业为主体的特征。有些毕业生在择业时因专业对口等原因有着明确的行业要求，毕业生在就业信息选择上就会以自己限定的"行业"为参考条件进行选取。目前，很多企业集团都是跨行业经营和发展，毕业生在就业信息选取时一定要了解清楚，不要错失良机。但行业面限定越窄，可以选择的单位数量越少，求职难度也就越大。

（3）"兴趣优先"选择法。这种就业信息选择方法体现了以毕业生个人兴趣为主体的特征。有些毕业生在择业时因看重个人兴趣等主观意志而有着明确的就业岗位选择要求，毕业生在就业信息选择上就会以能够实现自己兴趣的工作岗位和单位为参考条件进行选取。例如有些毕业生的意向锁定在毕业后创业，那么他们在就业信息选择上就要考虑企业管理、市场营销等方面的岗位需求。采用"兴趣优先"选择法时，一定要客观地评价自己的"兴趣"，否则会影响个人的职业发展。

（4）"能力优先"选择法。这种就业信息选择方法体现了以毕业生个人能力为主体的特征。毕业生在就业信息选用上主要以个人条件能够胜任的工作岗位为参考条件进行选择。这种就业信息选择方法应聘成功的概率比较大，可以作为选择"保底"就业单位时进行使用。但个人条件不仅仅体现在政治面貌、外语水平、学习成绩等硬件条件方面，还要考虑到语言表达、人际交往、组织协调能力等软实力是否符合岗位需求，否则就不是完全的"能力优先"选择法，最终可能徒劳无功。

（5）综合选择法。在择业过程中，很少有人只考虑单一限制要素，往往是多限制要素的组合，因此就业信息综合选择法更适合多数人。综合选择法是将几个择业限制要素进行排序，将最看重的限制要素排在第一位，依次类推。按排列顺序，利用上述就业信息选择法逐级筛选。如排在第一位的限制要素是"地域"，则按"地域优先"选择法选择就业信息，排在第二位的限制要素是"行业"，则在上一步筛选出的就业信息中再按照"行业优先"选择法选择，依次类推，筛选剩下的就业信息就是自己所要的能够满足各种限制要素的就业信息。但是，如果择业限制要素过多，那么可供选择的就业单位数量就会过少，求职成功的概率也会降低，因此一定要客观、合理地设置择业限定要素。

3. 收集就业信息的渠道

毕业生获取就业信息的渠道是多种多样的。由于受个人的关注程度、社会背景、经济状况、思维观念等要素的影响，获取就业信息的渠道也存在着一定的差异。一般说来，单一渠道获取的就业信息成功率不高，要善于利用各种渠道、通过各种途径收集信息，这些渠道和途径主要包括以下几个方面。

（1）学校毕业生就业指导部门。学校毕业生就业指导部门（即就业指导中心或就业办公室）是毕业生获取就业信息的主要渠道。随着高校毕业生就业制度改革的深化，学校毕业生就业指导部门已经成为连接用人单位和毕业生的重要桥梁和纽带。高校毕业生就业指导部门的主要职责就是对毕业生进行就业咨询、就业指导、就业双选；收集、整理、发布用人单位的招聘信息；整理毕业生资源情况向用人单位发布，并进行毕业生推荐。

每年毕业生就业阶段，学校毕业生就业指导部门会针对性地向各个用人单位发布应届毕业生资讯，并以电话、网络联系等各种信息交流方式征集大量的用工需求。学校毕业生就业指导部门一般在每年的9月至次年的5月间专门组织各种形式的毕业生就业招聘会等活动，同时学校还会将收集到的需求信息加以整理，及时向毕业生发布。在毕业生和用人单位之间架起一座信息桥梁，从而使毕业生获得更多有价值的需求信息。在长期的合作中，学校毕业生就业指导部门与用人单位建立起了良好的、相对稳定的合作关系，是用人单位向学校发布需求信息的集散地。

一方面，学校毕业生就业指导部门与省市上级各毕业生就业指导部门之间保持着密切联系。国家的高校毕业生就业政策、就业方案、就业信息等都通过学校毕业生就业指导部门传达给广大毕业生，这是学校毕业生就业指导部门的作用之一。

另一方面，学校毕业生就业指导部门从广大毕业生切身利益出发，在就业信息公布之前，对用人单位发布的招聘信息进行审核，确保信息的真实性与可靠性。经过学校毕业生就业指导部门筛选和分类的就业信息针对性强、可信度高、成功率大。其一，用人单位是在掌握了学校的专业设置、生源情况、教学质量等信息后，才向学校发出的需求信息，这些信息完全针对该校应届毕业生，而在人才市场和报纸杂志上获得的需求信息，大多面向全社会人员，往往都要求求职人员具有几年以上的工作经验，不能适用于应届毕业生。因此，学校毕业生就业指导部门提供的就业信息具有很强的针对性。其二，毕业生在找工作的同时还要做好毕业论文，时间有限，不可能对所有的信息都一一验证，大学毕业生就业指导部门为广大毕业生提供了这一项服务，增强了信息的可信性，使择业效率大大提高。其三，前来学校招聘的单位往往都是与学校建立了长期用人关系的单位，大多数是招聘了往届毕业生，感觉还不错，现在是"回头客"，或者是在别人的推荐下到访的"新客"。因此，毕业生只要符合条件并善于把握机会，在学校召开供需见面会时，如供需双方同意，马上可以签订就业协议，大大提高了签约成功率。

（2）学校教师。这里界定的学校教师不仅包括从事就业指导与服务的管理工作者，也包括专业任课教师，他们不仅是毕业生求职择业的引领者，同时也是毕业生能否做到"人职匹配"的最佳纽带。

第一，负责就业指导与服务工作的教师更了解学校的就业情况和各专业毕业生适合的就业方向；更熟悉用人单位的经营状况、用人理念、薪酬福利、工作环境和人才需求情况。因此，他们提供的就业信息针对性强，更能够满足毕业生对专业发展的需求。由于各用人单位对毕业生的实际情况不太熟悉，往往难以在众多的求职毕业生中挑选出最佳人选，一些用人单位为了提高工作效率，需要相关教师帮忙推荐，经教师推荐的毕业生被录用的概率会大幅度提高。因此，毕业生可以通过相关就业工作指导者获得更有价值的招聘信息。

第二，充分利用专业教师的资源。大学生可以从专业教师的老同学、学生、科研伙伴、协作单位等社会资源获得针对性较强的就业信息。这些信息经过教师筛选后可靠性较强，而且与毕业生的就业意向和所学专业较为吻合，对毕业生求职择业是十分有利的。如果说市场竞争机制和企业人事管理机制能够使任人唯贤成为共识，那么教师的指引和助力能够为毕业生精准择业开辟一条通道。

(3) 各级毕业生就业管理机构。各级〔国家、省、市、区（县）〕毕业生就业管理机构是从总体上规划毕业生就业去向，进行全国性、区域性信息交流和人才配置的政府机构，它们既是就业政策的制定者，又是就业政策的执行者，发布的信息具有权威性，同时也为毕业生提供各种服务，尤其是提供信息服务和政策咨询服务。

(4) 供需见面洽谈会及人力资源市场。为做好毕业生就业工作，每年各省、市都会举办"人才招聘会""毕业生就业双选会""人才市场洽谈会"等规模不等的招聘活动。这些招聘会的特点是能够在短时间内汇聚众多的用人单位，并提供大量的用人单位需求信息，覆盖面广，时效性强。特别值得注意的是，社会上的"人才市场"有些是针对有一定社会经验人才的招聘会，有些是以招聘应届毕业生为主的招聘会，毕业生赶赴人才市场前要提前做好功课，不可盲目赶场。这里提示几个方面的注意事项。

① 求职者应在参加招聘会前注意查询主办单位的情况，选择有一定规模、服务好的招聘会，有效取得所需要的求职信息。

② 参加招聘会前要进行科学定位，问问自己"想干什么""能干什么""优势何在""能力如何"。这些问题想清楚了，可以有效提升求职择业的目的性。

③ 按照自己的求职意向分类准备好几份优质的简历，要简明而充分地展示自己的能力，表达出对工作的渴望和自信。

④ 进入招聘会现场以后，要细心地阅读主办单位为应聘者准备的会刊，查阅就业信息。摸清招聘单位的数量，根据自己的求职定位或择业目标，选出几个最适合自己的招聘单位和应聘职位。按照主次顺序选择展位进行洽谈，做到有的放矢，节约时间。

⑤ 不要被招聘单位公布出来的"高门槛"招聘条件吓倒，只要符合自己的求职意向，认为能够胜任招聘岗位的要求，就可以主动洽谈，不要因为一时的畏缩使自己错失良机。

⑥ 选择最佳的时机投递简历。一些大学生通常因为单位展位前堵得水泄不通而选择放弃，不要担心理想的职位会被捷足者先登，可以选择在招聘展位前清静时再来应聘，这样可以保证与招聘人员交流的效果。

⑦ 毕业生不应仅仅走访有影响力的大单位，一些看似"名不经传"的小单位或许能提供更优厚的待遇与条件，同时也可以获得更多的面谈机会。

⑧ 谈话要简明扼要。由于时间所限，通常在招聘会现场供需双方不可能交流得十分充分，集中时间和精力表明自己对该公司的兴趣和胜任所聘岗位的能力，可以引起招聘主管的重视，给其留下良好的第一印象，如果能够争取到再见面的机会，就多了一份成功的胜算。

⑨ 在招聘会场上，大多数用人单位参会的目的是收集材料和进行简短的面试，而很多实质性的会谈要在招聘会后进行。因此，大学生没有被用人单位当场录用是较为普遍的现象。当然，并不排除如果过往的业绩和现场的表现特别优秀，很可能招聘现场就能得到满意的录用结果。

⑩ 及时整理招聘现场收集的求职信息。离开招聘会场后，要将其中重要的目标单位加以标记和摘录。对约定的会面要准时赴约；对未约定而自己又很感兴趣的单位可以写一封跟踪邮件或是在对方方便的情况下打一个跟踪电话，继续保持联系。

(5) 互联网。随着计算机应用技术的普及和互联网的发展，网络求职以现代科技手段为依托，是一种有效、快捷、便利的途径。毕业生不仅能够利用互联网迅速查阅需求的信息，而且能够了解单位的动态，掌握一个单位的发展前景。目前大学毕业生在网上收集信息有三种方式：高校创建的就业信息网站、专业求职网站、用人单位自己的网站。任何人在任何地方，通过网络就可以查阅各类用人单位发布的招聘信息，在网上与用人单位建立联系，并能将自己的应聘求职信息在网上发布，方便用人单位与求职者建立联系。在网上获取就业信息进行求职，要注意以下问题。

① 不要在同一家用人单位同时应征数个职位。用人单位的人事部门人员通常喜欢专注于某一职位的应聘者。如果大学毕业生应聘的职位不止一个，就会被人事部门认为是"万金油"，认为其是"这山看着那山高"或者对个人的求职目标不明确的人。

② 毕业生在给用人单位发送求职简历后，如果一段时间后没有得到回复，可以利用有效时间给中意的单位多发几次电子邮件，最好每封求职信都要针对不同的用人单位精心设计，以表明自己对该公司的重视。

③ 网络求职的弊端是只见其文，不见其人。尽管通过网络可以传送照片，但也很难有见面交流的互动性和感染力。因此，从网上获取信息后，把求职的自荐材料发送过去，要努力争取与用人单位见面的机会，为成功求职做好铺垫。

（6）家长亲友。在高校毕业生就业过程中，利用各种门路和社会关系求职不能简单地归结为"走后门"而被排除，利用人际关系求职其实是让毕业生学会发现身边的资源，学会发动身边的资源，来为个人求职服务。特别是在社会主义市场经济形势下，毕业生应积极拓展一切有可能的渠道，获取就业信息。在就业过程中，可以多请教身边人员，了解哪里有职位空缺，打探各种工作机会，扩大求职的范畴。他们所提供的信息往往比较具体、准确，录用的成功率也比较高。

对于即将步入职业社会的毕业生而言，家长、亲戚、朋友是他们主要的社会关系。家长和亲朋好友在不同的岗位上工作，可以从不同的渠道带来用人单位的需求信息。家长和亲友一般比较了解毕业生本人的求职意向，提供的信息也通常直接、有效、可靠。因此，这也是毕业生获取就业信息的一个重要渠道。事实上，每年都有一部分毕业生是通过门路和社会关系就业的，通过这种方式得到的信息，既准确迅速，又真实可靠，可以作为上述途径的补充。

为了尽可能多地从自己的社会关系中获取有用的就业信息，毕业生不妨采取如下做法：首先，找一张白纸，在上面列出自己所认识的亲朋好友的名单，从中挑选出可能为自己现阶段求职提供帮助的人；然后，设法找到这些人的通信地址、联系电话、微信、电子邮箱等各种联系方式，通过拨打电话、登门拜访等形式建立联系，告知自己的近况和求职意愿。这里也要注意一些方法，如下所述。

① 针对求职意向和目标公司，要主动把相关情况告知对方，征求他们的建议。通常他们都很愿意帮忙，你所给出的求职基本框架便是他们努力的方向。

② 要重视对方提供的信息。毕业生不仅要尊重对方提供的宝贵信息，而且要带着感恩的心情传递谢意，这是"你来我往"的基础和前提。即使在已经获知相关信息的基础上，依然要怀有欣赏之意和感激之情，明确表达他们所传递的未知信息或许会对自己的求职大有帮助。

（7）校友。毕业生不仅可以通过校友资源寻求实习机会，而且可以获得更多具体、准确的就业信息。由于曾经在同一所学校学习和生活，有共同熟悉的师长、近似的专业，校友们也会尽可能地从自己的社会关系中获取有用的就业信息，并不遗余力地提供各种帮助给毕业生。

校友提供的信息的最大特点是与学校的办学特色和专业方向的吻合度较高。尤其是近几年毕业校友的求职择业、就业之初的实践和体会能够为应届毕业生提供宝贵的经验,可以为即将步入职场的新人带来很多启发。因此,毕业生可以充分利用专业实习、社会实践、校友回校等机会与校友多接触,用巧妙的方法适时介绍自己,以得到更多的帮助和指导。

(8)新闻媒体。目前很多用人单位通过广播、电视、报纸、杂志等新闻媒介发布了大量关于用人单位的招聘信息,同时还有包括就业政策、企业现状、发展前景、人才需求等方面的报道和分析,从而形成一个巨大的、多方位的就业信息源。这些就业信息从不同侧面反映了当前大学生就业的整体情况,受到招聘机构和求职者的共同青睐。例如,由教育部主管,全国高校学生信息咨询与就业指导中心主办的《中国大学生就业》杂志;地方主办全国发行的报纸,如北京的《北京人才市场报》、广州的《南方人才市场报》、上海的《人才市场报》等都在发布就业信息或刊登招聘广告;电台、电视台也开辟了专门的栏目,这些都成为毕业生收集信息的一种可靠途径。

由于新闻媒体不仅传播速度快,而且涉及面广,信息传播也很及时,是毕业生不可忽视的一条重要就业信息获取渠道。通过就业指导的报纸、期刊以及社会发行的出版物收集就业信息,要注意以下三点:一是要舍得花时间去大量收集;二是要选择最佳目标,根据就业信息的刊发时间、招聘条件详细分析,去粗取精,去伪存真,选定中意的用人单位;三是要注重时效,得到就业信息后避免等、靠、要,要抓紧时间前去应聘。

(9)社会实践(或专业实践)。社会实践是大学生自我开发职业信息的重要途径。毕业生在社会实践、专业实践中可以直接与用人单位接触,从而更清楚地了解职业领域的需求情况,并且为用人单位提供更多了解自己的机会。事实上,在社会实践(或专业实践)的过程中,很多毕业生通过自己的努力赢得了用人单位的信任,顺利地实现了就业。因此,大学生在各种社会实践活动及专业实践过程中,不仅要加深对社会和择业领域的了解,努力培养社会适应能力,同时也要做一个善于获取就业信息的有心人。

例如,在社会考察活动中,应该有意识地注意一些关于行业发展趋势、人才需求状况、具体单位或岗位用人的要求等;在社会服务活动中应注意观察、思考,努力去发现自己原来没有想到的、潜在的职业或岗位,一旦有所发现,应及时追踪求索;在勤工助学、实训锻炼等环节中,大学生更应该多看、多问,要"淡化"自己的学生身份、"打工"角色,以主人翁的姿态了解和关心该单位的事业发展,了解和关心自身和周围岗位上在职人员的工作状况,尤其在与自己的职业意向相合的单位或岗位实践时,要充分展现自己的才华和能力。

此外,还有一个很重要的实践环节就是毕业实习。毕业实习是学生踏入社会的前奏曲,是参加工作的预演,所以每个毕业生必须充分认识到这是一段非常难得且有价值的经历。通过实习,一方面使用人单位对毕业生有所认识和了解;另一方面使毕业生对择业领域有所把握。如果大学生向单位证明自己是一个可靠的职员,而单位又发现了该生的潜力,那么通过实习阶段该生也许会获得通向永久性职业大门的钥匙。因此要充分重视"毕业实习"这一教学环节,尽快建立有意义的实习关系,也许这比自己一味空口无凭地求职更有力道。

总之,除以上几种获取就业信息的渠道外,毕业生还可以通过黄页了解单位的地址和电话,通过打电话、发邮件或登门拜访等方法获得就业信息;也可以在专业网站上刊登求职广告,或者直接向有用人需求的公司投递求职简历和个人简历,采用这些渠道也有成功就业的可能。

(二)就业信息的整理

大学毕业生广泛获取就业信息是非常必要的,但重要的是如何对获取的就业信息进行归纳整理、分析和判断，筛选出真实而有效的信息，从而帮助自己做出正确的选择。

1. 就业信息的整理原则

大学毕业生应如何对收集到的就业信息进行有效筛选、分类整理，进而为毕业生所用是至关重要的。因此，毕业生在对就业信息整理时应遵循以下原则。

（1）理想与现实相结合的原则。大学毕业生在择业过程中，甚至在刚刚萌发就业意识的时候，就开始有了对自己未来所从事职业的设想，并努力向着自己的理想迈进。但是理想与现实之间总会有差距，在整理就业信息时要及时从已获取的信息中看到这种差距，并说服自己适应现实状况，切不可固执己见，抑或是看到差距就灰心丧气。

（2）公与私兼顾的原则。在对获取的信息加以整理的过程中应该正确处理好国家与个人、公与私的关系，寻求两者之间最佳契合点，在报效祖国的过程中实现人生价值。只有这样，经过整理并最终指导就业的信息才是最有价值的。

（3）学以致用、发挥专长的原则。毕业生在获取和整理就业信息时，一定要本着学以致用的原则、发挥专长的原则，不能随意就舍弃自己的专业和特长，冷落那些"冷门"的就业信息。有时，就业机会和未来发展就潜藏在那些暂时不被人们看好的"冷门"地区和"冷门"的行业中。

（4）立足自身实际、决不盲从的原则。任何信息本身没有绝对的优劣之分，适合自己就是最好的。毕业生在整理就业信息时一定要结合自身的实际情况，比如，兴趣、爱好、特长、专业等，加以选择，切不可盲目从众。

（5）去伪存真的原则。信息的整理过程是检验这些信息是否可靠的最后一道关卡，所以这一原则必须谨慎遵循。去伪存真的办法有很多，比如说，多方论证、实地考察等，无论采取什么方式，最核心的问题是保证获取的就业信息的真实性和可靠性。

（6）综合分析、善于开拓的原则。仅仅保证所获得信息的准确性和可靠性远远不够，还必须对所获得的全部信息加以分析，透过现象看本质，把获取的信息用好、用活、用实，达到事半功倍的效果。

2. 就业信息的整理

求职信息的整理是求职决策的重要基础和前提。通过对各种途径获取的就业信息，毕业生应该根据自己的实际情况，加以筛选和分类，有目的、有针对性地进行整理和分析，只有这样才能准确、有效地利用就业信息，更好地为自己求职择业服务。

（1）鉴别信息。首先要确定信息的可靠程度，虚假的招聘信息要第一时间剔除，然后再鉴别信息的内容是否齐全，在此基础上才能确保下一步工作按照正确的方向进行。相反，如果信息鉴别有误，则很可能会对毕业生的求职心理和求职行为带来负面影响。

（2）信息分类。经过鉴别、筛选的就业信息应按照专业、时效、地域等进行分类。专业分类就是根据用人单位的所有制特点、专业性质及对毕业生的专业要求、学历程度、特别要求等进行分类；时效分类就是要对信息的时效性进行分析，删除过时的信息，然后将信息按照时间的先后顺序进行排列整理；地域分类即根据招聘单位所在省、市地区进行登记分类。

（3）信息排序。就业信息经过分类后，要对所掌握的信息进行比较和排序，看看自己的性格、兴趣、特长与哪个单位更匹配，哪个单位更符合自己的职业规划目标，然后按照自己的标准，重点把握。这也就要求每位毕业生在进入职业选择前都要根据自己的实际情况、专业和特长等建立适合自己的就业标准，对重点单位的内部信息进行深入细致的分析，分析人才的特点、使用的方向和该单位未来发展前景等。在把握这些情况和用人单位要求的基础上，有针对性地设计自己的应聘材料，从而提高应聘的成功率。

（4）信息反馈。就业信息由于其传播速度快，共享程度高，毕业生获取的信息仅仅代表着一种可能的机会，而且充满着竞争，机会稍纵即逝。因此，毕业生获取信息后，一定要尽快分析处理并向信息发布者反馈信息，及时运用有价值的信息去选择适合自己的工作。在就业信息整理过程中，也应该注意根据就业信息的要求及时调节自己的知识、技能结构，提高自己的工作能力，弥补不足。

（5）信息挖掘。实践证明，很多就业信息的价值往往不是浮在表明上的，必须经过深入挖掘才能发现。比如，根据有些单位的现状，可能难以判断、预测单位和自己今后的发展；有些单位虽然目前可能条件差一些，但从长远看是有前途的，能够给人才较大的发展空间。这就要求毕业生既要站在高处，从长远、大局的方向看职业和单位的趋势，又要留意信息的细枝末节，由表及里地挖掘信息的内涵价值。首先，要有挖掘信息的意识，善用"透过现象看本质"的方法；其次，要综合其他信息的分析，有时还需要一些专业的知识和经验。譬如，从单位的组织结构发现其管理模式和运作机制，从单位的人事、财务报表分析人力资源状况和经济状况，从单位历年的招聘岗位和人数变化了解经营方向的变化；甚至从单位招聘的过程和方式，如笔试的内容、面试的问题、联系的方式等方面发现其是否与自己的预期判断相一致。

四、就业信息的运用与分享

就业信息的运用实际上就是在整理和分析就业信息的基础上，充分利用那些可用的信息去付诸实施，进行职业知识能力提升、职业选择和职业确立的过程。就业信息直接受就业形势与就业政策的影响，在当年度的就业期限内对毕业生能否就业起着举足轻重的作用，毕业生只有充分利用了那些可用的信息，较为全面地分析市场需求的新要求，才能达到收集和分析就业信息的目的。

同时，毕业生获取就业信息后，一定要及时反馈、运用、分享所获取的就业信息，应做到以下四点：

1. 深度研究

就业信息的深度研究是指对于感兴趣的用人单位，大学生根据自己的应聘需要，对用人单位的重要信息进行较深层次的分析研究，为下一步应聘做好充分准备。要尽量详细地了解单位的经营范围、产品构成、生产规模、分支机构的设置及业务范围、企业文化、单位的发展前景等基本情况，也可以通过各种社会关系，间接了解该单位的基本信息，力求深层次掌握用人单位的实质性情况。

2. 有效运用

大学生要善于运用有价值的信息，及时有效地选择适合自己的工作，要根据职业的要求和自己具备的条件，选择适合自己的最佳职业。同时，由于就业信息的时效性强，一旦决定，就要及时主动与用人单位招聘人员取得联系，询问应聘的方式、时间、地点和要求，并准备好一套完整的求职材料，使需求信息尽早变成供需双方深度沟通的桥梁。

3. 查找不足

根据筛选后的就业信息的招聘条件和岗位要求来对照检查自己的不足，想办法及时弥补。这一做法尽管在毕业前的有限时间稍显仓促，但对比无动于衷、依然故我的做法要好很多。当然，如果大学生能够做到未雨绸缪，在大学期间早做准备，对照自己心中目标岗位的招聘条件及时查缺补漏，也不失为一种智慧的做法。

但是，目前有些大学生仅仅确定了大致的职业方向，而没有一个具体的职业定位，只是一味地追求查阅信息的数量，却忽略了自我完善这一重要的积累过程，其结果往往欲速则不达，在参与激烈的就业竞争时必然会不敌对手而遭淘汰。

纵观各类企业的招聘条件，一般情况下，国家机关、事业单位以及国有大型企业等知名企业的要求都比较高，而中小型企业的要求相对较低。针对这种情况，需要广大应届毕业生将一个职业方向的不同岗位、不同层次的工作要求进行归纳总结，制订出最高工作要求和最低工作要求。针对提炼出的最高工作要求，善于发现自身的差距，正视自己的不足，然后分层次、分阶段地提升自己的就业能力、知识结构和技能结构。例如，发现自己哪方面课程和知识不足，要主动去学习和弥补；发现自己哪方面技能欠缺，要及时地训练和掌握。待到正式进入择业期后，再根据自我能力的完善程度申请不同档次的职位，从而提高求职成功率。

4. 及时输出

有些就业信息对自己不一定有用，可是对其他人却十分有用。遇到这种情况，千万不要抓住这些信息不放，要学会积极分享，主动输出对他人有用的信息，不仅帮助了别人，同时也增加了与他人交流信息的机会，在彼此的互帮互助中为获得更多有价值的信息提供了可能。

同时特别提醒广大毕业生，在运用收集的就业信息时，要注意避免以下行为。首先，要避免从众行为。一些大学生求职时缺乏主见、人云亦云，往往出现"就业扎堆"或"门庭冷清"的现象。其次，要避免举棋不定。一些大学生常常在就业季陷入大量信息的漩涡而不能自拔，在眼花缭乱的信息面前，拿不定主意，结果只能"竹篮打水一场空"。再次，要避免急于求成。很多毕业生在处理就业信息时极易犯以下错误，例如，由于毕业生缺乏社会经验，真正到了人才市场，就心慌意乱；有的自感择业条件不如人，找不到合适单位，一旦看到就业信息，不经深思熟虑，就匆忙做决定；有的选择不慎重，在没有广泛收集就业信息时就做决定，而当获取新的就业信息时，又很快推翻自己的决定。这些行为都不利于大学生很好地运用求职信息，大学生要想高效率利用好就业信息，就要及时克服那些不利于自己就业的行为和做法。

综上所述，大学毕业生必须清醒地认识到在收集就业信息的同时要学会分清就业信息的真实性、时效性、价值性，学会分析比较、细心求证；合理归类、把握重点；合理应用、人职匹配，以最优的方式合理应用就业信息。

（1）分析比较、细心求证。通过各种方式收集的就业信息有时会杂乱无章，这要求就业信息方给予细心的求证、认真的筛选、科学的排序，将虚假的、欺诈的、过时的、不可靠的信息排除，从而提炼出真实的信息。

（2）合理归类、把握重点。通过各种方式收集的就业信息数量众多且易相互交叉，那么根据不同属性给予合理归类将有利于信息收集方去粗取精，提炼精华。如果不善于把握重心，那么收集的就业信息不仅不能对信息收集方有所帮助，甚至会让其多走弯路，耗费过多的精力和时间去分辨，且易错过重要的机会。因为信息不是独有的，谁赢得了时间谁就拥有更多的机遇。

（3）合理应用、人职匹配。职业信息的合理应用，不仅是为了让大学毕业生找到适合自身能力发展的工作,更是企业单位发展扩张的首要步骤,而高校就是要将企业单位人才需求信息快、准、实地传递给大学毕业生,从而实现人职匹配,实现"多赢"。

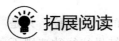

拓展阅读

2020 年高校毕业生 874 万人教育部五个方面拓宽就业渠道

2020 年 2 月 28 日上午,国务院联防联控机制举办新闻发布会,介绍鼓励企业吸纳高校毕业生、农民工就业相关政策有关情况。教育部副部长翁铁慧表示,2020 年全国高校毕业生 874 万人,就业工作原本压力就不小,加之突发疫情影响,毕业生就业压力增大,教育部将在五个方面拓宽就业渠道。

1. 面向国家战略

虽然新冠肺炎疫情对就业市场造成了比较大的冲击,但是新动能的发展和传统动能的改造升级蕴藏了大量的就业机会。教育部将积极鼓励毕业生到国家重大工程、重大项目、重要领域就业。

2. 扩大重点领域的招聘

鼓励各地加大重点领域招聘,比如中小学的教师,特别是急需教师的高中和幼儿园。高考改革以后,高中教师结构性缺乏,需要开辟更多这样的岗位,同时还要落实和督察应届公费师范生全部入编入岗。

3. 引导基层就业

基层是青年人成长成才的大学校,也是吸纳毕业生就业的主阵地,教育部门将继续实施好农村教师特岗计划,配合有关部门继续组织实施好大学生村官计划、"三支一扶"计划、大学生志愿服务西部计划等基层就业项目。同时,会同有关部门出台优惠政策,鼓励中小微企业吸纳大学生就业。中小微企业是大学生就业的主阵地,2017~2019 年近六成的大学生到中小微企业就业。

4. 鼓励入伍参军

中央军委国防动员部通过优化指标分配,提前体检等举措,征集更多的应届毕业生入伍。每年国家征兵超过一半是大学生,2020 年该比例还会继续增加。同时,政策主要向毕业生倾斜,更大力度鼓励毕业生参军入伍。

5. 丰富新就业形态

目前我国新就业形态发展迅速,其中含有大量的像服务预定、技术开发、内容付费等新的就业形式。教育部鼓励毕业生到这类生产性、生活性服务业以及民生急需的教育、医疗、养老等领域就业创业。

(案例来源:编写者收集整理。)

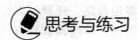

思考与练习

1. 如何选择适合自己的工作?

2. 如何收集和处理就业信息?

3. 如何做职业选择,大学生可以根据下面的方法进行实操训练。

当大学生同时面临几个单位,不知道如何做出选择时,每个单位各有利弊,这时大学生需要将收集的信息分别加以整理,对不同的情况相互比较,下面介绍一个处理信息的有效系统,这个系统要求大学生考虑每个职位的五个参数:

(1) 职位描述。包括一般责任、工作层次和单位情况。

(2) 工作地点。包括工作的地理区域和物理环境。

(3) 发展机会。晋升机会和工作保障。

(4) 雇佣条件。包括薪水、奖金、工时和着装规范等特殊要求。

(5) 入门要求。包括要求具备的教育和培训经历。

下面大学生可以利用"职业评价工作单"对收集的信息进行处理和选择。依次判断该工作是否符合自己的理想,对自己的休闲娱乐、与亲朋好友交往的影响。作评价时根据以下的标准,在该工作每个特点所对应的标有6个数字的框中画图。

"5"表示该工作对自己有绝对的吸引力或非常强烈的吸引力。

"4"表示该工作对自己的吸引力一般。

"3"表示该工作对自己有点吸引力。

"2"表示该工作对自己没有太大吸引力。

"1"表示该工作对自己一般没有吸引力。

"0"表示该工作对自己完全没有吸引力。

请把以上画圈的数字相加,得出总分。反映出了该工作对自己的吸引力有多大。如果有三个单位都准备与自己面试,可以按要求把三个单位的情况分别填入三张表中,根据得分的多少,比较出自己对这三个单位的取舍。

职业评价工作单

职位名称		
职位特点	评价	评分
职位描述		0 1 2 3 4 5
工作地点		0 1 2 3 4 5
发展机会		0 1 2 3 4 5
雇佣条件		0 1 2 3 4 5
入门要求		0 1 2 3 4 5
		总分=

毕业生在面临就业选择的时候可以运用"职业评价工作单"的方法对职位进行评价,哪个职位的得分高,就倾向于选择哪个职位。

第三章
就业材料与应试准备

学习目标

1. 掌握求职简历的基本内容和制作求职简历的注意事项。
2. 掌握面试的基本形式和基本技巧。
3. 掌握适合就业心理调适的方法。

学习重点

1. 求职材料是大学生综合实力和综合素质最具说服力的证明。
2. 笔试和面试是大学生应试的重要环节。
3. 调整就业心态有助于更大限度地发挥自身潜能,实现成功就业。

案例引导

简历——成功求职的敲门砖

李文当初应聘网络公司时,她所学的经济专业和对方要求的计算机专业可谓风马牛不相及。而在她的简历中,对自己的教育情况只用了一句话概括,反而花了很多篇幅来描述读书时参加学校网页设计大赛的情况。她详细叙述了自己确定创意、收集素材、进行设计的过程,强调自己具有扎实的设计功底,能熟练使用各种网络软件,最后还附上了获奖作品。该作品得到了公司经理的赏识,李文因此成功就职。

案例分析

简历在大学生求职过程中起着举足轻重的作用,简历的撰写要有针对性,一定要根据公司招聘的条件和要求突出自己的"卖点",这样才能增加求职的成功率。

(案例来源:高桥,葛海燕.大学生就业指导 [M].北京:清华大学出版社,2011:118.)

第一节　制作求职材料

在求职过程中，影响成败的因素很多，其中求职前充分的准备是非常重要的，在前期各种准备中，求职材料是关键部分。求职材料是毕业生为求职成功而准备和使用的各种书面材料，更是毕业生综合实力、综合素质最具说服力的证明，一般包括自荐信、简历、推荐表（信）和相关证明材料等。作为毕业生留给用人单位第一印象的资料，求职材料的质量对于用人单位是否能与毕业生做进一步交流、毕业生能否成功应聘有着不可估量的作用。因此，制作一份具有"战斗力"的求职材料至关重要，它可以让应聘者在众多求职者中脱颖而出。求职材料的写作和包装是一门学问，具有一定的要求和规范，但同时又不拘一格。我们在准备求职材料时，要把握好基本的原则，以收到最佳效果为准则。本节主要教会大学生掌握求职过程中自荐信和简历的撰写技巧。

一、自荐信的撰写

在陌生的求职应聘过程中，首先需要利用一种书面形式推荐自己、介绍自己、证明自己，以达到使对方了解自己、录用自己的目的，这种书面形式便是自荐信。

撰写自荐信的目的是帮助求职者获得感兴趣的工作。撰写自荐信是求职全过程的第一个环节，也是求职者以书面形式与用人单位的第一次接触。自荐信事关求职的成败，因此求职者不能掉以轻心、马虎从事，务必认真、慎重对待它，求职者要尽可能将自荐信写得合体、达意、规范，为获得录用创造先决条件。

1. 内容要点

由于求职者的个人情况不同，加之所求职业或职务的性质有别，因此，自荐信的内容也要因人因事而异。但一般情况下，应该包括以下几个部分：

（1）说明写信缘由、表达求职愿望。自荐信一般都是针对招聘信息而写的，因此，信文开头可以告诉对方自己在何时从何处获悉招聘信息的。例如，求职者曾经听说某单位需要员工，但并不知道该消息是否确实，信文开头便可以询问的语气自荐，并借此机会陈述自己对该单位的兴趣与向往。总之，自荐信的首段最好说明缘由，并明确表达自己欲进入该单位担任某项具体工作或职务的愿望。

（2）提供个人背景资料。为使用人单位在众多求职者中择优遴选，求职者必须向对方提供有关个人资料。在提供个人资料时，务必把握一点，即介绍的重点应放在与所求职业或职务有关的方面，其他无关或无直接关系的方面应予省略，以免画蛇添足，冲淡了主题。

（3）提供备询人或推荐人。为使用人单位对自己的为人及表现有所了解，求职者应该提供1~2位备询人或推荐人的姓名、工作单位、职务及联系方式，以便用人单位查询和了解。同时，也借此表明自荐信所述内容的可信度以及自己的竞争能力。备询人或推荐人最好是自己的老师。不过，在提供这些人的名单之前，求职者一定要得到备询人或推荐人的同意和许可。

（4）结尾。求职者明确表示自己希望获得面谈的机会，以及希望获得某项工作或职务的强烈愿望,实际上这是自己写这封自荐信的目的。如果求职者去面谈或面试的时间有所限制,便应告知对方何时最为方便,最好留下个人的联系方式,以便对方随时与自己联系。

2. 表达技巧

(1) 要站在对方的立场。表达自己的求职愿望时,要使对方觉得自己感兴趣的是该公司或企业及其提供的职业或职务,而非自己个人的偏好或兴趣。因此,措辞行文时要突出对方的利益,要让对方意识到接受该求职者的申请可能在哪些方面受益,而不是强调自己个人的需要、个人的期望或家境困难等与对方没有直接联系的个人因素。

(2) 不要过分渲染自我。求职需要优秀的品格和真才实学,也需要自信心,但是在撰写求职信时不能过分夸大自己的能力,更不能自吹自擂。当然,也不要妄自菲薄,过分谦虚。如果自己确实具备某些优势,就应实事求是地列举出来。要充分相信自己的能力,能够胜任申请的工作或职务。

(3) 自荐信撰写后需要认真检查。自荐信关乎个人的生计与事业发展,务必精心构思、认真运笔、反复修改,直到觉得它能最好地显示出个人长处为止。全信写完,不妨从头到尾再详细阅读一次,确认准确无误后再发送给用人单位。

3. 自荐信实例

尊敬的领导:

您好!非常荣幸地接受您的挑选,同时非常感谢您能在百忙之中阅读我的自荐材料。

我是××大学2016级的学生,现在即将毕业涉足社会。大学四年的学习生活使我拥有了扎实的专业功底,同时我对综合素养的提升也十分重视。大学期间,我积极参与校社团活动,曾在班级里担任过班长、学习委员,组织并参与了多次活动,因工作出色,深受师生好评。这些学习和实践经历使我养成了冷静自信的性格和踏实、严谨、吃苦耐劳的工作作风,增强了学习能力和团队合作精神。

我越发清楚地意识到时代对复合型人才的需求,因此在努力学好本专业课程的基础上,不断拓宽自己的知识面。但同时我也深知四年的大学时光是短暂的,所学的知识是有限的。大学培养的仅仅是一种思维方式和学习方法,"纸上得来终觉浅,绝知此事要躬行"。因此,我将在今后的实践中虚心学习、不断钻研,积累工作经验,不断提高工作能力。我对贵公司企业策划员这个职务很喜欢。因为我出生在一个经商的家庭,从小跟着父母在外奔波,也使我对经济、管理、策划等方面产生了浓厚的兴趣。并且从事企业策划是我的理想,我坚信我一定有能力胜任这份工作。

匆匆四载,一路的艰辛与欢笑,作为一名即将踏入社会的学子,我相信只要您给我一个机会,能投足您的麾下,我一定能在这个精诚团结、锐意进取的集体竭尽全力,再添辉煌。

最后,祝福贵公司兴旺发达。诚盼佳音!

此致

敬礼

自荐人:×××

年 月 日

二、求职简历的制作

所谓简历,"简"即写作原则,"历"为写作内容,主要阐述求职者做过什么。作为与用人单位的初次沟通，简历的成功与否直接决定着能否争取到面试机会。一纸简历，能体现一个人的语言表达水平、逻辑思维能力、概括能力，甚至性格特征、审美趣味等。对简历的制作了解越深，越有利于挖掘和展示自身的特质，向招聘方证明自己的优势。

（一）简历的制作原则

对于每一位求职者而言，一份好的简历可能意味着成功的一半。那么，怎样准备一份令人过目难忘、印象深刻的简历呢？其实，简历不一定非要追求与众不同，只要把握好以下七个要点，就能够写出一份精彩的简历。

1. 真实

简历最基本的要求就是真实。诚实的记录和描述能够使阅读者对求职者产生信任感，因为企业对于求职应聘者最基本的要求就是诚实。阅历丰富的企业人事经理，对简历有敏锐的分析能力，遮遮掩掩或夸大其词终究会露出破绽，何况还有面试的考验。一些不甚明智的做法通常包括：故意遗漏某一段经历，造成履历不连贯；在业绩上弄虚作假；夸大所任职务的责权和经验。

其实任何一位有经验的招聘人员只要仔细阅读分析，鉴别履历的真实性并不难；过分渲染、天花乱坠地描述更令人反感。因此，与其费尽心机，不如老老实实，只要有真才实学，总会有属于自己的机会。

2. 全面

简历的作用在于使一个陌生人在很短的时间内了解求职者的基本情况，就好像是一个故事梗概，能够吸引招聘者继续看下去。因此要特别注意内容的完整和全面，以使招聘方对求职者有尽可能比较全面的了解。

通常简历应当包括以下基本内容：姓名、年龄、性别、家庭住址及户口所在地、教育背景及学历、专业、外语能力、电脑水平、工作经历、在职培训经历、特长、业余爱好、简单的自我评价以及其他重要或特殊需注明的经历、事项等，最好是中外文对照。当然，千万不要忘记写明各种联系方法和切实表明自己对工作的期望，并附上有关证明文件的复印件。

3. 简练

招聘人员每天要面对大量的求职履历，一般在粗略地进行第一次阅读和筛选时，在每份履历用的时间不超过 1 分钟，如果简历写得很长，招聘人员难免遗漏部分内容，甚至可能缺乏耐心，不能完整细致地读完，这当然对求职者是很不利的。经常有求职者觉得简历越长越好，以为这样易于引起注意，其实适得其反，这淡化了阅读者对主要内容的印象。冗长啰唆的简历不但让人觉得求职者在浪费他的时间，还能得出求职者做事不干练的结论。言简意赅、流畅简练、令人一目了然的简历，在哪里都是最受欢迎的，也是对求职者工作能力最直接的反映。

4. 重点突出

对于不同的企业、不同的职位、不同的要求，求职者应当事先进行必要的分析，有针对性地设计和准备简历。盲目地将一份标准版本的简历大量复制使用，效果会大打折扣。前面所讲的全面不是面面俱到，不分主次，要根据企业和职位的要求，巧妙突出自己的优势，给人留下鲜明深刻的印象。但注意不能简单重复，突出重点是整个简历的点睛之笔，也是最能表现个性的地方，应当深思熟虑，不落俗套，既有说服力，又合乎情理。

5. 语言准确

不要使用拗口的语句和生僻的字词，更不要有病句和错别字。外文要特别注意不要出现拼写和语法错误，一般招聘人员考察应聘者的外语能力就是从一份履历开始的。同时行文也要注意准确、规范，大多数情况下，作为实用型文体，句式以简明的短句为好，文风要平实、沉稳、严肃，以叙述和说明为主，动辄引经据典、抒情议论是不可取的。

6. 版面美观

一份好的简历，除了以上对内容方面的要求之外，版面设计也是一个非常重要的因素，是真正的"第一印象"。要条理清楚，标志明显，段落不要过长，字体大小适中，排版端庄美观，疏密得当。既不要为了节省纸张，密集而局促，令阅读者感到吃力；也不要出现某一页纸只有上面几行字，留下大片的空白。同时还要注意版面不要太花哨，要有类似公函的风格，这样能体现出求职者的基本职业素养。

7. 评价客观

简历中通常都会涉及对自己的评价，应当力求客观公正，包括行文中所表现出的语气，要做到八个字：诚恳、谦虚、自信、礼貌。这样会令招聘者对求职者的人品和素质留下良好的印象，而现在已经有越来越多的企业更加重视一个人的品行、开拓与合作精神等基本素质。倘若在众多高学历应聘者的激烈竞争中，这方面的因素更加凸现，也常常是因为这些非技能性的因素使最终的获胜者脱颖而出。总的来说，既不能妄自尊大，也不能妄自菲薄，这一点上，分寸的把握非常重要。特别要注意避免夸夸其谈，适当坦诚自己经验等方面的某些不足，反而更能赢得好感。

（二）简历的制作内容

由于每位大学生的经历不同，加之投递简历的目的有别，故简历的内容构成也各不相同。一般情况而言，一份比较完整的简历，可以包括如下内容：篇首简介、求职目标、任职资格、学历、工作经历、课外活动、外语技能、专长与成就、社团活动、推荐人等。

当然，以上所列各项并非每份简历必备，就某份特定的简历而言，到底应展示哪些内容，需根据求职者的实际情况以及简历的用途进行酌情，每项展示的具体内容可视情况或多或少，或详或略。

1. 篇首简介

篇首简介位居整个简历之首，是招聘方最先阅读之处。如同与人初次见面，求职者下笔之始，应开门见山，做一个简短的自我介绍。介绍内容包括自己的姓名、出生日期、身高、健康状况、联系电话、邮箱、通信地址、邮政编码、兴趣爱好等信息，目的在于给对方一个比较全面的整体印象，其书写位置常安排在简历上部的中间。

其中的兴趣爱好往往有助于谋求某一特定的职位。例如，摄影爱好对申请报社记者有所帮助，但提及这些个人爱好时，必须记住：一是对求职具有参考价值；二是突出主要爱好，简短扼要，而不应罗列各种爱好，给人造成求职者的经历与时间都浪费在业余活动中及兴趣不专的错觉；三是要真实，否则，面谈谈及自己的业余爱好时，就会出现尴尬场面，而影响用人单位对自己的信任。

2. 求职目标

求职目标是简历的基本内容之一，它用于表达求职者的愿望，如希望的职务名称、工作性质及期望的发展前景等。它能直接反映出求职的目的和动机，从而使对方一目了然，不必花费时间去猜测简历的意图。求职目标的表述力求简明，一般1~2行，由一个或数个短语或句子组成，切忌冗长，其内容也不应该与后面的工作经历重复。例如，求职目标：会计；希望职务：销售经理。

应聘求职时，由于是针对招聘广告申请应聘，求职目标自然是具体的、确定的。自荐求职时，由于并不知道对方公司是否有自己希望获得的职位空缺，那么自己的求职目标就不可能写得十分具体，而应换一种比较有弹性、比较灵活的说法，让对方知道自己所求职务的基本范围及擅长的业务。例如：求职目标：希望在一家私营公司寻求一个管理职位，对项目的设计或评估方面的工作感兴趣。

求职目标的书写应安排在醒目之处，一般在篇首简介之下。内容与个人的工作经历或学历有某种逻辑上的联系，即寻求的职位应与过去担任过的职务或学习过的专业相同或相近，而不宜相去甚远或毫不搭界。否则，用人单位会对求职者的能力持不信任的态度，而将求职者的简历弃之一旁，从而导致求职失败。

3. 任职资格

任职资格是对求职目标的支持性说明，旨在让用人单位对求职者的学历专业、工作经验、能力等情况有一个概括性的了解。

如果求职者谋求的职务现在或过去的职务相似，就应该根据工作经历来印证自己所具备的资格；如果所求职务是求职者过去未曾担任过的，就需强调过去的经历同所求职务之间的相关性与共同点；如果求职者是刚出校门的学生，没有工作经验，或是踏入社会的时间不长，还缺乏充足的工作经验，就有必要强调在校所学专业、课程、成绩以及暑假工作经验、专业实习经验等同所求职务之间的联系，借以说明自己已具备任职的条件，而这些条件本身就是任职资格的组成要素。

在撰写此部分内容时，宜简明扼要，粗线条概括，因为在后面的学历和工作经历中还会详细叙述。这里先列举其要，意在唤起用人单位人事主管的阅读兴趣，使其更加留意之后的内容。例如，大学所学专业为计算机及应用，曾在一家电脑软件公司兼职工作达三年之久，对计算机拥有丰富的实用经验。任职资格的撰写需要酌情取舍，如果觉得此处所述与后面项目的内容重复，或者受篇幅所限，不便列此项目也可不列。阐述此部分内容时，其书写或打印位置应紧接求职目标之下，而不能安排在简历的其他部位。

4. 学历

学历指自己接受教育的经历，内容包括何时、何地、在何类学校学习。如果就读的是本科院校，必须说明所学专业和获得的学位。硕士、博士学位获得者，最好注明毕业论文题目。学历的编排顺序应遵循由前至后、由高至低的原则，即最近学历先写，最高学历先写。例如：学历：2016~2020年就读于××大学，获得化学工程工艺专业学士学位。

5. 工作经历

工作经历是简历的重要组成部分，主要包括：工作单位名称、工作起止时间、所任职务等。根据简历的用途及对方要求，撰写时有多种方法。从简便、实用出发，实践中人们通常采用以下两种顺序编写：一种是时间顺序式，即按时间的先后顺序编写；一种是职务式，即按个人的职务，包括专长、成就或职业性质等编写。应届毕业生可以省略本项目。

6. 课外活动

课外活动是学校生活的一个重要组成部分，也是对课堂学习内容的一个重要补充。积极参加各类课外活动，表明求职者希望增长自己的才干，提高自己的人际交往能力，扩展自己的社会阅历与经验。简历上列出自己参加过的课外活动和取得的各种荣誉与奖励，有助于说明自己的人格修养、交际能力、组织能力、成熟程度、健康状况以及心理素质与发展潜力。

对于一个刚刚跨出校门、尚无工作经验的大学生而言，初次谋职时尤需将自己课外活动的经历详述在简历上，旨在表明自己的社会适应性、工作积极性和竞争优势，从而引起用人单位的注意，并将自己列入优先录用的人选。例如：2018～2019年任××大学××班班长；2019年××大学生英语演讲比赛中获一等奖。

7. 外语技能

编写简历时应详述自己掌握的外语语种、应用水平或熟练程度。如参加 TOEFL、GRE 或者 EPT、CET-4、CET-6 等标准测试获得了比较理想的成绩，也应该将考分列入本项目。

8. 专长与成就

专长是专业范围内最突出、最擅长的强项。例如，专业是语言学，但语言学又包含普通语言学、历史语言学、心理语言学、文化语言学等分支，而求职者的专长可能是儿童语言学。填写专长时，应重点强调一个或两个方面的专业特长，一般不宜超过两项。填写成就时，一要实事求是，二要具体、定量。如获得什么奖励，参加过什么科研项目做出贡献，获得发明创造方面的专利等，都可罗列于此。

9. 社团活动

社团活动是对求职者加入各种专业性、学术性的学会、协会、研究会等社团组织基本情况的介绍。本项目的内容有助于招聘方从侧面了解求职者参与专业或学术活动的积极性，以及在该专业或学术领域的地位与影响等。

10. 推荐人

一些求职者通常在简历最后列上一项推荐人，意味着自己在简历中介绍的情况是真实可信的，自己的品行和能力可以接受查询，推荐人可以对自己的情况予以介绍，提供证明，做出推荐。在提供推荐人的姓名、头衔或职称时，有三点应加以注意：一是要获得他们的允许和承诺；二是要附上他们现在的而不是过去的通信地址、邮政编码、电话号码；三是要将该简历的复印件或电子邮件发给推荐人，以便他们对简历所述有全面了解，能有的放矢回答询问。

（三）简历的制作要点

简历制作的一个基本出发点，就是要使用人单位的人事主管在较短的时间之内了解到应聘者是否具备录用资格。因此，编写简历时必须有的放矢，要充分展现个人优势，同时兼顾简洁扼要和合体适用等特点。

1. 站在对方的立场考虑问题

编写简历时，需要针对对方的要求，以简洁、概括的文字表述出对方希望了解的内容。求职简历应以任职资格、到职后可能发挥的作用、将要做出的贡献等问题作为表述重点。为使文字简约、主题突出，除了与主题无直接关联且对方不需要了解的内容一概删除外，行文一定要实事求是，既不虚构，也不夸张，不能为了取悦于人，而失信于人，最终耽误了任职的好机会。

2.措辞达意，合体适用

（1）人称及其代词的使用。行文时不要使用第三人称，这是因为用第三人称表述自己的能力与成就时显得生硬、做作，易使人反感。行文时也不要滥用第一人称，因简历所述多为褒扬之辞，第一人称的频繁使用，会使人觉得求职者自命不凡。由于简历所述的对象是求职者本人，即便是句子中未见主语代词，招聘者也知道指代的对象是求职者。因此，行文时最好将第一人称作为逻辑主语，使其隐含在句子之中。使用主语隐化的句子可避免自夸之嫌，使得语句显得活泼、轻快，更具有应用文的文体色彩。例如：我已经开发了一种新的产品，它使销售额增加了200万元，使部分销路总量增加了12%。应该写成：新开发的产品使销售额增加了200万元，使部分销路总量增加了12%。

（2）使用短语表达意思。行文时不必使用完整的句子，要尽量使用短语。同语意相同的句子相比，短语的结构显得简便、精练，不仅方便书写打印，而且有助于招聘者在较短的时间内获得较多的信息。

（3）巧妙利用言外之意。简历是自我宣传和自我推销的一种有效手段，但由于它只是个人有关经历的简短概括，篇幅有限，故其所述不可能完整、全面。因此，在编写简历时，要避免使用抽象、空洞的措辞，而应以客观的语气、具体的事实以及准确的数据说话，从而使他人在阅读简历时，不仅理解了每句话的字面含义，而且通过联想，理解了它的言外之意。这样，求职者的任职资格与专长特长便在字面上得到了表述，而求职者的潜能与优势则通过言外之意得到了补充。例如，一名毕业生在其简历的课外活动中写了这样一条经历：2019年任××大学学生会主席。仅从这句话的字面含义看，可以获知该生在2019年曾担任××大学学生会主席之职。招聘者通过这句话展开联想，产生了该生具有组织能力和领导才华、有为群众服务的热情和干劲、有良好的人际关系等言外之意。而该求职者正是通过这种言外之意，巧妙而又含蓄地展现了自己的潜能和优势。

（4）注意简称的使用。简历因篇幅有限，行文时如果简称使用得当，可使文字简练，使篇幅容量得到充分利用。但简称使用过滥，会造成阅读障碍。特别是专门机构和专业术语的简称，流行面有限，非专业读者往往不解其意，甚至造成误解，尤其要避免使用。

（四）简历制作的主要格式

从主要项目排列的先后着眼，可以分为两个大的类别：一是学历在前，以介绍学历为主的格式；二是工作经历在前，以介绍工作经历为主的格式。

应聘求职时，为了突出自己的优势，引起用人单位主管人员的注意，应该将有助于推销自己的项目安排在简历的前面。换句话说，一个参加工作多年、经历比较丰富的人，求职时最好采用工作经历在前的格式编写简历；而对刚从学校毕业或参加工作不久、经历较少的人来说，最好采用学历在前的格式编写简历。一般采用倒叙的方式，由近及远，由高到低，分阶段介绍自己的学习经历。

（五）简历的篇幅

根据调查表明，公司和企业的人事主管普遍认为，简历一般以一页为宜，即便经历丰富，最好不要超过两页。如果有大学生认为经历写得越多，篇幅拉得越长，就越有竞争力，这陷入了一种误区。实践证明，超过两页的简历往往使人事主管读起来发烦，而被弃之一旁，对简历编写者而言，这无疑是一种无效劳动，其求职申请也只能以失败告终。

（六）简历制作的注意事项

（1）过于关注工作职责。履历中最普遍的错误就是将履历变成一份枯燥乏味的职责清单。许多人甚至会用公司的工作守则作为改善履历的指南。

（2）目标叙述过于华丽或平常。许多求职者在履历开始部分的目标叙述时就让人兴趣寡然。最糟糕的目标叙述一般是这样开始的："一个具有挑战性的职位不仅让我有机会为公司做贡献而且也给我以成长和进步的机会"，这样的叙述早已太过平常，浪费了宝贵的履历空间。

（3）过短和过长。大多数人想把他们的经历压缩在一页纸上，因为他们曾经听说履历最好不要超过一页。当将履历格式化地缩到一页时，许多求职者就删除了他们给人深刻印象的成就。因此，当求职写履历时，试着问自己："这些陈述会让我得到面试的机会吗？"然后，仅仅保留那些回答"是"的信息。

（4）决定履历篇幅是否恰当的规则就是没有定则。决定其篇幅的因素包括职业、企业、工作经历、教育和造诣程度等。最重要的就是履历中的每一个字都要能够推销该应聘者。

（七）英文简历制作技巧

对于即将毕业又想应聘外企的大学生，英文简历通常是考查一个求职者综合素质和能力的一种体现。那么，怎样才能写出一份满意的求职简历，这里面又包括了哪些技巧和注意事项呢？

1. 教育背景技巧多多

教育背景是英文简历的重要内容，填写时应将最新的学历放在最前面，时间要倒序，学校名称大写并加粗，便于招聘者迅速识别；地名向右对齐，全部大写并加粗，地名后一定别忘了写国家名称。

另外，担任过学生干部，只写职务即可；如参加过社团协会，应写明职务和社团名称（社团协会，国外一般都用 club 表示），不必写清工作详情，有些可留在工作经历中写；奖学金可用一句话概括。

2. 个人资料真实具体

个人资料是向招聘人员展示自我真实情况的一部分，能增强面试官对求职者的了解和信任，但所填内容一定要真实，面试中一旦被质疑，会认为求职者在撒谎，甚至会否定求职者的所有。像电脑知识中的软件，建议只写软件名；完全没有把握或者一点儿不熟悉的，千万不要写。对于经常使用的软件，不妨用"frequent user of"之词。兴趣爱好，只写两到三项强项，不具体的爱好不写，如 sports、music、reading。

3. 工作经历多用点句

在工作经历部分，对于正在工作的人，experience 应写在 education 的前面；对于在校生，education 则应放在 experience 之前。

注意暑期工作（summer intern）的几种写法：一是直接写 summer intern，不写具体职务职称；二是写成 summer analyst，这种写法比较适合大学本科或者研究生期间的暑期工作；三是 summer assistant，这种写法适合多种情况；四是写 summer associate，这一写法专指 MBA 学生的暑期工作。而且一般认为 summer associate 的级别会比 summer analyst 要高一些。

工作内容部分要用点句（bullet point），避免用大段文字。点句的长度以一行为宜，最多不要超过两行；句数以三到五句为佳，最多不超过八句。应注意少用"我"，因为正规简历多用点句，以动词开头。

另外，要特别注意有无拼写错误，小心相近字，避免语法错误；在简历中多使用动词。简历的内容要有重点，无论是工作经历还是学习经历都要突出求职者个人的长处和特点，把自己最好的一面展示给要招聘的外企。

三、相关资料的准备

1. 学校推荐表或推荐信

一般由学生所在院系填写推荐意见，这是学校对大学生的全面评价，招聘单位一般比较重视该推荐意见。

2. 学习成绩单

学习成绩单是反映毕业生大学学习成绩的证明，通常情况下由学校的教务部门统一提供。

3. 各种证书

如外语、计算机等级证书，各种奖学金证书、竞赛证书、荣誉证书或驾照等。

4. 其他各种材料

如参加社会实践、毕业实习的鉴定材料；有关科研成果证明及在报刊发表的文章；推荐、引荐信。如果是通过老师或亲友介绍去的工作单位，最好带上一封推荐信或引荐信。

第二节　做好应试准备

应试是毕业生就业的基本环节。毕业生要让用人单位认识自己、选择自己，就必须通过应试的途径和方法宣传自己、推销自己，应试是就业的基础，在很大程度上决定着自己能否真正落实就业单位。

一、笔试准备

笔试是一种相对初级的甄选方式。有些用人单位将笔试作为面试之前的第一轮甄选，主要目的是为了选出那些符合企业文化、具有用人单位所希望的思维方式和个性特征的人。还有一些用人单位将笔试作为面试的一种辅助手段，侧重于考察那些在面试中考察不到的素质，如书面表达能力、职业素养等。对于一些技术性很强的职位，笔试则可能是主要的遴选方式。

（一）常见的笔试种类

按照笔试的侧重点分类，目前求职过程中的笔试形式一般有以下几种：

1. 专业能力考试

这种考试主要检验应聘者担任某一职务时是否能达到所要求的专业知识水平和相关的实际能力。例如，国家机关公务员资格考试的笔试包括《行政职业能力倾向测验》《写作》《综合知识》；又如招聘行政管理或者秘书工作的用人单位对应聘者文字能力的测试，部分单位对某种计算机语言有较高的要求时，测试应用特定语言编程的能力。为检验毕业生实际工作能力或专业技术能力，通常还要进行专业技术能力考试。这种考试往往在特意设置的工作环境中进行。下面举几个例子。

① 阅读一篇文章，写读后感。
② 自编一份请求报告或会议通知。
③ 听5个人的发言，写一份评价报告。
④ 某公司计划在5月份赴日本考察，写出需要做的准备工作。
⑤ 给一个科研题目，写出科研论文的详细大纲。

从答卷中可以评价应聘者的文字表达能力、分析问题和逻辑思维能力。

2. 智商和心理测试

智商测试主要为一些著名跨国公司所采用，它们对毕业生所学专业一般没有特殊要求，但对毕业生的素质要求较高。这些公司认为，专业能力可以通过公司的培训获得，因此有没有专业训练背景无关紧要，但毕业生是否具有不断接收新知识的能力是至关重要的。智商测试并不神秘。一种是图形识别，比如一组有四种图形，让应试者指出其相似点和不同点。这类题目在一些面向中小学生的智力游戏书中是很常见的，一些面向大众的杂志偶尔也刊登这类游戏题目。另一种是算术题，主要测试毕业生对数字的敏感程度以及基本的计算能力，比如给定一组数据，让毕业生根据不同的要求求出平均值，其难度绝不超过对中学生的计算能力的要求水平。这类测试尤其是会计师或审计师等职业所要求的。

心理测试是用事先编制好的标准化量表或问卷要求被试者完成，根据完成的数量和质量来判定其心理水平或个性差异的方法。一些特殊的用人单位常常以此来测试求职者的态度、兴趣、动机、智力、个性等心理素质。

3. 逻辑推理考试

逻辑推理试题的内容广泛，强调对逻辑关系的正确把握，考察应聘者对各种信息的理解、分析、综合、判断、推理等日常思维能力。要求应聘者具敏捷理清逻辑结构，运用逻辑思维能力迅速找到正确的答案。

4. 价值观测试

每个企业都有自己的组织文化，因此招聘时，特别注重应聘者的信仰、世界观、价值观，考察个人的价值观与企业文化之间的融合情况。很多招聘单位在笔试时会对应聘者的价值观念进行了解。

5. 综合能力测试

综合能力测试兼有智商测试的要求，但程度更高。比如，应试者要在规定的时间内对一组数据、一组资料进行分析，找出其合理的地方和存在的问题，并设计出解决问题的方案。这是对学生阅读理解能力、发现、分析和解决问题的能力等素质的全方位测试，甚至有时候问答都用英语进行，相对来说难度更大一些。

（二）笔试注意事项

1. 保持良好身心状态

笔试前不要有思想负担，更不能给自己施加过大的压力，否则适得其反；笔试的前一天要注意休息,保证充足的睡眠,避免考试时精神不振,影响正常思维;要适当参加一些室外活动,放松自己的紧张心情,以充沛的精力参加考试。

不同的用人单位有不同的考试内容,毕业生在考前应做详细的了解,针对不同的情况做出相应的准备。比如公务员考试就有相对固定的考试模式,考生复习具有较强的针对性。而一些用人单位的笔试则相对灵活,范围也比较大,没有明确相关的参考书,毕业生可围绕用人单位划定的大致范围翻阅相关资料。笔试成绩与毕业生平时的积累和努力也有很大的关联性,因此在大学期间应该兴趣广泛,平时注意吸收各种信息,笔试时就会驾轻就熟,得心应手。

2. 平时积累,拓展知识面

目前,笔试越来越强调用学过的知识来解决实际问题,具有很强的实用性。现在的应聘考试主要是在规定的时间内考核求职者对知识的运用能力,培养自己快速阅读、快速思维和快速答题的能力。

(三)笔试技巧

技巧应该属于"方法"的一个范畴,主要指对一种生活或工作方法的熟练和灵活运用。笔试技巧是指毕业生在求职笔试中如何通过某种方法获取较高的分数,以实现成功应聘。

1. 复习知识

对大学专业知识进行必要复习是笔试准备的重要方面。一般说来笔试都有大体的范围,可围绕这个范围翻阅有关图书资料,复习巩固所学过的课程内容,温故知新,做到心有底气。

2. 增强信心

笔试怯场,大多是缺乏信心所致。要客观冷静地对自己进行正确评估,克服自卑心理,增强信心。临考前,一要适当减轻思想负担,二要保证充足的睡眠,三要适当参加一些文体活动,从而使高度紧张的大脑得到放松休息,以充沛的精神去参加考试。

3. 临场准备

提前熟悉考场环境,有利于消除应试时的紧张心理。还应仔细查看考场注意事项,尽量按要求做好。除携带必备的证件外,一些考试必备的文具(钢笔、橡皮等)也要准备齐全。

4. 科学答卷

拿到试卷后,首先应通览一遍,了解题目的多少和难易的程度,以便掌握答题的速度,然后根据先易后难的原则排出答题的顺序,先答相对简单的题,后答难题,这样就不会因为答难题而浪费时间太多,而没有时间做相对简单的题。遇到较大的综合题或论述题,则应先列出提纲,再逐条论述。在答完试卷后,要进行一次全面的复查,特别注意不要漏题、跑题,要纠正错别字、语法不通、词不达意等错误。

值得特别注意的是书写必须做到字迹端正,卷面整洁。因为招聘单位往往从卷面上联想应聘者的思想、品质、作风,字迹潦草,卷面不整会给招聘单位留下较差的印象;而那些字迹端正,答题一丝不苟的人,会使招聘单位认为其态度认真,作风细致,对其更加青睐。

(四)网络在线申请

网络在线申请(apply on line,也称网申)是当前非常流行的网络求职方式。一些国内外的大型公司倾向于通过网络的方式来收集求职者的简历，并进行初步筛选，从而决定哪些求职者可以进入后续的招聘环节。网申是笔试的一种特殊形式。

网申以其开放性、公平性、公开性在企业招聘的时候被广泛应用，熟练掌握网申技巧，提交有竞争力的网申材料，有助于毕业生在众多竞争者之中脱颖而出，获得宝贵的面试机会。

1. 网申的内容

与一般的电子邮件方式投递简历不同在于，网申不仅仅是提供简历，还要回答用人单位所设置的各种开放性问题。用人单位通过开放性问题，可以从能力、经验、岗位契合程度、抗压能力、创新精神以及性格类型等方面衡量求职者的综合素质。网申一般包含以下内容：

（1）职业规划类问题。如谈谈你3~5年的规划，未来职业发展目标，如何实现个人成就等。这类问题是希望挖掘求职者的深层次动机，考察求职者工作稳定性。建议回答不要过于具体，如"3年成为主管，5年成为经理"。

（2）个人素质类问题。如你为什么觉得自己能够在这个职位上取得成就？你最大的长处和弱点分别是什么？这些长处和弱点对你在企业的业绩会有什么样的影响？这类问题给求职者提供了一个机会，可以让求职者表明自己的热情和挑战欲，考察求职者是否对自身有一个全面的认识。对这类问题的回答将为判断求职者是否对这个职位有足够的动力和自信心方面提供关键信息。

（3）情景模拟类问题。如你曾经参加过哪些竞争活动？这些活动值得吗？是否有人曾经让你处于尴尬的境界，还让你感到不自信？这类问题旨在设定一个场景，并给求职者一定的压力，考察求职者在该情景下的反应，进而确定求职者能否够胜任该职位的要求。

（4）他人评价类问题。如你的好友如何评价你？你的同事如何评价你？通过这类问题了解求职者的个性，还可以了解求职者的有效沟通技能。

（5）其他开放性问题。如在什么情况下你的工作最为成功？竞争对你的成就有什么积极或者消极的影响？是怎样影响的？你认为我们企业是如何成功的？这些问题具有很大的开放性和包容性，没有统一的答案，回答问题的时候只要言之有理，自圆其说即可。但是，回答这些问题的逻辑、思维显得至关重要，如果回答的模棱两可、前言不搭后语，显然会被招聘者认为你缺乏基本的思维和表达能力。

2. 网申的技巧

要让人力资源人员在成百上千的网申资料中注意自己，求职者是需要下一番苦功的。当然，如果掌握以下技巧，则可以事半功倍。

① 很多公司的网申提供在线修改的服务，不必等到所有的问题都答完再保存。只要在结束期限之前，都可以上去更新简历和更好的答案。

② 很多公司网申的open-Question都大同小异，建议记下前几次网申的题目和答案，以方便今后再次回答类似的问题。还要登录论坛和就业网翻看各大公司网申的安排以及招聘流程，做到心中有数。网申前一定要通过公司网站对应聘公司做透彻了解。

二、面试准备

在整个应聘过程中，面试无疑是最具有决定意义的一环，事关求职成败。现在的用人单位越来越看重人员的综合素质，诸如自信心、合作性、交往时的敏感力、分析解决问题的能力等，能否在面试过程中表现出这些良好素质，将会左右考官对求职者的印象。同时，面试也是求职者全面展示自身素质、能力、品质的最好时机，面试发挥出色，可以弥补笔试或是其他条件如专业上的一些不足。在求职的几个环节中，面试也是难度最大的，尤其是对于那些初入职场的应届毕业生来说，因为缺乏经验，面试常常成为一道难过的坎儿，有很多毕业生顺利通过了简历关、笔试关，最后却在面试中铩羽而归。

（一）面试基础知识

1. 面试定义

面试是用人单位招聘时最重要的一种考核方式，是供需双方相互了解的过程，是一种经过精心设计，以交谈与观察为主要手段，以了解被试者素质和相关信息为目的的一种测评方式。由于面试与笔试相比较具有更大的灵活性和综合性，它不仅能够考核一个人的业务水平，而且可以面对面观察求职者的口才和应变能力等，所以许多用人单位对这种方式更感兴趣。就业季，大多数学生因为面试经历少，常常不知所措。因此，学会面试是大学毕业生求职择业面临的重要课题。对于面试官而言，需要通过面试确定眼前的应试者以往的业绩能否让公司获得成功。

2. 面试种类

面试的方式很多，概括起来有以下几种。

（1）模式化面试。由主考官根据预先准备好的询问问题和有关细节，逐一发问。其目的是为了获得有关应试者全面、真实的材料，观察应试者的仪表、谈吐和行为，以及沟通意见等。

（2）问题式面试。由主考官对应试者提出一个问题或一项计划，请应试者予以完成解决。其目的是为了观察应试者在特殊情况中的表现，以判断其解决问题的能力。

（3）非引导式面试（无目的式面试）。即主考官海阔天空地与应试者交谈，让应试者自由地发表议论，尽量活跃气氛，在闲聊中观察应试者的能力、知识、谈吐和风度。

（4）压力式面试。由主考官有意识地对应试者施加压力，针对某一问题做一连串的发问，不仅详细，而且追根问底，直至无法回答。甚至有意识刺激应试者，看应试者在突如其来的压力面前能否做出恰当的反应，以观察其机智程度和应变能力。

（5）综合式面试。由主考官通过多种方式综合考察应试者多方面的才能。如用外语同应试者会话以考察其外语水平，让应试者抄写一段文字以考察其书法，让应试者讲一段课文以考察其演讲能力等，也许还会要求应试者现场操作等。

以上几种面试是根据面试的内容划分的。在实际面试过程中，主考官可能只采取一种面试方式，也可能同时采用几种面试方式。

3. 面试基本模式

面试是评价求职者素质特征的一种考试方式，根据招聘对象的水平，面试常采用不同的模式。

（1）按应试者的行为反应划分。面试的模式分为言谈面试和模拟操作面试。

① 言谈面试是通过主试与被试的口头交流沟通，由主试提出问题，由被试口头回答，考察应试者知识层次、业务能力、头脑机敏性的一种测试方法。

② 模拟操作面试是让被试者模拟在实际工作岗位上的工作情况，由主试给予被试者特

定的工作任务，考察被试者行为反应的一种方法，这种方法是一种简单的功能模拟测试法。例如，企业在招聘技术工种时，可采用实地操作的测试方法，考察应试者技术的娴熟程度。又如速记、打字、绘图等人员招聘时均可采用实地考试的方式。另外，公关、销售等有关人员招聘时，也可运用模拟操作面试。例如：主考官（手拿一件产品）说，这是我公司的一件新产品，现在假如你作为销售人员，应该如何向我推销？

（2）按其操作方式划分。面试的模式可分为结构化面试和非结构化面试两种。

① 结构化面试是指依预先确定的程序和题目进行的面试，过程结构严密，层次分明，评价维度确定，主试根据事先拟好的谈话提纲逐项向被试者提问，被试者针对问题进行回答。这种面试方式是我们所提倡的。

② 非结构化面试是指在面试中所提的问题以及谈话时所采用的方式都是由主试自由决定，谈话层次交错，具有很大偶然性的面试方式。现在大多企业在人才招聘中的面试均属于这种方式。这对富有经验的面试考官是有效简便的方法，但对大多数面试考官来说还是应当采用结构化面试方式。

（3）按其主试人员组成划分。面试的模式可分为个人面试、小组面试、集体面试。

① 个人面试又可分为一对一的面试和主试团面试两种方式。

a. 一对一的面试。适用范围：多用于较小规模的组织或招聘较低职位员工时采用，有时也用于人员粗选，另外当公司总经理对人员进行最后录用决策时也常采用这种方式。

特点：一对一的面试能使应试者的心态较为自然，话题往往能够深入，谈话过程容易控制；但其缺点是受主试者的知识面限制，考察内容往往不够全面，而且易受主试官个人感情的影响。

b. 主试团面试。是由 2～5 个主考人组成主试团，分别对每个应试者进行面试。采取这种方式时，主试团成员需要进行角色分配，各自从不同的角色相互配合。一般主试团由三人组成，三人的分工主要侧重于评价维度的分配上。一位是人事部门经理：可侧重于对应试者求职的动机、工资要求、人际关系的考察；一位是聘请咨询机构的人才招聘专家：侧重于对责任心、应变能力、领导才能等方面的考察；一位是业务部门经理：一般负责考察其相关专业知识和过去的工作成绩。

特点：主试团面试易给被试人构成一种心理压力。

② 小组面试。是当一个职位的应聘人数较多时，为了节省时间，让多个应试者组成一组，由数个面试考官轮流提问，着重考察应试者个性和协调性的面试方式。

③ 集体面试。主要是将被试者分成数组，每组 5～8 人，主试数人坐在一旁观察。主试中确立一个提问者，提出一个能引起争论的问题展开讨论，从而考察被试者的沟通能力、协调能力、语言表达能力和领导能力，这种方法是现代评价技术中的无领导小组讨论在面试实践中的应用，与单个面试相比较，具有其不可超越的优越性。该方式常被大型外资或合资企业采用，对立志到这些公司工作的毕业生应了解其面试特点，作好准备，在面试过程中积极抢答问题，提出自己观点，展现自己的才华。

（4）按进程划分。面试的模式可分为第一次面试、第二次面试、第三次面试，直至第 n 次面试。一般常用的是三次以内，称为三级面试方式。

① 第一次面试。常由人事部门的人才招聘员接待，对应试者的基本条件进行核实，确认应试者的学历证明及其工作业绩。

② 第二次面试。是面试中最重要的一次，常由人事部门和业务部门联合主持，有可能

的话还邀请专门面试考官参加，是对应试者个性特征、能力倾向、愿望动机、业务能力等方面的综合考察，并写成评语报人事主管。

③ 第三次面试。由人事主管直接约见，主要是在第二次面试的基础上，考察应试人的适用性和应变力。第三次面试往往是短时间的面谈，一般来说录用人员的层次越高，面试的次数也越多。

面试还有一些非常规模式，如面试前的"面试"。一些公司在面试时故意设置一些"秀"让面试者"表演"。如应试者爱好唱歌，就让他当场高歌一曲。在面试场所设置一些道具（如倒地的扫把等）看应试者是否留意及反应。通过观察以把握对应试者的第一印象或判断其是否与单位的用人标准一致，面试前的面试有时会收到奇效。

4. 面试基本内容

从理论上讲，面试可以测评应试者任何素质，但在人员甄选实践中，并不是以面试去测评一个人的所有素质，而是有选择地用面试去测评它最能测评的内容。面试测评的主要内容如下：

（1）仪表风度。这是指应试者的体型、外貌、气色、衣着举止、精神状态等。像国家公务员、教师、公关人员、企业经理人员等职位，对仪表风度的要求较高。研究表明，仪表端庄、衣着整洁、举止文明的人，一般做事有规律，注意自我约束，责任心强，被试者应该注意着装得体、举止文雅、落落大方，回答问题要认真、诚实。

（2）专业知识。了解应试者掌握专业知识的深度和广度，其专业知识更新是否符合所要录用职位的要求，作为对专业知识笔试的补充，面试对专业知识的考察更具灵活性和深度。所提问题也更接近空缺岗位对专业知识的需求。

（3）工作实践经验。一般根据应试者的个人简历或求职登记表进行相关提问，以补充、证实其所具有的实践经验。通过工作经历与实践经验的了解，可以考察应试者的责任感、主动性、思维力、口头表达能力及遇事的理智状况等。

（4）口头表达能力。一般观察求职者能否将表达的内容有条理地、完整地、准确地转达给对方，引例、用语是否确切，发音是否准确，语气是否柔和，说话时的姿势、表情如何。面试中应试者能否将自己的思想、观点、意见或建议顺畅地用语言表达出来。考察的具体内容包括：表达的逻辑性、准确性、感染力、音质、音色、音量、音调等。作为被试者在面试时应注意以下几点：谈话是否前后连贯，主题是否突出，思路是否清晰，说话是否有说服力。

（5）综合分析能力。面试中，应试者能否对主考官所提出的问题，通过分析抓住本质，并且说理透彻、分析全面、条理清晰。

（6）思考判断能力。一般观察被试者能否准确、迅速地判断面临的状况，能否恰当地处理突发事件；能否迅速地回答对方的问题，且答案简练、贴切。被试者应在准确、迅速、决断方面重点准备，对自己的判断应该有信心，还要分析对方是逻辑判断还是感性判断。

（7）反应能力与应变能力。主要看应试者对主考官所提的问题理解是否准确，回答的迅速性、准确性等。对于突发问题的反应是否机智敏捷，回答恰当，对于意外事情的处理是否妥当等。

（8）操作能力。主要考察应试者对于已认定的事情能否进行下去；对于工作节奏是否紧张有序；对于集团作业是否适应；是否具备单位领导能力。

(9) 人际交往能力。主要观察被试者遇到难堪问题后的反应；能否让人亲近，对他人有无吸引力等。在面试中，通过询问应试者经常参与哪些社团活动，喜欢同哪种类型的人交往，在各种社交场合所扮演的角色，可以了解应试者的人际交往倾向和与人相处的技巧。

(10) 自我控制能力与情绪稳定性。自我控制能力对于国家公务员及许多其他类型的工作人员（如企业的管理人员）显得尤为重要。一方面，在遇到上级批评指责、工作有压力或是个人利益受到冲击时，能够克制、容忍、理智地对待，不致因情绪波动而影响工作；另一方面工作要有耐心和韧劲。

(11) 工作态度。一是了解应试者对过去学习、工作的态度；二是了解其对应征职位的态度。在过去学习或工作中态度不认真，做什么、做好做坏无所谓的人，在新的工作岗位也很难说能勤勤恳恳，认真负责。

(12) 德行。主要考察应试者责任感是否强烈，能否令人信任地完成工作；考虑问题是否偏激；情绪是否稳定；对于要求较高深的业务能否适应。被试者回答时应该突出自己的自信心、坚强的意志和强烈的责任感，责任心强的人，一般都会确立事业上的奋斗目标，并为之而积极努力。表现在努力把现有工作做好，且不安于现状，工作中常有创新。上进心不强的人，一般都是安于现状，无所事事，不求有功，但求无过，对什么事都不热心。

(13) 求职动机。了解应试者为何希望来应聘单位工作，对哪类工作最感兴趣，在工作中追求什么，判断应聘单位所能提供的职位或工作条件等能否满足其工作要求和期望。

(14) 业余兴趣与爱好。应试者休闲时喜欢从事哪些运动，喜欢阅读哪些书籍，喜欢什么样的电视节目，有什么样的嗜好等，可以了解一个人的兴趣与爱好，这对录用后的工作安排常有好处。

(15) 其他问题。面试时主考官还会向应试者介绍本单位及拟聘职位的情况与要求，讨论有关工薪、福利等应试者关心的问题，以及回答应试者可能问到的其他问题等。

5. 面试准备

为了获得所求的工作，求职者除了准备好自荐信、简历、成绩单等求职资料外，还应该充分做好面试的准备工作，在面试中适度地表现自己，善于展示自己的知识、能力、特长、性格等情况，给招聘者留下满意的印象，对成功来说是必不可少的。

(1) 注意语言表达能力的锻炼。对应试者来说，流利自如、文雅幽默的谈吐是面试成功的必备条件。大学生在平时就要有意识地加强语言表达能力的训练，逐渐养成与陌生人自如交谈的习惯，同时多参加集体活动，在课堂讨论中大胆发言，这有助于讲话能力的训练。

(2) 充分了解应聘单位和应征职位。主试者提问的出发点，往往与招考单位有关。因此，大学生在面试前应尽可能多地了解一些招考单位的情况，对单位的性质、业务范围、发展情况等做到心中有数。针对大型公司，大学生往往可以从网上查询到该公司的有关信息。另外，大学生了解所求取的工作岗位对知识技能的具体要求也有利于针对性地展示自己的特长。

(3) 要准备随时回答有关自己的问题，背熟自己的求职简历。主试者往往询问求职者的有关情况作为面试的切入点。这个问题看似简单，其实往往不是所有的人都能应付自如的。因此，面试前还得将自己的情况在已有个人特色简历的基础上加以浓缩提炼，再拟好提纲性腹稿，以便很短时间内较完整流利地介绍自己，重点突出，以免临时手足无措，词不达意。

(4) 注意仪表朴实、大方、端庄。服装和外貌同交谈一样，是主试人了解应聘者的重要凭据。从某种程度上说，这绝不亚于面试中的对白语言，应着重对自己的外观进行一番打扮，使自己在面试时有一个良好的外表和精神面貌。修饰仪表应注意一些具体细节。

① 衣着设计。衣服的质料应选择不易皱褶的，裁剪要合身；服装的款式，以朴素、简练、精干、不碍眼为出发点。一般男同学宜穿西装，女同学宜穿裙装，一般不宜穿紧身衣服或牛仔装。

② 头型，面容装饰。头发应整齐、干净、有光泽，不要把发型搞得过于新奇而引人注目。

③ 其他附带修饰。同学在面试前，必须把身上的怪味除掉，最好携带文件夹或公文包，不仅增加外表上的职业气质，而且很实用。可以把个人资料如简历、证书以及文具等放入其中，切忌面试时向主试人借用纸张和笔，这样会显得自己没有训练有素的工作习惯。

（5）保持正常心态。心态对于面试来说很重要，紧张的心态会抑制思维的活力。如果有一个放松而平静的心态，那就会稳定思绪，平稳发挥，甚至还会创造性地应答计划外的问题。特别是对于初试者，由于其心中底数差一些，更应保持放松的心态。如何保持面试前的心理放松呢？首先要正确分析自我，根据自身的特长，选准适当的就业位置，保持积极主动的择业心态，敢于竞争、敢于自荐，增强心理承受能力。其次要有充足的睡眠，保持清醒的头脑，对可能出现的问题进行预测，回答问题的策略要做好通盘考虑，以良好的心态从容应试。

（6）进行模拟面试训练。在做好面试准备以后，最好进行一次模拟训练，这样面试时可能效果更好。如学校组织模拟面试活动，大学生应积极参加，锻炼自己，积累经验，大学生相互之间也可交换扮演角色进行演练，以适应面试环境气氛。

（7）礼仪

① 提前5～10分钟到达面试地点，以表示求职者的诚意，给对方以信任感，同时也可调整自己的心态，做一些简单的仪表准备，以免仓促上阵，手忙脚乱。为了达到这一点，一定要牢记面试的地点，有条件的同学最好能提前去一趟，一来可观察熟悉环境，二来便于掌握路途往返时间，以免因一时找不到地方或途中延误而迟到。如若迟到，会给招聘者留下不守时的印象，甚至会丧失面试的机会。

② 进入面试场合不要紧张。如门关着时应先敲门，得到允许后再进入。开关门动作要轻，以从容自然为好。

③ 当考官问名字时，以爽朗的声音回答。走进办公室时，应抬头、挺胸、面带微笑，目光注视考官，不瞻前顾后，不左顾右盼，男士步伐应矫健，端庄、自然、大方，给人以沉着、稳重、勇敢、无畏的印象，女士步伐应轻盈、敏捷，给人以欢悦和柔和之感。

④ 问候。走到考官面前，应亲切地道一声"您好""老师您好"。若主考官站起与自己握手，自己则热情地把手伸过去与之相握。

⑤ 当主考官示意坐下时，方可落座。应轻轻坐下，上身正直，微向前倾，目光注视主考官的眼部和脸部以示尊重，双手放在扶手上或交叉于腹前，双腿自然弯曲并拢，双脚平落地面；若是软绵绵的沙发靠椅，也应尽量控制自己，不要陷下去，要挺腰坐直，全神贯注面对考官。特别提醒，不要弓腰曲背，抓耳挠腮，高跷"二郎腿"，身体各部位都不要抖动，要很稳重地坐在主考官面前，接受他对自己的全方位考察。如需递送个人资料，应站起身双手捧上，表现出大方、谦逊和尊敬。面试结束时，应道声"谢谢"。

⑥ 面带微笑、神态自然。面试是面对面的情感交流，面部表情比语言表达得更丰富、更深刻，可以加深考官对求职者的注意和好感。考官有两位以上时，回答谁的问题，求职者

的目光就应注视谁，并应适时地环顾其他主考官以表示自己对他们的尊重。谈话时，眼睛要适时地注意对方，不要东张西望，显得漫不经心，也不要眼皮低垂，显得缺乏自信。

特别提醒：激动地与主考官争辩某个问题也不是明智的举动，冷静地保持不卑不亢的风度是有益的。有的主考官专门提一些无理的问题试探求职者的反应，如果求职者"一触即发"乱了分寸，面试的效果显然不会理想。

（二）面试技巧

1. 面试者语言运用的技巧

面试场上求职者的语言表达艺术标志着自己的成熟程度和综合素质，对求职应试者来说，掌握语言表达的技巧无疑是重要的。

（1）认真聆听，流利回答。主考官向求职者介绍情况时，要专注，对其问题要逐一回答，口齿清晰，发音准确，语言文雅大方。交谈时还要注意控制说话的速度，以免磕磕绊绊，影响语言的流畅；回答问题要简练、完整，尽量不要用简称、方言、土语和口头语，以免对方难以听懂。对方在谈话时可以在适当的时候点头或适当提问、答话。

特别提示：一般情况下不要打断主考官的问话或抢问抢答，否则会给人急躁、鲁莽、不礼貌的印象。问话完毕，听不懂时可要求重复，当不能回答某一问题时，应如实告诉主考官，含糊其词和胡吹乱侃会导致面试失败。

（2）语气平和，语调恰当，音量适中。面试时要注意语言、语气、语调的正确运用。语气是指说话的口气，语调则是指语音的高低轻重配置。打招呼问候时可用上语调，加强语气并带拖音，以引起对方注意。自我介绍时，最好多用平缓的陈述语气，音量的大小要根据面试现场情况而定，以每个主考官都能听清自己的讲话为原则。

（3）注意听者的反应，及时调整。求职者面试不同于演讲，而是更接近于一般的交谈。交谈中，应随时注意听者的反应。比如，听者心不在焉，可能表示他对自己的这段话没有兴趣，这时要设法转移话题；侧耳倾听，可能说明由于自己的音量过小使对方难于听清；皱眉、摆头可能表示自己的语言有不当之处。根据对方的这些反应，就要适时地调整自己的语言、语调、语气和音量、修辞，包括陈述内容，这样才能取得良好的面试效果。

2. 面试者回答问题的技巧

（1）把握重点，简洁明了，条理清楚，有理有据。一般情况下回答问题要结论在先，议论在后，即先将自己的中心意思表达清晰，然后再做叙述和论证，否则，长篇大论，会让人不得要领。面试时间有限，神经太紧张，多余的话太多，容易离题，反倒会冲淡或漏掉主题。

（2）讲清原委，避免抽象。主考官的提问是为了了解一些应试者的具体情况，切不可简单地以"是""否"作答。针对所提问题的不同，作细节回答，有的需要解释原因，有的需要说明程度。不讲原委，过于抽象的回答，往往不会给主考官留下深刻的印象。

（3）确认提问内容，切忌答非所问。面试中，如果对主考官提出的问题，一时摸不到边际，以至于不知从何答起或难以理解对方问题的含义时，可将问题复述一遍，并先就自己对这一问题的理解请教对方以确认内容，对不太明确的问题，一定要搞清楚，这样才会有的放矢，不至于答非所问。

（4）有个人见解，有个人特色。主考官接待应试者若干名，相同的问题被问若干遍，类似的回答也要听若干遍。因此，主考官会有乏味，枯燥之感。只有具体独到的个人见解和有个人特色的回答,才会引起对方的兴趣和注意。

(5) 知之为知之,不知为不知。面试遇到自己不知、不懂、不会的问题时,回避闪烁、默不作声、牵强附会、不懂装懂的做法不可取。诚恳坦率地承认自己的不足之处,反倒会赢得主考官的信任和好感。

3. 礼貌告辞

面试一般在30~50分钟以内结束。在主考官暗示结束之后,面试者应主动礼貌告辞,同主考官握手表示感谢。

(三) 面试程序

在围绕"以用人单位为导向"的面试中,介绍准备工作及结构化面试的常见程序如下。面试的准备工作千头万绪,但都是围绕着两个最基本、最核心的问题展开的:一是了解自己;二是了解未来的供职单位。简言之,便是"知己知彼"。事实上,对于任何一个既没有职业经验又没有求职经历的应届毕业生来说,了解用人单位的困难程度远胜于对自己的了解。一个明晰了自己长处或者短处的学生,充其量只是拥有了一个庞大但没有坐标定位的信息库,唯有在与某种职业信息建立起一种逻辑层面与操作层面上的必然对应之后,个人信息才可能转化为最符合某个特定用人单位的有效体系,从而在面试中增大成功的概率。既然面试是一个通过短时间的双向沟通赢得用人单位接纳的过程,那么进行的面试准备就非常必要了。在做好个人资料、自我介绍的前提下,还应对具体单位做好相关准备工作。

1. 了解用人单位的基本信息

要对未来的用人单位有一个整体意义上的了解并不是一件轻而易举的事。但如果求职者对面试官提出的第一个问题是"你们这家公司是从事什么工作的",落选就一定是情理之中的。例如,27位求职者角逐英国广播公司一个重要部门的两个助理制片的职位,这个职位是为那些已成为公司雇员但从未有过编导工作经历的年轻人设置的。其中有6个人对这个部门制作的节目名称一无所知;有4个人可以说出两三个节目,但从未看过;有10个人只是在面试的前一个星期才看过一两个节目;仅有4个人走访过这个部门,他们借了录像片,并和那里的制片人交谈过。最后,两位最肯于花时间、花精力的员工幸运地获得了这份工作。所以,为了获得理想职业,面试前不妨把有助于了解用人单位的信息点列成清单,然后逐一给予落实。这些信息点大致上可以分为组织内部信息与外部信息两大类。

2. 熟悉用人单位的面试结构与类型

尽管面试的类型千变万化,面试风格会因面试官个人的偏好有所差异,前面已做介绍,应聘者应观察、了解单位的面试类型,熟悉其过程,作到心中有数,沉着应试。

3. 典型的结构化面试的程序

一个典型的结构化面试通常由以下四个部分组成。

(1) 自我介绍。自我介绍不仅涉及第一印象,而且涉及以后的问答,关系到面试成败。因此,要切实坚定自信心,努力稳定情绪,准确把握自己的特长和优势,简短又能给人强烈印象的流畅表达。自我介绍主要包括姓名、毕业学校、专业、学习成绩、担任职务、获奖情况、特长、求职愿望、兴趣、爱好等。在2~3分钟的简短陈述中,面试官将会对应聘者的精神面貌、表达方式、对工作的渴望态度等进行初步的判断,从而形成至关重要的第一印象。

（2）背景陈述。在这个部分，面试官将重点考核应聘者是否具备与未来工作要求相符或者略有超越的基本能力。

（3）交流讨论。这是任何一个面试过程中最关键的部分。面试官将试图把求职者的资质和职业兴趣与单位可以提供的工作职位进行有机的对应。

（4）结束阶段。一般来讲，面试官会利用面试的最后几分钟对企业再进行简要的介绍，回答求职者仍然留有困惑的问题。同时说明求职者将在什么时候得到面试的结果，并介绍接下来的考核方式（比如第二轮面试、公司参观等）。

（四）面试问题汇总

在用人单位的面试过程中，最大的困难就是如何回答面试人员的问题。其实如果求职者能够好好准备，加上临场镇定的表现和充分发挥，过关是很轻松的。面试问题按照内容归纳汇总为以下两大类，仅供大家参考。

1. 第一类

下面是用人单位面试过程常见的第一类问题。

（1）关于个人情况。"谈谈自己"通常作为第一个问题提出，目的是为求职者消除紧张心理。例如，"你家庭情况怎样？""你恋爱了吗？""你有什么特长爱好？"等问题。对这类问题要据实回答，不可无中生有，也不可过分谦虚。"你有什么优缺点？"这是一个常被问及且较难回答的问题，往往态度比回答的内容更重要。

（2）关于单位情况。"你了解我们单位吗？""你为什么喜欢这种工作？""你找工作首先考虑的因素是什么？""你的理想是什么？""到本单位上岗之前，让你先到基层锻炼两年，你愿意吗？"等问题，回答这些问题要求求职者事先对面试进行准备。应该对用人单位和要对求职者进行面试的人的情况做一些调查研究。某单位一旦约定与求职者见面，求职者就应马上进行准备。通过熟人、朋友或有关部门了解该单位和当天对求职者进行面试人员的有关情况。求职者对情况了解得越多，招聘单位越认为求职者有诚意。同时求职者要尽可能站在人生高度上来回答其他问题。

（3）关于专业情况。"你为什么选择读此专业？""你学过的科目与我们的工作有什么关系？""你最喜欢或最不喜欢什么课程？为什么？""你对自己的学习成绩是否满意？""如果让你重新考大学，你会报什么专业？"等问题，回答这些问题要根据自己的专业知识和技能水平、个人志趣、特长等正确评价自己，正确定位求职岗位，恰如其分地回答上述问题。

（4）关于工作能力。"你的适应能力如何？""你有什么特长？""你在大学里曾担任过何种职务？成绩怎样？"等问题，无可讳言，面试就是要展现自己的优点。事实上，在美国自我推销也被认为是商业能力中相当重要的一环。尤其是面试环节，这是向主考官展现个人能力的唯一机会，错过不可重来。可用较为客观的方式表现自我优点，期间可以加入学校或别人曾给自己的正确评价或赞美，使对方充分了解，起到"毛遂自荐"的作用。

（5）关于人际关系。"你喜欢与什么样的人交往？""你喜欢独立工作还是与别人合作？""你喜欢什么样的领导？"等问题，良好的人际关系是团结的基础。人际关系状况反映一个单位的精神文明状况。人际关系好，这个单位就团结，同事及上下级之间就会齐心协力，工作高效而愉快；反之，人际关系紧张，必然内耗丛生、涣散无力、缺乏生气。所以，求职者到一个单位一定要搞好人际关系。可以从以下七个方面来考虑搞好人际关系：

① 尊重他人，不自视清高；

② 平等待人，不厚此薄彼；

③ 热心助人，不见利忘义；

④ 诚实守信，不贪图虚名；

⑤ 主动随和，不孤芳自赏；

⑥ 宽人律己，心胸开阔；

⑦ 服从领导，遵章守纪。

（6）关于工作态度。"怎样对待面前的困难？""如果为了某事你受到批评怎么办？""你想怎样取得成功？"等问题，竞争进取是成功的驱动力，是工作中的"开山斧"。顽强的意志是人生航船的铆钉，顽强的拼搏是事业的船桨。只有竞争进取，顽强拼搏的人，才会到达成功的彼岸。为适应社会主义市场经济发展的要求，大学生要树立竞争意识，培养竞争能力，敢于竞争，善于竞争。同时，还要有顽强的意志，顺境中不要只安于现状，不思进取；逆境中不要自暴自弃，而要自强不息，竞争进取，顽强拼搏。这就是回答上述问题的核心。

（7）其他方面。面试内容广泛，绝不仅限于上述六个方面。因此，大学生们应广泛涉猎政治、经济、文化及国际国内社会各方面的知识，用科学的世界观和人生观武装自己的头脑，来应对考官提出的各种问题。

2. 第二类

下面是用人单位面试过程常见的第二类问题以及这些问题背后的指向。

（1）性格、工作期望和理想方面

① 请简单介绍你自己？

② 你描述一下你自己的性格和倾向？

③ 你有什么兴趣与爱好？

④ 你通常与哪种人相处最融洽？为什么？

⑤ 你认为什么人最难相处？你会如何去面对他们？

⑥ 你认为在哪种工作环境中最能发挥自己的才能？

⑦ 你有没有制订自己的人生目标？是什么？

⑧ 什么是你选择工作的首选因素？

⑨ 五年以后你对自己的工作有什么期望？

⑩ 你对自己的事业有什么长远打算？你打算如何达到它？

⑪ 你认为要怎样才能算事业成功？

⑫ 你如何处理你曾遇到的困难？

⑬ 你认为你是不是一个有野心的人？

问题解析：第①至第⑤条问题是用人单位想了解应聘者是否能够与其他人相处和谐，主要考察应聘者的处事能力、协调能力以及团队精神。后面几个问题用人单位是想从中了解应聘者的价值观是否与企业价值观相符，主要考察应聘者对公司的价值观与企业文化有多大程度的认同，以确认应聘者能够真正融入公司中去。因此，对于应聘者来说应该更多了解企业的相关背景和业务，以及行业发展前景等相关知识。

(2) 学校生活与学习计划
① 你在学校最喜欢和最不喜欢哪一门课？为什么？
② 你认为考试成绩能否反映你的实际才能？
③ 在这几年的学校生活中，你最难忘的经历是什么？
④ 你从课外活动中学到了什么？
⑤ 你有没有考研、出国留学或其他方式继续深造的打算？

问题解析：通过以上问题用人单位能够了解应聘者的学习生活以及在校园的基本表现，从而考察应聘者能够具备的基本素质与技能。

这一组问题其实与前一组问题是丝丝相扣的，因此如果应聘者信口开河，随意对答，很容易陷入前后矛盾的困境，这样用人单位会怀疑应聘者的诚信。因此面试前应该做好准备，仔细想好这些问题，避免前后矛盾。

(3) 申请职位与部门
① 你为什么申请这个职位？
② 你为什么想加入本公司工作？
③ 你对本公司有多少了解？
④ 你了解这份工作的职责吗？哪一方面最吸引你？
⑤ 你认为你最大的优点和缺点在哪方面？
⑥ 假如你被录用了，你将如何开展工作？
⑦ 你为什么认为你非常适合这份工作？
⑧ 你认为你的哪些经历会有助于你即将担任的这份工作？
⑨ 你认为在本公司成功发展需要什么样的条件？
⑩ 你还申请了什么职位？你若被多家公司录用，你如何选择？
⑪ 你能否到外地工作或者经常出差？
⑫ 如果工作需要的话，你能否加班？

问题解析：在仅仅一次不长的面试过程中，用人单位如何去判断应聘者的求职诚意与素质？最常用的方式就是通过这些问题深入了解应聘者对职业的态度与职业素质，从而判断应聘者是不是公司所需要的人才。而对于应聘者来说，对用人单位了解的同时也需要有对公司的尊重与向往，而这些主动的态度恰恰是公司判断应聘者是否有诚意的一个很重要的标准。

用人单位了解应聘者的优点与缺点不是想通过它来确定取舍的标准，而是从职业发展来考虑，应聘者如果就事论事地谈缺点，往往会陷入困境。因此用适当的语言来客观地评价自己的缺点时，还应该提出克服这些缺点的方法，面试人员其实对应聘者有什么样的缺点（除非是致命的）并不感兴趣，而是想了解应聘者认识问题和解决问题的能力。

(4) 工作经验
① 你有什么工作经验和社会经验？
② 简单描述一下你参加某一次活动的情况以及你的职责。
③ 你从学校和社会的一些实践活动中学到了什么？
④ 在这些活动中，你最喜欢什么？不喜欢什么？
⑤ 在学校和社会活动中，你遇到的最大困难是什么？如何解决的？
⑥ 你认为在学校获得的工作经验能否适应新的工作？

⑦ 在学校中你和同学相处得如何？

问题解析：面试人员希望能够从应聘者有限的社会经验中衡量应聘者到底有多大的能力符合这份工作的需要，因此作为应聘者应该强调在学校各种活动中或者社会实践中所得到的经验能够运用到这份工作上。

应聘者应该注意的是不随便去指责别人，这会让面试人员觉得应聘者不够成熟与宽容，从而会怀疑应聘者的处事能力与协调能力。

（5）工作技能及语言能力

① 你有没有参加过一些专业考试？成绩如何？
② 你计算机水平如何？会哪些软件？
③ 你的普通话水平如何？能否用普通话作自我介绍？
④ Please briefly introduce yourself in English。
⑤ 你懂得其他语言吗？
⑥ 你有没有参加过与这个职位相关的培训？

问题解析：面对这些问题，应聘者应该如实回答，切忌夸张失实。现在有些毕业生往往在简历中描述自己的计算机或英语水平时爱用"精通""流利"等稍显张扬的词语。但这些能力往往很容易当场被测试，应聘者一旦有所闪失，用人单位便会认为应聘者夸夸其谈，华而不实，会有受骗上当的感觉。

应聘者应该从所学知识与应聘职位要求方面向面试人员描述自己这方面能力的培训有助于自己从事这份工作的需要，符合该单位职位的要求。

（6）时事问题

① 你看了最近的政府工作报告了吗？你有什么想法？
② 你认为最近政府的哪些措施会对本行业发展有重要影响？
③ 你主要注意哪些方面的媒体报道？

问题解析：两耳不闻窗外事，一心只读圣贤书的学生已不能适应现代社会的要求，学生要关心时事并能敏锐地发现相关信息（如国家的产业结构调整对相关行业、企业的影响及带来的机遇等），应聘人员往往会对这类学生刮目相看。这些问题主要想考察学生的独立思考问题的能力，从中发现应聘者是否能够广泛地吸取各方面信息，并是否能够提出自己的观点。

（7）假设性问题

① 假设有顾客不满意你的服务，并要投诉你，你会如何处理？
② 假设由于你的失误而使工作出现问题，但你的上司并不知情，你会怎样处理？

问题解析：用人单位利用这些问题，主要是对应聘者的应变能力和反应能力进行评估，而这些问题往往都会和单位的工作处境相关。应聘者在回答这些问题时首先要镇定，慌张和不理智在这时是最大的致命伤，同时还应能够很快做出反应，迟钝或停顿时间过长都会给招聘人员留下不好的印象。

三、心理准备

大学生通过对职业基础知识的学习，已经对社会职业有了初步的了解，同时，也结合自身的优势和特点对自己的职业生涯进行了初步的规划，接下来就将面对就业的竞争和挑战。但是，目前不太乐观的就业形势，给大学生带来了很大的思想负担和心理障碍，如情绪障碍、人际交往障碍、人格障碍等。因此，在人才竞争日益激烈的今天，大学生应该努力调整自己的就业心态，缓解就业心理压力，为顺利就业做好心理准备，最大限度地发挥潜能，实现成功就业。

（一）就业心理与冲突

大学生就业心理是指大学生在考虑就业问题以及寻求职业发展的过程中所产生的各种心理现象。随着就业难度的增大，有相当一部分大学生由于心理准备不足，或由于存在各种心理缺陷、心理问题，从而在求职过程中出现了就业心理偏差和矛盾冲突，影响了顺利就业。因此，大学生在择业时除了要做好充分的思想准备、物质准备外，还要全面、真实地认识自己的专业特色、能力水平、能力倾向、性格特点、气质类型、兴趣爱好等。这样才能在职业的特点、要求和个人的心理倾向、才能之间寻求最佳组合，找到自己心仪的岗位。

1. 锻造良好的就业心理素质

心理素质专家认为，择业过程是一个复杂的心理变化过程。就业心理与大学生的人格特点、学习心理等有着密切的联系。个人的心理素质不仅影响着就业，而且影响着就业后的工作心理。大学生的职业选择实际上是自己人生道路的选择，关系到个人的生存和发展。职业选择是大学生从学校步入社会的开始，也是大学生人生的新起点。大学生在面对这一重大选择的时候，必须具备以下四种良好的心理素质。

（1）正确认识自己，树立自信心。首先，学会认识自己。认识自我是择业过程的第一步。大学生的自我意识日趋完善，对自我的存在及意义有了较明确的认识，并以此为标准进行就业。但是如果单纯从自身愿望出发，不顾国家和社会的实际需求往往会导致就业问题，结果不仅实现不了个人愿望，还会影响社会的稳定和发展。因此就业时，每个毕业生都必须客观评价自己，全面了解社会需求，这样方能知己知彼，百战不殆。例如，现在国家机关、企事业单位都在实行减员增效的政策，要求部分人员下岗分流。不少大学生却还抱着计划经济时代的老观念，非要挤进来。沿海地区及一些大城市就业人员日趋增加，竞争激烈，而西部地区求贤若渴，却很少有人愿意去。大部分毕业生的首选就业地区仍是上海、北京、广东、浙江等地，这样就导致了人力资源分布不合理，造成人才浪费。因此，大学生要树立符合实情的就业观念，同时，大学生要全面认识自身的特点，评估自己的实力，预测自己的潜能。大学生一要了解自己的性格、能力、气质、个性等心理特点，二要明确自己的职业理想。再将自身和职业理想结合起来，寻找适合自己的工作。一种职业、一个岗位并不适合所有的人，一个岗位适合一种人可能就不适合于另一种人。例如：让张飞绣花，让林黛玉杀猪就会让两个人都无法胜任。试想一下，让一个人干自己根本就不喜欢或者自己能力胜任不了的事情，如何干得好呢？因此毕业生首先要充分了解自己，才能做出与自己个性特征相符的职业选择，提高求职成功率，也为今后工作有所成就打下了基础。

其次，树立自信心。部分大学生对自己的就业没有目标，还有部分大学生自我评价过低，缺乏进取意识，再加上就业竞争激烈，从而导致大学生在就业过程中自信心不足。对某高校的抽样调查显示：55%的大学生不清楚自己适合何种工作，30%的人认为将来不能适应外界的变化，33%的人觉得未来没有前途……当被问到"你认为不好找工作的原因是什么？"时，有72%的人认为自己不能够胜任或竞争者太多。大学生就业正面临着自信心不足的问题。

自信是求职成功的心理基础，也是现代职业最为重要的职业品质之一。没有自信，人生便失去意义；缺乏自信，人生便失去成功的可能。许多学生求职失败不是因为他们不能成功，而是因为他们不敢去争取，或不敢不断争取。自信是对自己的一种积极评价，即对个人自我价值的表达，对自身力量的认识和估计，坚信自己能完成任务，达到目标。克拉克说得好："自信的人力量最强大，怀疑的人力量最薄弱。强烈的信念远胜于盛大的行动。"青年学生必须树立应有的自信心，相信自己的能力。世上只有没能获得成功的人，没有不能获得成功的人。同时要积蓄自信的资本，不断充实自己、完善自己、提高自己。培养自信的心理素质可以从下面三个方面着手：

① 相信自己的力量。因为只有相信自己的力量，才会有勇气朝着锁定目标前进。要敢于说"我能""我行"，经常给自己积极的自我暗示。

② 发现自己的优势。每个人都有自己的优势和弱点，树立自信的关键在于要善于发现自己的优势，并利用优势，把它发展到最佳状态；同时，尽量避免自己的弱势，这样在择业竞争中就能积极主动。俗话说的"扬长避短"就是这个道理。

③ 要善于抓住机遇。一个善于抓住机遇的人，成功的概率就更高，自信心就会逐步上升。相反，不善于抓机遇，总是一副姜太公钓鱼愿者上钩的架势，自信心就会在漫长的等待中一步步化为灰烬。

(2) 要有诚信意识。每年毕业之际，做一份既精美又引人注意的简历是每个毕业生都十分关注的事。为了能在激烈的竞争中脱颖而出，伪造学历和学位证书，添上子虚乌有的实践经历，复制别人的荣誉证书为己所用，自己自封学生会主席等不讲诚信的事时有发生。另据报道，我国几家主要国有银行的助学贷款中坏账比例竟高达 10%。还有学生随意签约，乱占用就业岗位，不仅造成就业单位损失，更造成了社会资源浪费。诚信意识缺乏已引发了大学生择业诚信危机。那么大学生在择业过程中是否一定要诚信呢？回答是肯定的。西方有句格言："诚实是最好的策略。"在求职过程中，诚信是获得对方好感和信任的秘诀，诚信是达到目的的最好手段。相反，不讲信用、弄虚作假只会引起用人单位反感，即使侥幸蒙混过关，也会给今后工作埋下一颗定时炸弹。

美国总统林肯曾说过，你可以在所有时候欺骗有些人，在有些时候欺骗所有的人，但你不能在所有的时候欺骗所有的人。在用人单位成为买方市场的今天，这些不诚信的行为不仅使行为者本身受害，而且还严重影响就业环境。

(3) 增强应变性。应变是指大学生要根据实际情况，及时调整就业期望值和自己的知识能力结构，以便与就业市场的要求保持最大适应性。俗话说："他山之石，可以攻玉""失之东隅，收之桑榆""计划赶不上变化"。求职中的灵活变通是一种良性的态度转换。没有变通性与适应力，仅仅是诚实自信，就会显得迂腐或呆板，导致自我封闭、孤芳自赏。要抛弃过去那种择业就是一次到位、绝对稳定的观念，要把择业看成是一个动态的过程，先就业，后择业，再创业。在工作中不断提高自己的社会生存能力，增加实际经验，然后再凭借自己的努力，通过正当的职业活动，发展自己，逐步实现自我的价值。

(4) 培养竞争意识。当今的社会就是竞争性社会，市场经济就是竞争经济，职业竞争是社会竞争之一。随着人才市场的进一步开放，优胜劣汰，适者生存的自然法则成为大学生就业竞争的法则。大学生应该敢于竞争，善于竞争，抓住机会，而不要消极地被动等待。首先，要敢于竞争，作为时代骄子的年轻人，要体现年轻人敢想敢说敢干的特性，树立"爱拼才会赢"的观念，不能前怕狼，后怕虎，唯唯诺诺，胆小怕事，要敢为天下先，欲与天公试比高。其次，要善于竞争，要从实际出发，充分考虑自身特长，扬长避短，古人云：骏马能历险，犁田不如牛；坚车能载重，渡河不如舟；舍长以求短，智者难为谋；生才贵适用，慎勿多苛求。宝贝放错了地方可能就一文不值了。最后，还要有敢于承受挫折的竞争心态，任何竞争都存在失败的可能，求职也不例外，只有充分考虑了失败的后果，做好遭受挫折的思想准备，才能提高受挫折的心理承受能力，才能从一次次的跌倒中一次次地腾飞。古人云：有志者，事竟成，破釜沉舟，百二秦川终属楚；苦心人，天不负，卧薪尝胆，三千越甲可吞吴。职场生涯短暂，走过弯路固然能增强自己抗挫折能力，但弯路走多了，快步走在阳光大路上的时间还剩多少呢？我们不惧怕苦难，但也不追求苦难。

2. 常见就业心理问题分析

由于就业问题的复杂性和当前就业竞争的日趋激烈性，即将走向社会的大学生面对就业时不可避免地会遇到各种困难、挫折和冲突，导致一系列心理问题和矛盾的产生。全面分析大学生求职、就业中的心理误区和心理冲突，有助于树立正确的择业观，排除心理困扰，走出择业误区。

（1）择业心理误区。所谓择业心理误区，就是个体在求职过程中，对自我求职目标的期望、评价等方面存在不乐观或与现实存在较大差异的一种影响求职的心理倾向。

随着我国用人制度和大学生毕业分配制度改革的不断深入，大学生在择业空间更广阔的同时，也感到了前所未有的就业压力。有些大学生在求职过程中容易在心理上出现误区，从而导致求职过程中发生一些不良行为。如不讲诚信，同学之间互相拆台，多头签约等。大学生择业心理问题已成为各高校心理教育中重点课题，也是当前不可回避的教育问题和社会问题。

常见的大学生求职心理误区有以下几点。

① 自负心理。一些大学生对自己评价过高，自我感觉良好，以为满腹经纶，学富五车，或者认为自己的专业紧俏；有的大学生这山望着那山高，抱着"是我去择业，而非职业选择我"的错误观念。对就业形势和用人单位需求不了解，完全按照自己的想法去谋求高薪职位，结果由于目标定位不切合实际，在择业过程中屡屡碰壁。高不成，低不就，花中选花，越选越差，最后错过花期。

② 自卑心理。与自负心理相反，但也是自我认知偏差造成的。自卑是一种缺乏自尊心、自信心的表现。过度自卑会产生精神不振、消极、沮丧、失望、脆弱等心理现象。这些学生面对就业问题时总感到自己学校不是名牌，学历不高，专业不热，面对用人单位提出的高学历、高职称、高薪酬的"三高"政策不敢面对。以致自己不多的闪光点也被埋没，使他们失去了不多的机会。

③ 急功近利心理。有些同学择业时过分看重地位的实惠，一心只想留在大城市，留在沿海发达地区，留在跨国公司。为了追求功利不惜抛弃自己的专业和兴趣，这当然能会得到一时的满足，然而抛开专业优势和自己兴趣去竞争，时间一长很容易遭受挫折。

④ 焦虑心理。就业对大学生来说，既是机遇又是挑战。很多大学生面对就业和步入社会深感焦虑。眼看着毕业的时间越来越近，眼看着身边同学一个个"名花有主"，担心自己的理想不能实现，担心择业上的失误导致终身遗憾，担心专业学非所用，担心下一次应聘又会被拒之门外。毕业生择业存在一定程度的焦虑很正常，但不能过度。有的同学整天坐立不安，胡思乱想，情绪不稳定；有的愁眉苦脸，闷闷不乐，忧心忡忡；有的东奔西跑，四面出击，马不停蹄。大学生就业由"统包统分"发展为"自由择业"。目前我国就业采取"双向

选择"的原则，即用人单位和大学生之间相互选择。大学生就业呈现多元化的趋势，职业选择的自由度越大，选择行为的责任就越重，择业心理压力也越大。很多大学生把人生的憧憬和前途都放在就业上，既渴望进入社会，谋求到理想职业，又担心被用人单位拒绝，担心择业失误造成终生遗憾，因而容易焦虑，对走进社会心里没底。有人甚至患了"择业焦虑症"，一提到择业就心理紧张，怀疑自己的能力。还有毕业生平时没有认真学习和积累经验，求职的知识、能力、心理准备不充分，求职屡遭挫折，产生极度的焦虑感。

⑤ 抑郁心理。在全社会就业压力普遍较大的情形下，大学生就业难是一个不可回避的现实问题。择业过程中遭受挫折是正常的事。试问，当今社会，除了国内顶尖大学的紧俏专业，还有谁能一锤定音？绝大多数学生都是一次次吃了闭门羹后才推开那扇属于自己的门。有的学生受挫后不能正确对待、不思进取、漠然置之，甚至放弃一切努力，把自己孤立起来，自我放逐，不与外界交往，这样就导致抑郁心理发生。

⑥ 偏执心理。在就业过程中，学生的偏执心理主要表现为追求公平的偏执、高择业标准的偏执和对专业对口的偏执。有的学生以偏概全，不能正确对待，把自己的择业挫折全部归咎为外界因素，给自己造成阴影。还有的学生不愿降低择业标准造成有价无市的局面。不少大学生在求职路上或多或少地存在上述心理误区，如果不加以调适，不仅仅会在求职过程中屡遭失败，甚至还会有心理健康问题，为今后成才埋下祸害。俗话说求学、求职、求婚是人生三部曲，每一步都要走好，一旦走不好会给人生带来不可估量的损失。

⑦ 懈怠心理。近年来，大学毕业生中出现了"不就业一族"。有些大学生因对工作岗位挑挑拣拣，"高不成，低不就"，自动放弃就业机会，有的在学校附近租房"安营扎寨"，一边打工，一边找工作；有的干脆待在家里靠父母养活。他们中的相当一部分人无所事事，闷得无聊，时常返回学校四处游荡，自称为大学校园"漂一族"。"毕业不就业，未来还是梦"是"漂一族"心理的真实写照。此外，还有部分学生由于考研、出国、自主创业或自谋职业等原因而选择"不就业"，从而选择继续升学、办理出国手续、做好创业准备等"缓冲期"。

（2）大学生就业心理矛盾。心理矛盾是指两种或两种以上不同方向的动机、欲望、目标和反应同时出现，由于莫衷一是而引起的紧张状态。一般心理矛盾是促进心理发展的动力，但过分强烈会对人的心理健康带来严重影响。大多数大学生不合实际的过高预期，使他们处于两难的心理困境。长期存在于择业求职中的心理矛盾主要表现在以下几个方面。

① 理想与现实的矛盾。每个人都有对生活的美好的向往。对于毕业生来说，他们对美好生活的向往和追求会更迫切和强烈。大学生活让他们拥有了比一般人更丰富的知识和技能。面对纷繁的社会，他们豪情万丈，渴望展翅高飞，大干一场，然而由于他们真正接触社会较少，涉世未深，对职场上的规则尚不能完全掌握，在很多时候理想与现实脱节以致形成极大反差。面对这样的反差，他们往往举棋不定，处于矛盾之中。

② 人生价值与艰苦创业精神缺失之间的矛盾。很多大学生都希望从专业出发选择职业，将来学以致用，实现自己的人生价值，做一个对国家、对社会有用的人；不希望做一个无所作为，碌碌无为的人；都有一腔报国之志，希望将来驰骋疆场，马革裹尸，而不愿踯躅方圆之地，老死于户牖之中。然而有些人又不愿意到基层，到边远地区，到艰苦的地方去，或者说缺乏艰苦创业的心理准备。殊不知，一屋不扫，何以扫天下，哪一个将军不是从小兵开始的。实现人生价值的强烈愿望与缺乏艰苦创业精神的矛盾造成大学生就业空间缩小，从而加大了就业难度。

③ 渴望竞争与害怕竞争的矛盾。就业渠道的多样化，为大学生提供了更多的选择，让每个人都有展示自己才华的舞台。大多数学生都渴望能一显身手，寻找到属于自己的天空，然而当他们真正面对竞争时，又瞻前顾后、畏缩不前，缺乏勇气。有的怕自己能力不够，一旦落败很丢脸面，有的怕伤和气，有的怕没有退路，全军覆没。总之，表现出退缩心理，而且往往向外归因，却不知真正的原因是他们主观努力不够，没有实践的能力和勇气。调查表明，50%以上的学生认为自己竞争力一般，担心比不过别人；30%的大学生认为竞争取胜的把握很小，只有不到20%的学生认为自己应该胜出。

④ 择业目标定位的矛盾。有的学生由于缺乏对自己个性特征、知识结构、能力大小的正确认识，在择业过程中往往普遍撒网，多头开花，这实际上是目标不明确，定位模糊的表现。古人云，鱼和熊掌不可兼得，当断不断反受其乱。很多事情都是在犹豫不决中失去机会，犹豫不决是机会的天敌。例如，有的学生同时面试多个单位但又都不签约。原因是有的单位薪水高，但发展空间不大，有的单位刚起步，个人机会很多，但薪水低。结果在观望和等待中花儿谢了。俗话说，知人者智，自知者明。有的学生要么自视甚高，意识不到自己的局限，不能对就业形势做全面、客观的分析和判断，以致高不成低不就，白白浪费时间和精力，遭受不必要的挫折；要么对自己评价过低，忽视自身的优势所在，缺乏自信，瞻前顾后，人云亦云，没有主见，在择业中不敢或不善推销自我，不能正确表现自己的才能，以致丧失很多机会。因此，大学生在就业时应该明确自己能做什么，善于做什么，应该怎么做。无数实践证明，用人单位更看重那些目的明确、义无反顾的求职者。

(3) 大学生就业心理误区和心理矛盾的原因分析。首先，从社会因素进行剖析。

① 高校扩招。近年来，高校不断扩招，毕业生人数急剧上升。扩招解决了"上大学难"问题，同时却带来了"就业难"的问题，社会岗位的增加幅度远低于扩招的增幅。供需的矛盾日益突出，毕业生就业从"卖方市场"转向"买方市场"，导致就业竞争日趋激烈。竞争在名校和名校、重点院校和地方院校、学历层次之间全面展开，使毕业生在就业过程中承受巨大的压力，容易受挫。同时，随着经济体制改革的深入，国有大中型企业采取减员增效、下岗分流的政策，各级党政机关、事业单位也"精兵简政"，压缩人员，使得就业形势更加严峻。大学生必须面对严峻的就业形势，迎接挑战。

② 社会变迁。近几年，社会多种体制改革，机制转换，又面临经济全球化，人才国际化的国际大环境，使原有的价值观受到冲击，新的价值观尚未形成。在社会转型，新旧交替的过程中，社会价值观呈现了多元化的特征，人们的需求表现出多层次、全方位的特点。一些青年学生接触社会少，了解社会不深，生理心理尚处于发展成熟阶段，缺乏坚定的信念和深度的理性思考，容易受外界影响，价值取向易趋向个人主义。

③ 就业机制不完善。市场经济提倡"优胜劣汰"和"公平竞争"，但用人单位录用毕业生时仍存在不正常的现象。例如，有的用人单位无节制地提高用人规格，大专生就能胜任的工作却非要招收本科生，甚至招收研究生，造成人才浪费；有的单位明确规定要男生不要女生等。

其次，从学校因素进行剖析。

① 高校改革相对滞后。社会发展变化飞快，高校教育尚不完全适应发展需要。高校教育目前处于调整期，短时间内无法紧握时代发展的脉搏。大学生就业难和高校教育质量不高有密切关系。在社会对人才要求越来越高的今天，大学生容易感到"知识不够用"和"能力不足"，从而导致自卑和焦虑。有的大学生认为自己的文凭和实际水平不太一致，学校开设

的专业课程"不太适应社会需要,学科知识陈旧,影响就业"。因此,高校如何适应社会新形势,进行专业结构、课程设置、教学内容等的改革,提高师资水平,加强学校的配套发展,培养符合社会需要的人才,就显得尤为必要和重要。高等教育改革的滞后影响了毕业生的就业率。另外,我国的高等教育沿用原有的教学模式和方法,偏重系统的理论知识传授,缺少实践能力和创新精神的培养,导致很多毕业生眼高手低,思想多于实践,满足不了用人单位的需要,找不到合适的工作。

② 就业指导工作相对滞后。就业指导在国外已经有悠久的历史。但在我国才刚刚起步。从国外的经验看,从幼儿园开始,学校就承担着系统的职业生涯辅导和职业教育任务,学生在进入大学之前已经有较强的理性思考和感性准备。而我国传统教育体系中缺乏职业生涯规划和就业指导的内容设置。面对日益激烈的市场竞争,许多毕业生新旧择业观冲突,茫然不知所措,导致大学生择业过程中出现种种心理适应问题。如何保持健康的择业心理,自信心、心理平衡和自我调节能力就显得非常重要。目前高校对毕业生的就业指导做得还不够,甚至明显滞后于学生择业心理的发展变化。

再次,从家庭因素进行剖析。

近年来,高校实行收费上大学,收取费用既改善办学条件,增加学生接受高等教育的机会,又可增强学生学习的主动性和自觉性。但很多大学生来自贫困家庭,尽管国家和学校采取了各种措施,如助学金、生活补贴、国家奖学金、国家助学贷款等,但他们仍然承受着家庭经济困难的压力。部分大学生经济状况窘迫加上虚荣心作祟,导致心理矛盾加剧,再加上父老乡亲寄予厚望,自尊受伤害,则容易产生委屈感、受辱感和不公平感等,导致心理失衡和心理障碍。此外,部分家长受传统观念束缚,按照自己的想法给子女安排一切,却忽视了子女的主观愿望和性格优势,这些容易使大学生在择业时产生矛盾心理。

最后,从个人因素进行剖析。

① 毕业生本身处于矛盾期。毕业生正处于人生的转折点,面临着人生的重大抉择问题。这一时期是他们人生最动荡的时候,内心充满着各种矛盾。心理学认为,人在认识自我、剖析自我时有一种无形的东西——无意识的自我保护机制在保护着自己,影响对自我的全面、正确、客观和公正的认识,使真实自我产生变形或扭曲。心理学研究表明,理想的我与现实的我之间的差距随年龄的增长而增大。安葬于西敏寺的英国国教主教的墓志铭就这样写道:我年少时,意气风发,踌躇满志,当时曾梦想要改变世界,但当我年事渐长,阅历增多,我发觉自己无力改变世界,于是我缩小了范围,决定先改变我的国家。但是这个目标还是太大了。接着,我步入中年,无奈之余,我将试图改变的对象锁定在最亲密的家人身上。但天不从人愿,他们还是维持原样。当我垂垂老矣,终于顿悟了一些事情:我应该先改变自己。

大学生就业是在各种矛盾中的选择。自我和超我的矛盾、理想与现实的矛盾、奉献与索取的矛盾、社会需求与自身实力的矛盾等充斥着就业过程。诸多错综复杂的矛盾是前所未有的,加上大学生本身处于人生心理矛盾突出的时期,他们心理发展不稳定,更容易出现矛盾。例如,开放与封闭的矛盾、独立性与依赖性的矛盾、情感与理智的矛盾等。另外,当代大学生生理与心理发展不同步,相当一部分人心理不成熟,加上个体生活经历不同、体验不同,因而个性心理特征具有较大的个体差异,在择业过程中表现出心理特征的复杂性和矛盾性。

② 旧择业观的影响。受传统观念影响,部分毕业生就业时定位不切实际,过分考虑工

作的稳定性和待遇问题。还有部分人一心向往发达城市和沿海城市，对私营企业、艰苦行业、待遇较低的单位不加考虑，不愿意去基层、西部地区工作，更不想吃苦创业。不少毕业生还认为找不到好工作就不能报答父母，无颜见江东父老。

③ 自我定位不准。部分大学生对自己缺乏客观的认识和评价，要么自视甚高，要么评价过低，甚至有的没有定位，随波逐流。在择业过程中茫然徘徊。古人云：知人者智，自知者明。没有正确的自知，就难以找到合适自己的工作，难以发挥自己的潜能。

④ 个人能力和素质不高。大学生的综合素质直接决定着就业顺利与否。大量研究资料表明：当代大学生整体素质较高，但仍存在缺陷。有的大学生注重知识学习，忽视人际交往；有的大学生知识面窄，文科生不了解理科常识，理科生不了解人文常识；有的大学生学习不努力，专业知识不扎实，英语和计算机水平低，实践动手能力和开拓创新意识缺乏；有的学生依赖性强，缺少独立解决问题和困难的磨炼，承受能力差，意志薄弱。这些都会影响就业。

总之，大学生择业的心理问题和矛盾，既有客观原因也有主观原因。客观方面，我国正处于社会转型时期，产业结构调整，大学教育的大众化，毕业生人数剧增，就业市场还不完善等。主观方面，大学生刚踏入社会，阅历较浅，涉世不深，心理也不成熟，不善于面对应激事件，心理防卫机制还不健全。但大学生择业心理问题属于发展过程中的问题，具有适应性障碍特点。因此，只要加强引导，教育得当，适当宣泄，绝大多数人会随着应激源的消失而趋于正常。

（二）就业心态调试

对于一个身心发展还不很完善，社会阅历不够丰富的大学生来说，就业中遇到挫折是很正常的，就业中产生心理冲突是每个大学生都要面对的现实。每位大学生都要运用正确的调适方法，提高就业中的抗挫折能力，正确看待困难与失败，有效排除异常心理，争取择业成功。大学生择业心理的正确自我调适要做到以下几点。

1. 增强心理健康意识，提高自我调适自觉性

心理学家通过理论与实践的探索，提出了很多行之有效的自我心理调适方法。大学生在择业过程中，可以根据自身的特点有选择地运用。

（1）理性情绪法。人有理性与非理性两种信念，这些信念指引下的认知方式会左右人的情绪。理性情绪法也称正确归因法，源于美国心理学家艾里斯创立的"理性-情绪疗法"，他认为情绪困扰并不一定由应激源直接引起，而常常由经历者对事件的非理性认识和评价引起。因此，要消除人的不良情绪，就要设法将人的非理性观念转化为理性观念。例如，有的学生在就业中遭遇挫折就消沉苦闷、怨天尤人，原因在于他的非理性认识——大学生是天之骄子，顺利就业理所当然，"天生我材必有用，受过系统高等教育的堂堂大学生，找工作是小菜一碟"。正是因为有这样的心理，才导致了不良情绪。如果将这些情绪观念加以纠正，则不良情绪就会自动缓解。大学生在运用理性情绪法时，应首先分析自己的消极情绪有哪些，找出非理性观念（绝对化、完美主义、予取予求），并对其进行挑战、质疑和辩论，同时对比两种观念下个人的内心感受，鼓励自己向理性观念方面转化，从而有利于排除不良情绪。

（2）适度宣泄法。从心理卫生角度讲，不良情绪就是心理活动的垃圾，如果不将其扫地出门，过分压抑自己的情绪，只会使垃圾越积越多，不利于身心健康。适度的宣泄，可以把

不良情绪释放出来，从而使情绪正常。切忌把不良情绪强压于心底，忧虑隐藏越久，受到的伤害就越大。宣泄的方式有很多，如倾诉、哭泣、运动等，但要有节制、要适度、要注意方式方法、时间场所以及要顾及他人的感受，不能一味只考虑自己痛快而忘了别人的感受，这好比把自己家里扫出的垃圾都扔在了别人家门口，宣泄应是无破坏性的，较妥善的办法是向朋友、老师倾诉，一吐为快，也可以去打球、爬山、参加大运动量的活动，宣泄情绪。

（3）自我慰藉法。自我慰藉就是自我安慰，实际是自我辩解。人不可能事事顺心，如果遇到困难，尽了主观努力仍无法改变时，不必苛求自己。毕业生择业遇到挫折时，说服自己，适当让步，另辟蹊径可以缓解动机的矛盾冲突，消除焦虑、抑郁，有助于保持心理安宁和稳定，如失败时告诉自己，"失败是成功之母"，拿自己的优处比别人的短处，"塞翁失马，焉知非福""福兮，祸之所倚，祸兮，福之所伏"。俄国文学批评家别林斯基有句话很有启发意义，每个人不要做他想做的或应该做的，而要做他可能做的，拿不到元帅杖，就拿枪。拿不到枪，就拿铁铲。找个可以接受的理由，让自己内心平静下来，承认并接受现实，得以解脱痛苦。

（4）情绪转移法。有时不良情绪是不易控制的，这时可以采取缓冲的办法，把自己的精力和注意力转移到其他方面去，使自己没有时间、精力、空间沉浸在不良情绪中，以求得心理平衡。例如，可以把择业问题暂时放一放，出去旅游，或学习一门技术，或参加一项自己喜欢的体育活动。

（5）松弛练习法。松弛练习是一种通过练习学会在心理和躯体上放松的办法。通常通过肌肉放松，音乐放松等训练，让心理焦虑、恐惧得以消除。

自我调整的方法还有很多，如环境调节、自我激励法、自我暗示法、自我升华法等。这都是一些事后应变的方法，关键还是要提高人的心理素质，树立正确的世界观、人生观、价值观，磨炼坚强的意志，培养开朗、豁达的人生态度，这样才能在择业压力面前，始终保持积极乐观的精神状态和健康的心理状态。

2. 加强就业指导

就业指导就是运用心理咨询的原理和方法，从职业的分工、选择、适应发展等方面给毕业生以帮助和指导，帮助毕业生用慎重、科学的方法理智地选择工作和职业，使每个毕业生都能做到扬长避短，人尽其才。

（1）加强就业指导。学校作为毕业生制度改革的主体，要对学生加强就业政策引导，广泛深入地宣传就业制度改革的方向、步骤和内容，介绍当前改革和形势，为大学生不断提供就业的知识情报。例如，社会发展趋势、对人才规格的要求、科技发展现状及趋势、毕业生反馈信息等，提高大学生对社会信息和科学信息的选择力与判断力、独立分析有关前途活动的能力，使大学生尽快缩短与社会实际生活的距离，更好地适应社会。

（2）加强心理训练。要指导毕业生掌握必要的心理知识，启发学生了解自己、认知自己、评价自己。在知识、能力、情绪、社会适应、个性品质、行为特点和人际关系等方面，对自己有一个基本的了解。学校有针对性地积极排除择业心理问题，有目的性进行心理训练，帮助毕业生树立正确的择业观，缓解内心冲突和压力。

（3）及时调整教学结构。面对产业结构的客观要求和激烈的人才竞争形势，学校要坚持发展才是硬道理的思想和市场取向，及时改革调整专业结构、学科结构、层次结构、布局结构，使学校的培养与社会需求实现无缝对接。要优化教育、人事、劳动部门之间的关系，转变大学生就业的传统观念，完善社会支持系统，使大学生就业服务有坚实的依托。

（4）帮助毕业生做好职业生涯设计。要运用先进的理论和手段，对学生的心理能力、爱好、基本性格进行综合测评，为他们初步规划职业范畴，使学生理性地、全面地认识自我，尽早地为职业生涯做好积极的准备，减少择业过程中的盲目性，从而做到合理而充实地择业。

（5）要做好毕业生就业技巧指导工作。就业技巧指导是就业指导的重要内容，技巧是毕业生择业成功的主要因素之一。毕业生存在的不良择业心理在一定程度上起因于缺乏恰当的择业技巧。例如，要指导学生做好求职前的准备工作，明确具体的应聘程序，掌握基本的谈话技巧，慎重地签订合同，这样就可以避免由于自我介绍不着边际、简历制作不得要领、言语不当、衣冠不整等细节原因引起的失误。

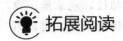

杨峰的中行之梦

杨峰是一个二本院校热门专业的本科应届毕业生，他从同学那里得知，中国银行某省分行将在学校举办招聘会，他兴奋不已，想尽自己的最大努力进入中行，他为这一天准备了很久。换上精心准备的西装和领带，带着自己用心撰写的简历去了招聘会。

中国银行某省分行的招聘会有些特别：招聘现场，放了十多张椅子，按交简历的顺序，让十几名应聘者向招聘人员作自我介绍，再据此决定下一轮的角逐。

杨峰针对自身的特点，他为自己做了一个定位：勤奋、朴实、团结、有团队合作精神。他只用了两分多钟，以简洁明了的语言介绍了自己，然后便在一边静待结果。

他顺利地通过了第一关，接下来填应聘表格。表中所涉及的内容很多，杨峰填写表后，有一种一切不出所料的感觉。

不久，杨峰就接到了通知，让他到单位去面试，由行长直接与复试的应聘者单独谈话，决定录取与否。为了这次与行长的面试，他查阅了大量的相关资料，还积极主动联系在中行工作的师兄师姐详细了解情况，对银行的特点和银行工作的特点都有了充分的了解，他准备以一个勤奋、团结的形象出现在领导面前。

面试时，行长提的第一个问题是："你为什么选择我行作为应聘目标？"杨峰陈述了自己的理解，他把自己求职目标的选择界定在三个方面：第一，对金融业的热爱，想在金融系统工作；第二，银行可以使自己很快地积累经验，提高素质；第三，中国银行是中国对外金融业务的窗口，自己学的是涉外专业，希望从事与此相关的金融业务。他的回答条理清晰，也很有诚意。

行长提到了期望值，杨峰谈了自己的看法。行长说："许多大学生在求职时，都把中国银行的工作想得十分浪漫而富有激情，而实际上，工作很单调、很平凡的，对这一问题你是如何看的？"杨峰重点强调了自己踏实勤奋的品格，并表明了自己为中国银行服务的热忱和态度。行长几次对他的回答表示赞许。

中国银行对人员的要求与其他单位有所不同。外企、民营企业看重员工的创新意识、开拓精神，中国银行则侧重于员工的勤奋、朴实；是否具有一定的政策理论水平和业务水平，能否处理比较复杂的问题。杨峰在与行长的谈话中，有意识地强调了自己是银行所需要的类型，所以这次面试是成功的。不久，他接到了银行的录用通知。

思考

1. 案例当中的主人公，他的面试为什么会成功？
2. 面试过程中有哪些注意事项？
3. 我们应该怎么来回答面试当中的提问？
（案例来源：编写组收集整理。）

思考与练习

1. 向用人单位推荐自己时，需要准备哪些材料？
2. 试着用1分钟的时间来介绍你自己。
3. 结合个人的实际情况，找出3~5种适合自我心理调适的方法。

第四章
就业协议、就业流程与权益维护

学习目标

1. 了解就业协议的作用，掌握签订就业协议的注意事项。
2. 掌握大学生就业的基本流程。
3. 了解现实中常见的侵权行为，掌握权益保护的基本方法和途径。

学习重点

1. 就业协议与劳动合同均具有法律效力，就业协议与劳动合同在时间上的衔接充分保障了毕业生和用人单位的权益。
2. 就业派遣手续办理是毕业生离校前的重要环节，报到证是毕业生办理转移档案、户口等的重要凭证。
3. 大学生要增强法律意识，学会用法律的武器保护个人正当合法权益。

案例引导

他们在"试用"两个月后被迫离开

张玲到杭州某家广告策划公司应聘做行政助理，面试出乎意料地顺利。面试临近结束的时候，经理对她说，由于公司处于扩建中，正缺人手，让她当天再推荐几个同学过来面试。

张玲回到学校把这个消息告诉了还没有找到工作的同学，大家都觉得像是中了头彩一般幸运，毕竟这是一次难得的机会。

张玲带着5个同学来到公司。经理很爽快，随意问了大家一些问题后，接着说第二天就可以上班了，先试用三个月，试用期间工资为800元一个月，试用期结束后就签协议。经理很诚恳地对她们说："公司在杭州刚起步，你们是招进来的第一批员工，等公司稳定下来后，你们都是公司的元老了。"本来6个人都还有些顾虑，觉得工作来得太容易，听到这句话后，也都放心了。

上班第一天张玲就觉得有些异样，除了她们新来的6个人外，经理加员工就4个人。经理解释说总公司在宁波，杭州只是子公司，刚起步，所以人不多。公司当时正接手了一个广告生意,张玲被派去负责方案策划,而不是公司一开始给她定位的"行政助理"岗位。在公司里,6个人什么活都干,跑腿、打杂、做策划,甚至去拉广告。大家想,现在公司缺人手,分工也还没那么明确。于是,尽管每天连续工作十几个小时,可大家都尽心尽力地去干。工作满一个月了,可经理一点也没有提起工资的事。张玲问起经理工资的事,经理让大家等等,两个月后一起发。大家觉得反正都干了一个月多了,干到两个月再发工资也可以接受。

两个月后,公司差不多稳定下来,经理又去人才市场上招进来了一批人。这次经理很主动地把两个月的工资单给打了出来。张玲一看,她们的工资全变成了300元。张玲和她同学一起去问经理这是怎么回事,经理说她们6个人全都是以实习名义来到单位的,也没签协议,实习生本来是没工资的,但公司考虑到她们干得那么辛苦,所以才给每个人发300元的工资。

张玲她们这时才明白:公司根本就没有聘用她们的诚意,只是由于公司刚建立,要找几个廉价劳动力罢了。大家协议也没签,多说无用,只好愤愤不平地离开了公司。

案例分析

大学生在就业市场中属于弱势群体,在求职过程中,存在着各种各样可能的"陷阱"。因此,为了让毕业生能够顺利找到合适的职业和尽量避免不必要的损失,毕业生们还应该了解常见的就业"陷阱",并在求职过程中提高警惕,加强自我保护的意识。

(案例来源:编写组收集整理。)

第一节 就业协议

《全国普通高校毕业生就业协议》(简称就业协议书)是教育部统一制定,由省教育厅印制的具有法律效力的书面材料,也是明确毕业生、用人单位、学校三方在毕业生择业、就业工作中各自权利和义务关系的书面表达形式。就业协议书是毕业生与用人单位确立劳动关系的法律文书,也是明确当事人之间权利与义务关系的基本依据,是保障签约各方权利的合法依据,是毕业生办理就业手续的主要依据。因此,大学毕业生在签订就业协议时要严肃、慎重。

一、就业协议的作用

1. 就业协议是高校实施大学毕业生就业管理、编制就业计划的重要依据

国家为宏观控制大学毕业生流向,保障人才的补充,需要就业有一定的计划性。因此,学校要以就业协议为依据编制大学毕业生就业的建议性计划,报上级大学毕业生就业主管部门审批。同时,学校为了加强对大学毕业生就业工作的管理,维护大学毕业生和用人单位的合法权益,保持与用人单位的合作关系,维护高校自身的信誉,要参与就业协议的签订并监督执行。

2. 就业协议是大学毕业生就业和用人单位接收大学毕业生的重要依据

在大学毕业生就业制度中,为了合理配置劳动资源,充分发挥人才的作用,国家赋予了

大学毕业生自主选择工作的权利。同时，为了调动用人单位的积极性，国家把录用人才的权利赋予了用人单位。同样具有自主权利的双方，在国家就业政策的指导下，通过双向选择，达成一致意见，并以书面的形式确定下来，这就是签订就业协议书。因此，就业协议能够保护大学毕业生和用人单位各自的权益，同时也是大学毕业生就业和用人单位录用大学毕业生的重要依据。

二、就业协议的内容

就业协议书和就业协议是两个不同的概念，前者是记载协议内容的文本，后者是文本中的具体内容。就业协议的内容主要有以下几方面。

（一）规定条款

1. 签约各方共同遵守的规定

签约各方必须遵守国家的有关法律、法规和教育部的有关规定，坚持公开、公平、公正和诚实守信原则。不得采取欺诈、损人利己等不正当手段或做出违背诚实守信原则的不文明行为。

2. 毕业生应遵守的规定

毕业生应按国家和省毕业生就业政策规定就业，向用人单位如实介绍自己的情况，了解单位的用人意图，表明自己的就业意见，对用人单位的要求可在"毕业生对用人单位约定"一栏注明。

本条款要求毕业生在签订就业协议时，本人的情况应当符合就业政策的相关规定，毕业生要了解国家对毕业生就业工作的方针政策，同时应当遵守有关的程序规定，并实事求是地向用人单位介绍自己在德、智、体等方面的实际情况，表明自己的就业意向。在签订就业协议前，毕业生还应当了解用人单位对毕业生的用工意图和拟提供的工作岗位，并结合自己所学专业和实际情况综合考虑是否选择到该单位就业。如毕业生与用人单位在工作期限、劳动保护、工作条件、工资报酬、福利待遇及违约责任等方面是否有特殊约定，应在"毕业生对用人单位约定"栏注明并经用人单位盖章后生效。

3. 用人单位应遵守的规定

用人单位要如实介绍本单位的情况，明确对毕业生要求及使用意图，做好各项接收工作。凡取得毕业资格的毕业生，用人单位不得以学习成绩为由提出违约；未取得毕业资格的结业生若与用人单位签订本协议，用人单位应同时出具同意接收结业生的证明。用人单位对毕业生有其他要求可在"用人单位对毕业生约定"一栏注明。

用人单位与毕业生洽谈时，要如实介绍本单位的情况。应当将用人单位的工作地点、单位性质、生产规模、产品内容、工作条件和工作待遇，以及对毕业生所学专业的要求、具体的工作岗位等情况实事求是地向毕业生介绍，不得做虚假介绍，并应明确对毕业生要求及使用意图。毕业生与用人单位签订就业协议后，持《全国普通高等学校本、专科毕业生（毕业研究生）就业报到证》（以下简称报到证）到用人单位时，用人单位要做好接收毕业生的各项工作，如为毕业生办理人事关系、户口关系、档案关系的转入手续，介绍工作的具体安排，生活饮食住宿以及厂规、厂纪等方面的情况。

4. 学校的要求

本条款要求学校作为签约的一方要实事求是地向用人单位介绍毕业生的情况，做好推荐工作；同时学校要对毕业生与用人单位签订的就业协议进行审核。主要审核就业协议是否符合国家的有关政策和学校的规定。学校将符合政策规定的就业协议汇总报省毕业生就业主管部门审核批准后，列入就业方案下达给学校执行，由学校正式为毕业生办理就业手续并颁发报到证。

5. 体检要求

学校应在学生毕业前安排体检，不合格者不派遣，本协议自行取消，由学校通知用人单位。如用人单位对毕业生身体条件有特殊要求，原则上应在签订就业协议前进行单独体检，否则，以学校体检为准。

6. 履约和违约责任

本协议经各方签字、盖章后生效，三方都应严格履行本协议，若有一方提出更改，须征得另两方同意，由违约方承担违约责任。承担违约责任方式有：赔礼道歉、赔偿损失、支付违约金等。

7. 就业协议书的持有

本协议一式四份，毕业生、用人单位、学校、省毕业生就业主管部门各执一份，复印无效。此协议经见证后方可纳入就业方案，予以派遣。

本条款是对就业协议书的数量和持有人做了规定。同时指出，本协议书是不准复印的，否则视为就业协议书无效。

（二）签署意见与签字盖章

1. 毕业生的情况及应聘意见

这一部分内容必须由毕业生本人填写，毕业生的情况包括姓名、性别、年龄、民族、政治面貌、培养方式、健康状况、专业、学制学历、联系电话、应聘方式和家庭地址等。在"毕业生应聘意见"一栏中，由毕业生填写自己的应聘意见，毕业生应表明自己是否愿意到用人单位就业。

2. 用人单位的情况及接受意见

这部分内容由用人单位填写，其中包括单位名称、单位隶属、联系人、联系电话、单位性质和毕业生档案转寄详细地址等。在"用人单位意见"一栏内包括用人单位意见和用人单位上级主管部门的意见。

（三）用人单位对毕业生的约定和毕业生对用人单位的约定

这是为毕业生、用人单位双方共同约定的其他条款所设定的，毕业生与用人单位约定的条款不得违反国家法律法规和有关政策、不得违反学校的有关规定，且约定只在毕业生与用人单位之间产生效力，学校不应予以干涉。用人单位与毕业生的约定通常包括以下内容。

1. 试用期

试用期是用人单位和毕业生在建立劳动关系后为相互了解、选择而约定的考察期限。试用期的规定便于用人单位了解毕业生的全面情况，也有利于毕业生了解用人单位的情况。按照《劳动合同法》规定，试用期最长不得超过 6 个月，试用期不可延长。试用期满，毕业生符合录用条件的可以转正，不符合录用条件的则可以解除劳动关系。

2. 劳动保护和工作条件

这是对用人单位设定的义务条款。毕业生可以按照相应的法律规定，与用人单位约定具体的工作条件及相应的劳动保护。用人单位为毕业生提供的工作条件和劳动保护应当符合国家有关法律规定。同时，毕业生也应遵守相关法律规定，不得向用人单位提出无理要求。

3. 工资报酬和福利待遇

此条款是对毕业生履行劳动义务后应享受的劳动成果的约定，同时也是用人单位依法支付毕业生工资、奖金等方面的约定。这既是毕业生的权利条款，同时也是用人单位的义务条款。

4. 违反就业协议的责任

该条款强调毕业生和用人单位必须履行就业协议规定的义务并对违约承担相应责任。

5. 就业协议终止的条件

签约双方认为需要增加的约定条款，如毕业生升学的处理方法；工作后是否可以继续升学；毕业生调离用人单位的条件等约定。

（四）学校审核意见

学校审核意见包括院系意见和学校意见。院系意见是毕业生所在学校的基层初步审核意见，院系在就业协议书中签署意见并签字盖章。学校意见是学校对就业协议进行实质性审核，在就业协议书上签署意见并签字盖章。

三、就业协议的注意事项

就业协议是毕业生就业环节中的重要一环，大学生在签订就业协议前应当对就业协议有一个准确的了解。

（一）就业协议签订的原则

1. 诚实守信原则

诚实守信是一项属于社会道德的原则。在签订就业协议时，各主体方都要诚实、守信，任何一方不得有欺诈行为，比如用人单位的毕业生工作岗位、薪酬待遇兑现，毕业生对用人单位如实说明自己的主修专业以及参加更高一级学历教育的入学考试或报考公务员等方面的情况等。

2. 主体合法原则

签订就业协议的当事人必须具备合法的主体资格。对毕业生而言，就是必须取得毕业资格，如果学生在办理就业手续时未取得毕业资格，用人单位可以不予接收而无须承担法律责任。对用人单位而言，必须具有从事各项经营或管理活动的能力，单位应有录用毕业生计划和录用自主权。否则，毕业生可解除协议而无须承担违约责任。对高校而言必须要发挥监督作用，对签约双方的主体资格进行审查。

3. 平等协商原则

就业协议的双方在签订就业协议时的法律地位是平等的，一方不得将自己的意志强加给另一方。学校也不得采用行政手段要求毕业生到指定单位就业（不包括有特殊情况的毕业生），用人单位亦不可在签订就业协议时要求毕业生缴纳过高数额的风险金、保证金。双方当事人的权利义务应是一致的。除就业协议书规定内容外，双方如有其他约定事项可在双方约定栏目内加以补充确定。

（二）就业协议签订的程序

① 要约。毕业生持学校统一印制的就业推荐表参加各地供需洽谈会（人才市场）进行双向选择，或向各用人单位寄发书面材料，应视为要约邀请，用人单位接收到毕业生材料，对毕业生进行考察后，表示同意接收并将回执寄到高校毕业生就业指导部门或毕业生本人，应为要约。

② 承诺。毕业生收到用人单位接收函或得到用人单位答复后，从中作出选择，与用人单位签订协议，即为承诺。

③ 毕业生和用人单位达成协议并在就业协议书上签名盖章，用人单位应在就业协议书上注明接收毕业生档案的准确名称、地址和邮政编码。

④ 用人单位招聘如须经主管部门同意，则应报上级主管部门批准。

⑤ 用人单位或毕业生将签订的协议书送（寄）到学校毕业生就业指导部门。

⑥ 学校审核同意后，应上报就业主管部门并及时将就业协议书反馈给用人单位和毕业生。

（三）就业协议填写说明

① 毕业生一定要实事求是地填写就业协议书中的个人基本信息。其中毕业生的专业应与将来毕业证上的专业名称一致，不能只填写辅修专业。

② 用人单位要详细地填写单位相关信息，用人单位名称一栏在填写时要与所盖公章一致，不能用简称，否则将造成报到证上单位名称打印错误，从而影响毕业生人事关系、户口等手续的顺利办理。

③ 用人单位档要将档案转移单位、地址、邮政编码填写详细，这项内容不填或填写有误，将影响毕业生档案材料的安全顺利转移。

④ 与无人事自主权的用人单位签订就业协议，或单位虽有人事自主权，但并不接收毕业生的人事档案关系，要由人事代理部门代理毕业生档案户口关系的，就业协议书的上级部门意见一栏必须有人事代理机构签署的意见，同意接收毕业生的人事档案关系。

⑤ 关于升学问题一定要在就业协议书中注明。应届毕业生收到升学（考研、升本）录取通知往往滞后于单位录用通知。因此，在签订就业协议书时，毕业生要注明是否参加升学考试，如果毕业生参加了升学考试，用人单位要在协议书上签署是否同意升学就读意见。

⑥ 对服务期限、工作岗位、福利待遇等内容，可在签订劳动合同前，由用人单位与毕业生之间协商决定是否写入就业协议书。

⑦ 明确违约责任。违约责任是指协议当事人因过错而不履行或不完全履行协议规定的义务和应承担的法律责任，它是保证协议履行的有效手段。签订就业协议书时，在"备注"中要明确就业协议书的违约情形及违约方应负的责任，避免违约时因事先未明确约定责任而引发纠纷。

（四）签订就业协议的注意事项

就业协议明确了学校、毕业生和用人单位三方的权利和义务，具有法律约束力，也涉及毕业生的切身利益，因而毕业生在签订就业协议时应注意以下几个问题，以切实维护自身在就业过程中的合法权益。

1. 认真地了解和掌握国家和省、市有关就业的相关政策和法律规定

国家和地方有关毕业生就业的政策和法律规定是毕业生明确择业方向、选择择业范围、确立劳动关系的依据,毕业生从中了解自己在择业和就业过程中可以做什么、不可以做什么以及怎样去做。例如,关于择业期内户口、档案的迁移及保管等政策规定。

2. 慎重签订就业协议

毕业生在与用人单位签订就业协议前,要认真阅读协议书中的全部条款,特别要清楚用人单位提出的附加条款的内容和含义,应学会运用协议条款维护自己的合法权益,掌握签订就业协议的具体步骤和程序。为此,毕业生在签订就业协议时,应当做到以下几点。

(1) 查明用人单位的资质。签订就业协议的当事人必须具备合法的主体资格。一般而言,用人单位应具有依法从事各项经营或管理活动的资格和能力,并应有录用指标和录用自主权。

(2) 按规定的程序签订协议。毕业生应通过与用人单位洽谈,并在双方意见一致后与用人单位签订就业协议,然后上交学校就业管理部门审核。

(3) 有关条款的内容必须明确。就业协议一般由国家或省级就业主管部门事先拟定。毕业生与用人单位经协商,如确有必要进行补充或增加,可以在就业协议中增加相应内容,但应该注意语言规范,内容明确,不应产生歧义,特别是协议中涉及福利待遇、工作期限、违约责任等条款必须规范明确。否则,一旦发生争议不利于双方合法权益的保护。

(4) 注意将就业协议与劳动合同相衔接。大学毕业生在择业中和就业后,先后与用人单位签订就业协议和劳动合同,两者既有联系,又有区别。由于就业协议签订在先,为避免此后订立劳动合同时产生纠纷,应尽可能将劳动合同的主要内容体现在就业协议的约定条款中,并明确规定此后订立劳动合同时应予确认。

(5) 就业协议的解除条件可事先约定。就业协议一经订立,就对当事人具有约束力,任何一方不得随意解除。否则,应承担违约责任。

3. 注意所约定条款的合理性和可接受性

目前高校毕业生使用的就业协议书是由教育部统一印制的,由于地区之间、用人单位之间存在着差异和各自不同的情况,就业协议书中不可能规定得很全面、详细,许多内容要靠毕业生与用人单位约定,然后备注。但是,毕业生在与用人单位进行约定的时候要注意:约定条件是否合理;约定的条款毕业生本人能否接受(例如对于违约问题,有的用人单位约定的违约金数额过高,使学生难以接受);毕业生与用人单位约定的备注条款,要注意必须有毕业生与用人单位双方的签字,否则当发生争议时,由于没有双方签字,备注条款很难发生作用。

4. 签订就业协议书后须承担的责任

(1) 守信。就业协议书一经签订便视为生效合同,不能随便更改。所以,毕业生必须遵守协议。如果万不得已要单方毁约,就必须在规定的时间内征得原签约单位的同意,经学校毕业生分配主管部门批准,方可列入计划派遣。

(2) 签订协议后的毕业生仍需努力学习。通过各种方式了解签约单位的生产、工作情况,做好相应的准备,以提高上岗适应性。

(3) 要加强思想品德和职业道德修养。遵守校纪校规,顺利完成学业,以示对用人单位

负责。否则，学校可视情况如实向用人单位反映，取消所签订协议或取消其派遣资格，责任由其本人承担。

（五）就业协议的解除

1. 就业协议解除的种类

就业协议的解除分为单方解除和双方解除。

① 单方解除包括单方擅自解除和单方依法或依协议解除。单方擅自解除协议属违约行为，违约方应对另两方承担违约责任。单方依法或依协议解除是指一方依法或依协议解除就业协议，如学生未取得毕业资格，用人单位有权单方解除就业协议；或依协议规定，如毕业生考取研究生后，可解除就业协议，等等。此类解除各方无须承担法律责任。

② 双方解除是指毕业生、用人单位经协商一致取消原订立的协议，使协议不发生法律效力。此类接触应是双方当事人真实意见一致的体现，双方均不承担法律责任。解除就业协议应办理解约的相关手续，在办理完解约手续后，毕业生才可以重新择业。

2. 就业协议解除的程序

就业协议生效后一般不允许解约。但因特殊情况，其中一方提出解约，须经过另两方同意后方能办理解约手续，如解约行为给另一方造成损失，应承担相应责任。办理违约的程序是：

① 原签约单位出具同意解约的公函（简称"退函"），它体现对用人单位或毕业生的知情权的尊重。退函要注明解约的原因，以确认违约方的责任。

② 毕业生持单位退函（若毕业生解约，同时持有本人的解约申请书，注明申请事由及是否愿意承担违约责任等），到学校就业主管部门审核批准后，换发新的就业协议书。

（六）就业协议的争议解决

就业协议一经毕业生、用人单位、学校签署盖章后即具有法律效力。毕业生和用人单位都应认真履行协议，任何一方不得擅自解除。否则，违约方须向权利受损方支付协议条款所规定的违约金，并承担相应的法律责任。实践中，通常引起就业协议争议的主体是毕业生和用人单位。对于违约责任的确定，应结合就业协议双方的特殊主体及当前的就业环境，遵循公平原则为主，适当考虑保护相对处于弱势地位的毕业生一方。

1. 明确违约责任

（1）毕业生违约。从实际情况来看，就业协议违约多为毕业生违约。违约是毕业生的一项权利。也就是说，毕业生与用人单位签订就业协议书后，由于某些特殊的原因和情况，毕业生已不适合到已签订的用人单位工作，毕业生本人是可以提出违约的。但是，违约权利的行使要依照就业协议书中违约条款的规定进行。因为违约条款对违约的行为有约束，毕业生违约必须遵守违约条款，不能随便违约。毕业生违约，除本人应承担违约责任、支付违约金外，往往还会造成其他不良后果，主要表现在如下。

① 用人单位花费了大量人力、物力、财力，通过参加人才交流会等方式完成了招聘工作，录用人员的后期工作也已考虑、安排，一旦毕业生违约，用人单位前期一切工作付诸东流，需要另起炉灶，造成工作被动。

② 用人单位往往将毕业生的违约当成是学校管理不严，影响学校和用人单位长期合作关系，以后可能不会再到学校挑选毕业生。现在买方市场竞争激烈，没有需求也就没有毕业

生的就业。随着高校扩招,毕业生将成倍增加,学校作为签字方之一不会为极个别人的利益影响到明年乃至今后就业工作的整体利益和声誉。

(2)用人单位违约。用人单位发生不可抗力或出现致使就业协议全部或部分条款无法履行的其他情况,如企业迁移、被兼并、企业资产转移、部分工作岗位取消等,用人单位提出解除协议。用人单位单方撤销就业协议,使毕业生不仅失去了来之不易的工作,而且也错过了再找工作的好机会,蒙受了巨大的损失。因此,用人单位应当承担相应的违约责任,向毕业生进行赔偿。另外,采取欺骗等违法手段签订的就业协议无效,如用人单位未如实介绍单位情况,根本无录用计划而与毕业生签订就业协议。无效协议产生的法律责任应由责任方承担。

2. 就业协议争议的解决方法

目前,关于大学毕业生就业协议争议问题时有发生,国家和各省还没有明确的法律规定。在实践中解决争议的主要方法如下。

① 毕业生与用人单位协商解决。这种办法一般适用于因毕业生的缘故引起的争议。当违约责任在毕业生一方时,毕业生应采取主动的态度,坦诚、真挚地向用人单位道歉,争取到用人单位的理解和原谅,从而达成新的意向。

② 由学校或当地省、市毕业生就业主管部门出面与用人单位协调,常用于因用人单位的缘故而引起的争议。毕业生在就业市场中势单力薄,同用人单位交涉难度较大。而如果能由学校及上级部门领导出面帮助协调,往往更有利于在短时间内得到令人满意的结果。

③ 法律诉讼。对协调不成的,毕业生可以在法定期限内直接向有管辖权的人民法院起诉,由法院依法裁决。

(七)就业协议及签约管理规定

为了进一步完善学校毕业生就业工作,依据教育部、省教育厅相关文件以及学校出台的《关于进一步规范毕业生面试、签约管理工作的通知》《关于进一步加强毕业生面试、签约管理工作的通知的补充说明》《就业协议及签约管理补充规定》等精神,对有关毕业生就业面试、协议签订等事宜规定如下。

① 毕业生面试前需充分掌握用人单位招聘信息,有意向者须参加用人单位宣讲会,并尽量提前和家长进行沟通,最终确定是否参加面试。

② 为方便毕业生准确了解和掌握就业签约情况,通过就业网上公布用人单位录用名单,相关毕业生可以在网上查询招聘结果。

③ 毕业生需认真准备应聘材料,充分做好面试、签约准备,特别是将一式四份协议书中"毕业生情况及应聘意见"填写清楚,书面申明应聘意见。所有毕业生参加用人单位的招聘原则上须携带学校印发的推荐表、协议书以及其他就业材料前往,并确保相关材料真实有效。

④ 根据国家"双向选择"相关规定,如毕业生面试后不想与用人单位签约,应在该单位确定录用名单之前明确告知;未签约毕业生参加学校招聘会被用人单位确认录用后不事先告知用人单位而无正当理由拒签协议,主管部门将其列入拒签名单予以公布;对于不履行协议毕业生和已签约毕业生,主管部门有权建议用人单位不予录用,由此出现的后果由毕业生本人承担。

⑤ 学院责成专人负责将用人单位接收的录用通知及时传达至相关毕业生,指导其签署

就业协议,并做好毕业生诚信教育,切实规范就业秩序、维护毕业生和用人单位权益;毕业生在用人单位确定接收录用后,应及时配合用人单位和主管部门做好签约后续工作。

⑥ 原则上不允许毕业生拒签就业协议。如毕业生经用人单位面试筛选后,确定为签约人员且用人单位要求当场签约,毕业生应在招聘现场将就业协议书交给用人单位;如果用人单位未当时确定录用人选,而在之后将接收名单通知至学校,主管部门将在第一时间通知毕业生所在学院,并责成学院在规定时间内将相关就业协议书送交主管部门统一邮寄到签约单位。被录用毕业生不得以任何理由拒绝送交就业协议书,违反者按照第④条处理。

⑦ 学校视用人单位接收录用通知与就业协议书具有同等效力。主管部门在接到用人单位正式接收录用通知后,即视为相关毕业生已正式就业。对于因个人原因拒绝上交协议的签约者,仍将据此制订派遣计划,并同时宣布原协议书作废。如毕业生执意不履行协议或不报到,参照违约相关规定办理,违约责任由毕业生本人承担。

⑧ 属于用人单位原因需要违约的,先由毕业生向就业部门提出申请,经学校就业部门与用人单位沟通核实并待对方出具正式函件后方可办理违约手续。

⑨ 以上规定由学校相关主管部门负责解释。

(八) 就业协议与劳动合同

就业协议书的法律效力如何?就业协议书和劳动合同哪个管用?应届大学毕业生与用人单位签订的就业协议是学校、用人单位、毕业生三方签订的协议。在这个协议里,学校只起到见证和管理的作用,签订协议的主体还是用人单位和大学毕业生。协议书自双方签字后发生法律效力,学校是否盖章、签字并不影响协议的法律效力。因此受协议书约束的是用人单位和大学毕业生,而不包括学校。在大学毕业生到用人单位报到之前,就业协议书是一份约束用人单位和大学毕业生的民事合同,受《中华人民共和国合同法》(以下简称《合同法》)调整,双方都应该遵守协议书规定的权利、义务、责任。如果大学毕业生与用人单位签订了劳动合同,双方就受劳动合同的约束,就业协议书自动失效。如果双方没有签订劳动合同,那么自大学毕业生到用人单位工作之日起,协议书就被视为一份简单的劳动合同,受《劳动法》调整并继续有效。

当就业协议书与劳动合同约定的内容冲突时,用人单位应与大学毕业生在协商的基础上调整冲突。如果协商不成,导致双方不能签订劳动合同,大学毕业生不能按时、正常到用人单位工作,可以依据就业协议书的约定向用人单位主张违约责任。

第二节 就业流程

就业流程是贯穿就业始终的基本程序,在毕业生求职过程中,做到对就业流程的掌握,可以做到未雨绸缪。

一、就业工作基本程序

毕业生就业工作基本程序是指毕业生从毕业前的各项准备到毕业后去派遣单位(或生源地区)报到期间的一般过程。就业工作基本程序包括就业主管部门的工作程序、用人单位的招聘程序，同时也包括毕业生求职择业过程中应遵循的合理工作过程。了解毕业生就业基本程序，有助于毕业生顺利办理就业有关手续。

（一）毕业生就业主管部门的一般工作程序

① 总结当年毕业生就业状况、制定毕业生就业政策、确定年度就业工作实施意见及日程安排。

② 省毕业生就业主管部门和各高校对毕业生资格进行审查、统计、汇总和向社会公布毕业生资源信息。

③ 省毕业生就业主管部门、高等学校对应届毕业生进行就业指导与教育。

④ 组织"供需见面""双向选择"活动。每年10月至下一年的5月，各级就业主管部门将通过高校毕业生市场，采取多种形式举办毕业生和用人单位的"供需见面、双向选择"的洽谈活动，为毕业生求职择业创造条件、提供服务。供需双方达成一致即可签订《全国普通高等学校毕业生就业协议书》。

⑤ 订制毕业生就业方案。毕业生与用人单位"双向选择"，学校将毕业生与用人单位签订生效的就业协议书（或学生已经落实就业单位的有关证明）作为已经落实的就业建议方案，在规定时间内报省毕业生就业主管部门。

⑥ 毕业生就业派遣工作。每年大学生毕业前，由省毕业生就业主管部门按照毕业生就业方案集中办理省内高校毕业生报到证和有关派遣手续。一般从6月下旬开始根据就业方案为毕业生办理离校手续。

⑦ 毕业生报到与接收。已落实就业单位的毕业生，在规定时限内持报到证到工作单位报到，用人单位凭报到证并按当地有关要求和规定办理接收手续和户口关系。

⑧ 回生源所在地二次就业的毕业生继续通过人力资源市场落实就业单位。在此期间，在本地区找到工作单位的，由当地就业主管部门办理派遣手续；如果在生源地之外地区找到工作单位的，经生源地区毕业生就业主管部门签署意见后仍可经毕业院校所在地区的省级毕业生就业主管部门办理改派手续。

（二）用人单位招聘、录用毕业生工作的一般程序

① 用人单位确定当年需要毕业生的岗位、人数、条件，根据要求制订详尽的招聘计划，并按毕业生就业主管部门要求进行需求信息登记。

② 向毕业生发布需求信息。主要渠道有：主管高校毕业生就业的政府部门；各级人才中心；高等学校毕业生就业主管部门（如：学生处、就业指导中心、毕业办等）；用人单位自己的网站和专业性就业网站（如辽宁省高校毕业生就业信息网、中华英才网、智联招聘网等）；电视、报纸、广播等新闻媒体。

③ 进入校园招聘。有的单位直接到高校举办专场招聘会，介绍单位的发展建设情况、人才需求情况及发展机遇、用人制度及有关具体招聘事宜，也有的单位通过参加高校举办的各种形式的校园招聘活动与学生进行直接的接触。

④ 搜集毕业生信息。主要渠道有：从省、市毕业生就业主管部门和高校就业工作部门获取毕业生信息；参加供需洽谈会搜索毕业生信息；通过网站搜集毕业生信息；通过学生的自荐获取毕业生信息；通过报纸、杂志上毕业生所登记的"求职广告"搜集毕业生信息等。

⑤ 分析毕业生信息资料，对毕业生进行初选，并进一步组织考试、考核（笔试、面试），确定录用毕业生名单，与达成意向的毕业生签订就业协议。

⑥ 接收报到的毕业生，办理户口和档案接收手续，组织毕业生入职培训，安排职业岗位。

(三) 毕业生自身的求职择业程序

毕业生求职择业程序可以分为三个阶段，即准备阶段、求职择业阶段和落实用人单位阶段。

1. 准备阶段

了解国家和省、市有关毕业生就业政策。全面搜集、掌握需求信息，对用人单位的行业发展和单位状况全面了解，确定择业目标。客观、理智地进行自我分析，包括对个人的性格、气质、兴趣、爱好、特长、能力水平、专业知识、职业理想等特征的认识，确定切实可行的择业目标。同时准备自荐材料，自荐材料一般包括：学校推荐表、个人简历、求职信以及相关的辅助证明材料等，做好面试准备。

2. 求职择业阶段

毕业生可以通过有选择地参加招聘活动，与用人单位进行双向选择，用人单位经过初选后，会向通过者发出通知，然后进入到下一个考核阶段。

3. 落实用人单位阶段

求职成功后，要与用人单位签订由教育部统一制定的就业协议书（一式四份）。一旦签订协议，并经学校、政府毕业生就业主管部门鉴证审核后，编入当前的毕业生就业方案，毕业生要在学校规定时间内到学校领取报到证，办理离校手续，按照报到证规定的期限和指定的地点去就业单位报到。

(四) 机关单位招聘的基本程序

我国机关单位包括各级党政机关、人大、政协、法院、检察院、群众团体机关等。现阶段，这些机关单位在招聘工作人员时基本上都是参照公务员的招考办法同期进行。

1. 国家公务员招聘办法

国家公务员一般是指政府机关工作人员，即在各级国家行政或党务机关依法行使行政权、执政国家公务的在职人员（不包括工勤人员）。按照《中华人民共和国公务员法》的有关规定，机关单位公务员的聘用实行凡进必考的录用原则；录用担任主任科员以下及其他相当职务层次的非领导职务公务员，采取公开考试、严格考察、平等竞争、择优录取的办法。民族自治地方依照前款规定录用公务员时，依照法律和有关规定对少数民族报考者予以适当照顾。录用公务员，必须在规定的编制限额内，并有相应的职位空缺。

2. 国家公务员的招考程序

中央机关及其直属机构公务员的录用，由中央公务员主管部门负责组织。地方各级机关公务员的录用，由省级公务员主管部门负责组织，必要时省级公务员主管部门可以授权设区的市级公务员主管部门组织。招录国家公务员的一般程序如下。

① 招录机关发布招考公告，说明招考的职位、名额、报考资格条件，报考需要提交的申请材料以及其他报考须知事项。

② 招录机关根据报考资格与条件对报考人员的报考申请和资格进行审查。

③ 对审查合格者公开组织笔试。考试内容根据公务员应当具备的基本能力和不同职位

类别分别设置，主要有《行政职业能力倾向测试》和《申论》两个科目。
④ 招录机关对考试合格者进行面试。
⑤ 招录机关根据笔试、面试的考试成绩确定考察人选，并对其进行报考资格复审、考察和体检。
⑥ 招录机关根据考试成绩、考察情况和体检结果，提出拟录用人员名单，并予以公示。
⑦ 公示期满，中央一级招录机关将拟录用人员名单报中央公务员主管部门备案；地方各级招录机关将拟录用人员名单报省级或者设区的市级公务员主管部门审批。
⑧ 省（市、区）和学校毕业生就业主管部门依毕业生与招录机关单位签订的就业协议编制就业方案，按有关规定，办理毕业生派遣手续。

按照法律规定，录用特殊职位的公务员，经省级以上公务员主管部门批准，可以简化程序或者采用其他测评办法。同时，对于新录用的公务员实行一年的试用期。试用期满合格的，予以任职，不合格的，将取消录用。

（五）事业单位招聘毕业生的程序

国有事业单位一般是国家在政府机构之外设置的带有一定公益性质的机构，是为国家党政和国民经济、社会生活各个领域服务的，为国家创造和改善生活，增进社会福利，满足人民文化、教育、科学、卫生等方面需要的单位，通常包括教育、科研、文化艺术、广播电视新闻、医疗卫生、体育、农林水利、综合技术服务和社会福利等单位。事业单位大多是以脑力劳动为主体的知识密集型组织，其主要职能是利用科技文化知识为社会各方面提供服务，因此专业技术人员是事业单位的主要构成人员，此外还有部门管理人员和工勤人员。

1. 事业单位的招聘方法

按照人事部制定的《事业单位公开招聘人员暂行规定》的有关要求，除了参照公务员制度进行管理和转为企业的事业单位外，事业单位招聘专业技术人员、管理人员和工勤人员，主要采取公开招聘的方法，由用人单位根据招聘岗位的任职条件和要求，采取考试、考核的办法进行。

考试内容主要是招聘岗位所必需的专业知识、业务能力和工作技能。考试科目与方式根据具体的行业、专业及岗位特点来确定。考试可采取笔试、面试等多种方式。对于应聘工勤岗位的人员，还可根据需要重点进行实际操作能力测试。

2. 事业单位的招聘程序

① 制订招聘计划。
② 发布招聘信息。
③ 受理应聘人员的申请，对资格条件进行审查。
④ 考试、考核。
⑤ 身体体检。
⑥ 根据考试、考核结果，确定招聘人员。
⑦ 公示招聘结果。
⑧ 签订聘用合同，办理聘用手续。

（六）部队单位招聘毕业生的程序

1. 部队单位的招聘办法

部队单位既包括中国人民解放军的陆军、海军、空军、战略导弹部队和其他技术兵种，也包括为其提供支援、服务的机关单位，还包括武警、边防等多种类别的人民警察部队。部队单位作为一种比较特殊的用人单位，由于其担负着维护国家主权与领土完整、维护世界和平、保障社会正常生产与生活秩序的重要职责，因而对应聘者的政治素质要求较高，其招聘毕业生的方式除了通过制订定向招生计划，招收定向到部队就业的国防生之外，主要是通过校园招聘和政府招聘方式。

2. 部队单位的招聘程序

① 确定选拔计划，公布选拔人员与条件。
② 接受毕业生报名和学校推荐。
③ 确定初选名单并开展考查，包括查阅档案、听取有关人员的介绍、政审等。
④ 确定录用名单，填写"入伍资格审查表"，安排入伍军检。
⑤ 与考查合格学生签订就业协议书，并报原总政治部。
⑥ 原总政治部下达接收毕业生计划，确定其工作岗位。

（七）就业工作基本流程

学校就业派遣有着严格的工作流程，为了确保广大毕业生能够顺利到用人单位报到，对落实档案、户口、组织关系等相关事宜做到心中有数，积极配合，早做规划，现以一个学年为周期，掌握有关毕业生就业工作流程和就业工作日历。

1. 生源审核

核实毕业生生源情况，建立毕业生生源数据库。生源信息是毕业生资源信息中一项重要内容，在每年最终派遣计划生成后，主动申请回生源地的毕业生、未签署就业协议的毕业生，以及申请调整就业去向未获批准的毕业生，全部凭回生源地的报到证，到生源所在地市人事局报到。因此，如不能正确判断个人生源地或错误上报生源地信息，将导致毕业生档案投递错误，或因多次往返寄送增加档案丢失的概率，还会造成毕业生户口迁出后在规定的时间内无法落户，出现所谓的"黑户"的情况。因此毕业生要掌握确定生源地的方法，并向学校提供相关材料。

2. 就业准备

制作相关求职材料、填写毕业生推荐表、协议书，进行毕业生体检等综合测评；申请评选优秀毕业生；填报《毕业生生源信息总览》和《毕业生生源信息》；通过学校、网络、报纸、新闻、微博、微信平台了解有关就业政策和掌握就业技巧。

3. 信息搜集

广泛搜集有效就业信息，积极参加校内外、省内外各类招聘会或网络招聘活动，为充分求职创造有利条件。

4. 签约协议

经双向选择后，毕业生与意向单位达成共识，签订就业协议；提前到用人单位参加实习或培训。

5. 审批就业计划

编制就业方案并上报省大学生就业局（辽宁省已经建立了就业信息定期报告制度，省内各高校要定期报送本校毕业生具体的就业信息）。

6. 离校

填写毕业生登记表、体检表等离校信息;学校就业主管部门到省就业局办理毕业生报到证。

二、就业派遣注意事项

根据教育部规定,地方主管毕业生调配部门和高等学校按照国家的有关政策派遣毕业生,派遣毕业生统一使用报到证。

就业派遣,从传统理念来说,表面上只是报到证的打印和签发。随着高等教育大众化以及高校毕业生就业市场化,就业派遣的内涵除了报到证的打印和签发之外,还包括对就业政策的理解、就业信息的收集和报送、就业率的统计等。就业派遣与毕业生的切身利益紧密相关。在就业派遣的环节中报到证、档案、党组织关系转移、户口迁移是大学生密切关心的问题,下面逐一展开分析。

(一) 报到证

报到证由教育部印制,并由教育部授权各省(直辖市、自治区)主管普通学校毕业生就业调配部门审核签发(报到证分上下两联,上联交毕业生本人报到使用,下联由学校装入毕业生档案),是只有列入国家或省毕业生就业方案的普通高校毕业生才能持有的有效报到证件。

通过国家普通高等学校统一招生考试而被录取的,在校期间成绩合格准予毕业的毕业生,与用人单位签订就业协议书(或回生源地就业)的,经学校毕业生就业主管部门汇总、审核后,纳入省高校毕业生就业方案,由省毕业生就业主管部门签发报到证,毕业生持报到证到接收单位或生源地毕业生就业主管部门报到并办理有关手续。在择业两年内,符合上述条件的毕业生均可申请办理报到证。

1. 报到证的作用

报到证是到接收单位报到的凭证;证明持证毕业生是纳入国家普通高等学校统一招生考试而被录取的学生;凭报到证及其他有关材料办理迁移毕业生人事档案、户口关系(入学时没有办理户口迁移关系的毕业生如在异地就业,持报到证办理户口迁移手续)。毕业生到接收单位报到后,报到证是新单位接收的重要依据之一。

2. 报到证的形式和内容

一份报到证由正、副两联组成:正联(蓝色)由学校就业工作部门发放给学生个人,副联(白色,也叫通知书)连同档案由学校就业工作部门寄至报到证开具的接收部门。

报到证的具体内容主要有:学生个人基本资料(姓名、性别、毕业院校、专业、学历、修业年限)、接收单位名称、报到地址、档案材料寄送方式、报到期限和备注等。毕业生报到的期限原则上为一个月。

(二) 毕业生档案

毕业生档案是学生在校期间各方面表现的记录,是学校对学生进行管理考查的重要依据。为了充分发挥档案在学生管理中的作用,使学生档案管理工作达到规范化、制度化和标准化,各级组织人事部门都有统一的规定和要求,毕业生档案管理工作要贯彻"为人事工作服务,为经济建设服务"的基本方针,并实行统一管理,以便更好地了解、考查和培养学生,为毕业后用人单位的选聘录用起到积极的作用。因此,属于档案内的材料必须完整无缺。

1. 档案的定义

档案包括所有保留价值的各种介质的实物材料,这里是指个人人事档案,学生档案就是学生在校学习期间德、智、体、美、劳等方面的客观反映,是用人单位考察和录用毕业生的重要参考材料之一,也是毕业生进入单位后定级、增资、提职、调动乃至将来退休的重要依据。因此,档案材料对于每位毕业生而言都是非常重要的。

依据相关规定,档案原则上不允许本人接触,所以,档案的转接都是各档案管理部门之间直接转递,不能由非档案管理人员携带转交,更不能由本人保存或转交。

2. 档案的作用

档案的作用主要体现在为用人单位人力资源部门选聘和调配使用人员提供重要依据。档案是个人经历、思想品德、学习业务能力和工作表现的历史真实记录,通过档案可以清楚地熟悉和了解一个人过去各方面的表现。档案也是毕业生享受相关人事、劳动、社会保障服务(如办理社会保险、失业保险)等的重要凭证。另外,个人档案记录的工龄、工资、福利待遇、担任职务及社保参保年限等对每个人来说都至关重要,所以对档案的保管、使用不能忽视。

3. 档案材料的主要内容

档案材料包括高中材料(学籍、思想品德鉴定、高考等材料)、大学材料(学生登记表、奖惩决定、成绩单、学位证明、思想品德鉴定、毕业生登记表等)、党团材料、诚信记录(还贷记录等)、就业材料(体检表、报到证)及其他一些有必要装入档案袋内的相关材料。

4. 档案去向

档案去向主要分为以下几种情况。

① 已经签约的毕业生,其档案按就业协议书上规定的档案转递单位转递。

② 升学继续深造的毕业生,其档案转至即将入学的学校或科研单位;出国的毕业生,要将档案转至生源地毕业生就业主管部门的档案管理部门。对出国留学的毕业生,其档案也可转至教育部留学服务中心留学人员档案室。

③ 灵活就业或待就业毕业生,其档案可转至生源地毕业生就业主管部门,毕业生在落实具体单位后,再由生源地毕业生就业主管部门进行二次派遣,将档案调入所在单位。

5. 档案转递的要求

档案必须通过机要局寄往档案接收单位。单位工作人员来学校调档或阅档时,必须由单位出具证明,查看并记录工作人员的证件。档案不能由毕业生自己提取。档案转递具体可分成如下几种情况:

① 已经签约就业协议的毕业生,其档案由学校集中发往用人单位或用人单位指定的存档机构。

② 签订就业(人事)代理协议的毕业生,其档案由学校直接邮寄或送往代理机构。

③ 未签订就业协议书且回生源地的毕业生,其档案可由学校直接寄发到毕业生所在地的人力资源和社会保障局或教育局。

(三)党组织关系

1. 党员组织关系转移注意事项

党员组织关系转移注意事项如下。

① 党员组织关系介绍信是党员政治身份的证明,是党员变动组织关系的凭证。

② 毕业生要与接收党员组织关系的单位组织部门联系,核实接收党员组织关系的党组织名称。

③ 所去单位党组织机构不健全的,可将党组织关系转移到所去单位上级主管部门的党组织或者单位所在地或居住地或区县级以上人才服务机构的党组织。党员组织关系转到区县级以上人才服务机构,首先要办理人事代理;转到本人或父母居住地党组织的,要征得对方同意。

④ 认真核准党员组织关系介绍信上的隶属党组织名称、姓名、性别、年龄、民族、是否正式或预备党员、身份证号码、接收党员组织关系的单位、党费交至何月以及联系电话和所在党委通信地址是否正确,并注意接转党员组织关系的有效时间,确保准确无误。

⑤ 一定要妥善保管党员组织关系介绍信,不得涂改、不能遗失。

⑥ 到工作岗位后,应持党员组织关系介绍信尽快同党组织联系,务必在规定的有效期限内结转党员组织关系。需逐级接转的党员组织关系应逐级结转。无正当理由超过6个月未参加过组织生活、未缴纳党费的党员将按《中国共产党章程》受到处理。

2. 团员组织关系转移注意事项

团员组织关系转移注意事项如下。

① 团关系转移,包括团员组织关系转移介绍信、入团志愿书、团员证的转移。

② 已经有工作单位的毕业生,团关系转移介绍信直接转到工作单位团委;暂时没有找到工作的,团介绍信转移单位可暂不填写。

③ 团员证必须由团支部填清毕业生团关系转入、转出时间,每学期团员注册时间,加盖团委同意注册章。

④ 入团志愿书通过毕业生档案转递。

(四)户口迁移

入学时户口迁至学校的毕业生,离校前还须办理户口转移手续,将户口迁至用人单位所在地或生源地。一般由学校户籍管理部门统一到辖区公安机关按规定办理户口迁移证,再发放给毕业生本人,领到户口迁移证后,毕业生应仔细核对并妥善保管,不要污损,更不能丢失;有错漏不要自行修改,否则作废。

入学时户口未迁至学校的毕业生,离校后,可以根据自己的需要和用人单位的要求,持报到证、就业协议书及用人单位所在地的毕业生就业主管部门的签证材料到户口所在地派出所自行办理户口迁移手续。

毕业生到户口迁入地公安机关落户时,要同时携带户口迁移证,办理集体户口的还要携带工作单位或相关部门的证明。

三、就业改派注意事项

毕业生的调整改派,是指在学校上报就业方案及主管部门核发报到证后,毕业生正式报到前进行单位和地区调整的一种做法,通俗地说,即指将派到原单位的报到证、户口迁移证和档案等人事关系重新派到新接收单位或其上级人事主管部门。

(一)申请改派的条件

根据《高等学校毕业生就业后调整办法》,符合下列条件之一的毕业生可提出调整工作单位的申请：

① 确属专业不对口，学用不一致的。
② 要求到基层单位或老、少、边、穷地区工作的。
③ 要求到国家重点建设工程、重大科研项目及国家重点加强部门工作的。
④ 主管部门规定的其他原因。

（二）调整改派须知

（1）毕业离校时尚未落实就业单位的毕业生办理就业的有关手续。教育部规定，每年7月是全国普通高等学校毕业生集中办理就业派遣手续的时间，届时未落实单位的毕业生（又称为未就业毕业生）主要有以下几个去向。

① 对毕业离校时未落实工作单位的高校毕业生，学校可根据毕业生本人意愿，将其户口转至入学前户籍所在地或继续保留在原就读的高校，待落实工作单位后，将户口迁至工作单位所在地。超过两年仍未落实工作单位的高校毕业生，学校将其在校户口及档案迁回其入学前户籍所在地。

② 外省（市、区）生源毕业生，按照生源所在地省级毕业生就业主管部门要求派遣。

③ 本省各市生源毕业生，原则上派回各市人社局或教育局（师范专业），由各市人社局或教育局推荐就业。

（2）毕业离校前未办理报到证，离校后个人办理报到证需要的手续如下。

① 未落实工作单位，申请派回生源地的毕业生须持：第一，毕业院校毕业生就业主管部门出具的同意派遣证明；第二，毕业证复印件；第三，身份证复印件。

② 已落实工作单位，申请派至就业单位的毕业生须持：第一，毕业院校毕业生就业主管部门出具的同意派遣证明；第二，与用人单位签订的就业协议书；第三，毕业证和身份证复印件。

（3）改派地点和时限。改派地点和时限需要的手续如下。

① 在省内，回本市就业，在本市市属用人单位之间调整的毕业生，由省或各市毕业生就业主管部门办理改派手续。

② 跨省内各地级市、跨部委、跨省（自治区、直辖市）调整的，由学校所在地区省级毕业生就业主管部门办理改派手续。

③ 按照国家规定，毕业生派遣及调整改派须在规定时间（毕业后两年）内办理，逾期不再办理调整改派手续。

（4）毕业生办理调整改派的手续如下。

① 毕业时已落实就业单位又申请改派回生源地〔人社局或教育局（师范专业）〕的，须持以下材料。

a. 报到证原件。
b. 退函，由原接收单位（报到证上打印的单位）说明辞退毕业生的原因。
c. 毕业院校毕业生就业主管部门出具的意见。

② 毕业时已落实就业单位，又申请改派至其他就业单位的，须持以下材料。

a. 报到证原件。
b. 退函，由原接收单位（报到证上打印的单位）说明辞退毕业生的原因。
c. 毕业生与新的就业单位签订的就业协议书。

d. 毕业院校毕业生就业主管部门出具的意见。
　　③ 毕业生未落实就业单位，派至人事代理机构或派回生源地［人社局或教育局（师范专业）］，申请改派至其他就业单位的，须持以下材料。
　　a. 报到证原件。
　　b. 人事代理机构或生源地毕业生就业主管部门［人社局或教育局（师范专业）］出具的同意改派的意见。
　　c. 毕业生与新的就业单位签订的就业协议书。
　　（5）结业生换发报到证。结业生通过补考或延修，符合高校毕业生毕业条件，换发毕业证的，由本人持原签发的结业生报到证、毕业学校出具的毕业证明材料、毕业证书原件及复印件，到省就业创业服务中心换发报到证。
　　（6）准备报考研究生或有意向自费出国（出境）留学的毕业生就业手续的办理。准备报考研究生或有意向自费出国（出境）留学的毕业生，可以联系用人单位，但应将有关事宜在签署就业协议时告知用人单位，协商一致后，方可签订就业协议，并由双方在就业协议书中予以书面证明。
　　（7）申请自费出国留学的毕业生（含毕业研究生）就业手续的办理。申请自费出国留学的毕业生（含毕业研究生）可根据本人意愿派回生源地或人事代理机构。已填写自费出国（出境）留学申请表的毕业生，因故未成行，或中途放弃的，可凭就业协议书办理报到证。逾期的回生源所在地就业，学校报请省教育厅毕业办为其办理派遣手续。
　　（8）国家对毕业生报到期限的规定。毕业生报到期限一般为一个月。由于某种特殊原因，如生病、外出遇特殊情况未归等，不能按期报到，应采取书信、电话、电传等方式向接收单位请假说明情况。如逾期不报到，又未向接收单位请假者，用人单位有权拒收。毕业生只有办理了报到落户手续后，用人单位才可以为其办理相关的人事、组织关系手续；实行聘任制和劳动合同制的用人单位才能与毕业生签订劳动合同、聘任合同，缴纳社会保险和公积金。
　　（9）报到证的补办。报到证亦是毕业生办理调整改派手续的重要材料。报到证如不慎遗失，可持本人申请、毕业证和身份证的原件，到省教育厅毕业生就业主管部门经高等教育学历认证审核通过后，补办报到证或遗失证明。
　　（10）办理报到证的对象。经过国家普通高等学校统一招生考试而被录取的，在校期间成绩合格准予毕业的毕业生，与用人单位签订就业协议书（或回生源地就业）的，学校毕业生就业主管部门汇总、审核后，纳入省高校毕业生就业方案，由省毕业生就业主管部门签发报到证，毕业生持报到证到接收单位或生源地毕业生就业主管部门报到并办理有关手续。在择业期两年内，符合上述条件的毕业生均可申请办理报到证。

第三节　就业权益维护

　　在供给远大于需求的就业市场中，经常出现一些大学生的就业权益屡遭侵犯的现象。如何运用法律的武器来保护自己，维护合法的就业权益是大学生成功走向职场的必修课。大学生应该在就业前期掌握维护自身权益的相关知识，正确使用法律武器来保护自己的合法权益。

一、毕业生就业的基本权利与义务

当代大学生求职应该增强法律意识,学会用法律的武器保护正当合法权益的前提是要了解毕业生自身所具有的基本权利和义务。

(一) 毕业生就业的基本权利

1. 了解国家就业方针、政策和相关规定的权利

毕业生有了解国家和各级政府(含教育部门、行政部门)有关就业政策的权利。学校就业指导服务部门有责任、有义务把国家和各级政府的就业政策向毕业生宣传、讲解,同时还要提供有关就业政策的咨询服务。

2. 接受就业指导的权利

国家《高等教育法》规定:"高等学校应当为毕业生提供就业指导和服务。"各高校应当成立专门的毕业生就业指导服务机构,建立一支师德高尚、业务精湛、梯队合理的指导性教师队伍,对毕业生进行全程就业指导与服务。

3. 自主选择用人单位的权利

毕业生在国家就业政策规定的范围内,有自主选择用人单位的权利。不允许任何人、任何单位干涉或强迫毕业生选择指定的用人单位。

4. 了解用人单位基本情况的权利

用人单位的基本情况包括单位的性质、沿革、规模、名称地点、工作环境以及提供给毕业生的岗位、工资福利待遇等情况。

5. 参加公开竞聘、平等就业的权利

凡是符合用人单位要求、具有毕业生资格,都具有参加用人单位公开招聘的权利,并进行公正、平等的竞争。同时,我国法律和道德都强调男女毕业生平等就业,因此用人单位不得以任何理由和借口歧视女性毕业生。

6. 自愿签订毕业生就业协议和劳动合同的权利

签订毕业生就业协议和劳动合同必须坚持双方自愿的原则,不允许利用欺诈和胁迫的方式要求毕业生签订就业协议和劳动合同。

7. 违约求偿权

毕业生与用人单位签订就业协议和劳动合同后,如果用人单位不履行协议书和劳动合同的,毕业生可以依法要求用人单位予以赔偿损失。

8. 其他

毕业生有国家和省规定的与就业有关的其他权利。

(二) 毕业生就业的基本义务

1. 自觉服从国家需要的义务

目前,我国高校毕业生在择业过程中,有了完全的自由权,但毕业生上大学还不完全是个人的投资行为,国家和社会为大学生的成长付出了很多心血。因此,当代大学生应当把个人的命运同整个民族乃至国家的命运紧紧联系在一起,把国家利益放在首位,服从国家的需

要,到国家最需要的地方建功立业。

2. 自觉履行就业协议和劳动合同的义务

毕业生一旦与用人单位签订就业协议和劳动合同,就应该诚实守信,自觉遵守就业协议和劳动合同的条款,并爱岗敬业,出色完成用人单位交给的任务,不能任意违约,甚至侵犯用人单位的商业秘密。这样必将损害用人单位、学校和个人的利益,并且要承担相应的违约和侵权责任。

3. 自觉履行诚实信用原则的义务

毕业生向用人单位进行自我推荐、自我介绍和接受考察时,应全面地、实事求是地反映个人情况,所提供的一切求职材料都应该是真实可靠的,不能夸大其词、弄虚作假。否则,会失去用人单位的信任,给自己未来的发展带来不利的影响。

4. 按时到工作单位报到的义务

《普通高等学校毕业生就业工作暂行规定》要求,毕业生办理完离校手续后,应持报到证按时到用人单位报到。如果自离校之日起,无正当理由超过三个月不去就业单位报到的,由学校报主管毕业生就业部门批准,不再负责其就业。

5. 具有不断提高职业技能的义务

毕业生在校期间,自身在技能掌握上不能完全适应工作实践的需要。工作以后,日益更新的知识与技术,需要毕业生在实践中继续抓紧学习,积极参加单位安排的技术培训,努力钻研业务,掌握更多、更新的技能。这样才能不断适应工作的需求,也才能在工作中有所作为,有所成就。

二、毕业生就业权益保护

大学生们在就业市场中属于弱势群体,在求职的过程中,存在各种各样可能的陷阱,求职者应提高警惕,加强自我保护的意识。了解就业的相关政策法规,熟悉就业的流程,从而使大学毕业生在就业时学会用政策法规保护自己,少走弯路,少受损失,助力成功就业。

(一)《民法》与权益保护

《中华人民共和国民法通则》(以下简称《民法》)的平等、自愿、公平、等价有偿原则与诚实信用原则,对毕业生保护自身的就业权益有着重要意义。

1. 反对职业歧视,保护自身权益

依据《民法》的规定,大学毕业生与用人单位作为民事的主体,拥有平等的民事权利,即双方平等协商、双向选择。但面对毕业生就业的"买方市场",毕业生作为市场中的弱势群体,在双向选择中常常会处于弱势的地位。而一些用人单位通过制订出一些内部的规定来约束毕业生,造成对毕业生的职业歧视。主要表现在:年龄歧视、身份歧视、性别歧视、相貌歧视、工作经验歧视、身高歧视、学历歧视等。

2. 认证主体资格,保护自身权益

《民法》规定的民事法律关系主要有公民和法人。大学毕业生就业应选择法人单位,应从以下几个方面来了解法人的主体资格:第一,法人单位是否依法成立;第二,法人的名称、组织机构和场所；第三，法人的经营范围；第四，注册资金、总资产额、债务情况；第五，事业单位、公司和企业的章程等情况，避免上当受骗。

3.追究民事责任，保护自身权益

民事责任是民事违法行为必须承担的法律后果。在毕业生就业过程中，常存在用人单位半途违约，取消被录用者的录用行为；毕业生到用人单位报到，单位拒绝接收；单位接收毕业生报道后没有按照约定给予相应的待遇；用人单位将毕业生个人的知识产权据为己有；对毕业生依法维护权益的行为进行人身攻击或威胁等情况。毕业生在就业过程中自身权益受到侵害，有权追究用人单位的责任。

（二）《劳动法》及《劳动合同法》与权益保护

1.平等就业权利的保护

《劳动法》里规定："劳动者就业不因民族、种族、性别、宗教信仰不同而受歧视。""妇女享有与男子平等的就业权利。在录用职工时，除国家规定的不适合妇女的工种或岗位外，不得以性别为由拒绝录用妇女或者提高对妇女的录用标准。"

2.订立劳动合同的相关内容

依据《劳动合同法》第十条规定："建立劳动关系，应当订立书面劳动合同。已建立劳动关系，未同时订立书面劳动合同的，应当自用工之日起一个月内订立劳动合同。用人单位与劳动者在用工前订立劳动合同的，劳动关系自用工之日起建立。"第三条规定："订立劳动合同应当遵循合法、公平、平等自愿、协商一致、诚实信用原则。"第二十六条对无效合同做了规定："以欺诈、胁迫的手段或者乘人之危，使对方在违背真实意思的情况下订立或者变更劳动合同的；用人单位免除自己的法定责任，排除劳动者权利的；违反法律、行政法规强制性规定的。"

3.《劳动法》中有关工作时间和休息休假的规定

该规定是维护劳动者权益的重要内容。《劳动法》第三十六条规定："国家实行劳动者每日工作时间不超过8小时，平均每周工作时间不超过44小时的工时制度。"第三十八条规定："用人单位应当保证劳动者至少休息1日。"

对于延长工作时间的，《劳动法》第四十一条规定："一般每日不得超过1小时；因特殊原因需要延长工作时间的，在保证劳动者身体健康的条件下延长工作时间每日不超过3小时，但每个月不得超过36小时。"

关于法定假日，《劳动法》第四十条对法定假日做了规定。同时，《国务院关于修改〈全国年节及纪念日放假办法〉的决定》自2014年1月1日起施行新的放假制度：元旦放假1天；春节放假3天；清明节放假1天；"五一"国际劳动节放假1天；端午节放假1天；中秋节放假1天；国庆节放假3天。

关于延长工时的报酬支付问题，要求用人单位必须按下列标准支付高于劳动者正常工作时间工资的工作报酬："安排劳动者延长工作时间的，支付不低于工资的200%的工作报酬；法定休假日安排劳动者工作的，支付不低于工资的300%的工作报酬。"《劳动合同法》第三十条关于劳动报酬方面问题也规定："用人单位应当按照劳动合同约定和国家规定，向劳动者及时足额支付劳动报酬。"

4. 关于工资、劳动安全卫生、女职工特殊保护、社会保险和福利

① 用人单位必须按《劳动法》规定,以货币形式按日支付劳动者工资,不得克扣或无故拖欠;劳动者在休息日和法定节假日及婚丧假期间,用人单位应当依法支付工资。

② 用人单位必须依法保护劳动者的安全和健康。《劳动法》第五十二条规定:"用人单位必须建立、健全劳动安全卫生制度,严格执行国家劳动安全卫生规章程序和标准,对劳动者进行劳动安全教育,防止劳动过程中的事故,减少职业危害。"

③ 女职工的特殊保护。《劳动法》和《女职工禁忌劳动范围的规定》,明确了女职工禁忌从事以下劳动:矿山井下作业;森林业伐木;《体力劳动强度分级》标准中第四级体力劳动强度的作业;建筑业脚手架的组装、拆除作业以及电力电信业的高处架线作业;连续负重每次超过 20 公斤,间断负重每次超过 25 公斤。同时,任何单位不得以结婚、怀孕、产假、哺乳等为由辞退女职工或者单方面解除劳动合同。《劳动法》还对女职工的经期、孕期、产期、哺乳期等作了各项保护规定。

④ 依据我国相关法律规定,用人单位和劳动者必须参加社会保险,即参加养老保险、疾病保险、失业保险、工伤保险、生育保险。用人单位无故不缴纳社会保险费的,由劳动行政部门责令限期缴纳;逾期不缴纳的,可以加收滞纳金。

(三)《就业促进法》对毕业生权益的保护

《中华人民共和国就业促进法》(以下简称《就业促进法》)由 2007 年 8 月 30 日十届全国人大常委会第二十九次会议通过,自 2008 年 1 月 1 日起施行。它的颁布,进一步丰富和完善了我国劳动保障法律制度体系,对于促进包括大学毕业生在内的劳动者就业、构建社会主义和谐社会,具有重要而深远的意义。其具体体现在如下方面:

1. 确立了促进就业的方针以及政府的职责

①《就业促进法》在法律中明确了"劳动者自主择业"的方针,充分调动劳动者就业的主动性和能动性,促进他们发挥就业潜能和提高职业技能,依靠自身努力,自谋职业和自主创业,尽快实现就业。

② 明确"市场调节就业",充分发挥人力资源市场在促进就业中的基础性作用。通过市场职业供求信息,引导劳动者合理流动和就业;通过用人单位自主用人和劳动者自主择业,实现供求双方相互选择;通过市场工资价位信息,调节劳动力的供求。

③ 明确"政府促进就业",充分发挥政府在促进就业中的重要职责,通过发展经济和调整产业结构,实施积极就业政策,扩大就业机会;通过规范人力资源市场,维护公平就业;通过完善公共就业服务和加强职业教育和培训,创造就业条件;通过提供就业援助,帮助困难群众就业,等等。

2. 建立了促进就业的政策支持体系

《就业促进法》为我国实施积极的就业政策提供了法律保障,其将经过实践检验,订立有效的积极的就业政策上升为法律规范,并按照促进就业的工作要求,规定了政策支持的法律内容。

3. 明确规定了维护公平就业

为了维护劳动者的平等就业权,反对就业歧视,《就业促进法》对公平就业做出了规定,主要包括如下:

① 明确政府维护公平就业的责任。各级人民政府应当创造公平就业的环境，消除就业歧视，并制定政策和采取措施对就业困难人员给予扶持与援助。

② 规范用人单位和职业中介机构的行为。《就业促进法》规定：用人单位招用人员，职业中介机构从事职业中介活动，应当向劳动者提供平等的就业机会和公平的就业条件，不得实施就业歧视。

③ 保障妇女享有与男子平等的劳动权利。用人单位招用人员，除国家规定的不适合妇女工种和岗位外，不得以性别为由拒绝录用妇女或者提高对妇女的录用标准，同时对用人单位录用的劳动合同内容做了法律规定。

④ 保障各民族劳动者享有平等的劳动权利。用人单位招用人员，应当依法对少数民族劳动者给予适当照顾。

⑤ 保障残疾人的劳动权利。各级人民政府应当为残疾人创造就业条件。用人单位招用人员不得歧视残疾人。

⑥ 保障传染病病原携带者的平等就业权。规定用人单位招用人员，不得以是传染病病原携带者为由拒绝录用，同时对其不能从事的工作做了法律限制。

⑦ 规定了劳动者受到就业歧视时的法律救济途径。违反本法规定，实施就业歧视的，劳动者可以向人民法院提起诉讼。

4. 政府积极实施就业援助

《就业促进法》明确各级人民政府建立健全就业援助制度。主要包括如下几项。

① 明确了就业援助的对象。它是指因身体状况、技能水平、家庭因素、失去土地等难以实现就业，以及连续失业一定时间仍未能实现就业的就业困难人员。就业困难人员的具体范围，由省（自治区）、直辖市人民政府根据本行政区域的实际情况规定。

② 明确了就业援助的措施。第一，各级人民政府建立健全就业援助制度，采取税费减免、贷款贴息、社会保险补贴、岗位补贴等办法，通过公益性岗位安置等途径，对就业困难人员实行优先扶持和重点帮助。第二，地方各级人民政府加强基层就业援助服务工作，对就业困难人员实施重点帮助，提供有针对性的就业服务和公益性岗位援助；鼓励和支持社会各方面为就业困难人员提供技能培训、岗位信息等服务。第三，政府投资开发的公益性岗位，应该优先安排符合岗位要求的就业困难人员。被安排在社会公益性岗位工作的，按照国家规定给予岗位补贴。第四，各级人民政府采取特别扶助措施，促进残疾人就业，并要求用人单位应当按照国家规定安排残疾人就业。

③ 特别规定了对城市零就业家庭的就业援助。县级以上地方人民政府采取多种就业形式，拓宽公益性岗位范围，开发就业岗位，确保城市有就业需求的家庭至少有一人实现就业。同时规定了街道、社会公共就业服务机构在就业援助中的具体职责。

④ 规定了对就业压力大的特定地区的扶持。国家鼓励资源开采型城市和独立工矿区发展与市场需求相适应的产业，引导劳动者转移就业。对因资源枯竭或者经济结构调整等原因造成就业困难人员集中的地区，上级人民政府应当给予必要的扶持和帮助。

（四）毕业生就业过程中权益保护的途径

1. 各级政府毕业生就业主管部门的保护

毕业生就业主管部门通过制定有关规则来保护毕业生的权益，并根据国家的政策、法律、法规对侵犯毕业生合法权益的行为予以处理。如对签订侵害毕业生权益的就业协议，省毕业生就业主管部门不予签订、不予审批就业方案和不予核发报到证；对就业双方存在的劳动争议和违约等问题，进行协调处理。

2. 高等院校的保护

学校可以通过各种途径向毕业生提供可靠的用工信息，对毕业生进行有效的全程就业指导，要提醒毕业生在就业中存在着若干不公平、不公正行为，甚至存在求职陷阱。在毕业生签订就业协议过程中，要予以监督和指导，对用人单位与毕业生签订的不合法的就业协议，学校有权拒签。

3. 毕业生的自我保护

① 加强学习，树立维权意识、法纪意识和诚信意识。大学毕业生在就业中的基本权利是法律赋予的。通过学习，不仅要掌握《民法》《劳动法》《劳动合同法》的相关内容，还要掌握相关法律法规及政策，做到知法、学法、懂法，自觉树立维权意识、诚信意识，自觉维护自身的合法权益。

② 遵循市场规则，预防侵害自身权益行为的发生。求职过程中，毕业生要有风险意识，对于那些用人单位夸大优厚条件，以欺骗手段吸引人才的做法要有提防戒备心理，预防自身合法权益受到侵害。

③ 用法律手段维护自身合法权益。由于毕业生就业市场发育不够成熟，有关法律、法规和规章尚不健全，毕业生在就业过程中的一些合法权益有时会受到侵害。此时，毕业生有权向用人单位的上级主管部门、高校、劳动行政部门申诉并听取他们的处理意见；也有权要求劳动争议仲裁和向法院起诉；还可以借助新闻媒体进行救济，通过各种合法途径维护毕业生在就业中的合法权益。

三、常见的求职侵权行为及预防

大学生在就业过程中，享有多方面的权益。但在实际的就业过程中，大学生的就业权益有时会遭到侵犯，其中最常见的有招聘阶段的侵权行为、签约阶段的侵权行为、试用期阶段的侵权行为。大学生是社会的希望，是社会新鲜的血液。大学生就业的问题不单是简单的一份工作，在面对社会上的侵权行为时，需要政府、社会、学校大学生自身的共同努力。

（一）招聘阶段的侵权行为

1. 歧视行为

（1）性别歧视。性别歧视是最常见的歧视行为。一些企业在招聘中不招收女生或提高同一岗位女生的学历、技能等方面的需要，变相对女生设置就业障碍。《劳动法》规定，女性劳动者和男性劳动者都享有平等的就业权利。例如，一些路桥集团、监理公司、物流部门、路政部门等单位招聘毕业生，首先提出的条件就是只要男生、不要女生，声称这是由单位的工作性质决定的，这就是招聘过程中明显的歧视行为。

（2）学历歧视。用人单位在招聘人员时往往把学历放在第一位，并要求毕业生具有较高的学历层次。对于一个工作岗位，高职专科生完全能胜任的，却只要本科生；本科生能胜任的，非研究生不要。

（3）经验歧视。有些用人单位还经常向求职者提出具备工作经验的要求，并把有经验者作为优先考虑的对象，这就造成了众多应届毕业生成为经验歧视的受害者。

（4）形象歧视。在同等条件下，有些用人单位往往选择相貌较好的大学生，而不考虑工作的性质。那些相貌一般的毕业生只能被拒之门外。此外，还有年龄歧视、身高歧视、地域歧视等。

2. 虚假广告

有些用人单位为了招到素质较高的毕业生，往往会发布虚假广告，夸大或隐瞒自己的一些情况。而毕业生在这种企业上浪费了时间，可能会错失良机，错过真正适合自己的公司和岗位，甚至导致财产和生命危害。

（1）坐收渔利的虚假广告。有些招聘单位通过招聘，获取大量报名、培训、服装、手续费等。这类招聘广告往往以非常优厚的待遇作诱饵，致使一些不在乎10元、20元报名费的人上当受骗。在一些地区，有人猎取一轮又一轮的廉价劳动力（试用期内付低薪，期满辞退，再行招聘），既坐收招聘之利，又降低工资成本，可谓一箭双雕。

（2）剽窃智力的虚假广告。有的公司以招聘的名义，以高薪引诱无偿地占有他人的劳动成果。招聘时给应聘者提出所谓"考卷"一张，实为某研究项目的一部分或工艺方案，应聘者在不知情的情况下，努力完成招聘方交给的"考卷"，还唯恐不合格，待"考卷"交回后，招聘自然也无消息了。

（3）制造热点的虚假广告。一些企业大张旗鼓地摆出招聘阵势，用意不在聘用合适人选，而在于制造热点产生新闻效应，扩展企业形象，提高企业知名度。

（4）拐卖人口的虚假广告。此类招聘正是利用大学生求职心切、渴望得到挣钱机会的心理，在骗取信任后，将学生弄到外地贩卖或骗入传销窝点。

（5）色迷心窍的虚假广告。有些单位打着招聘女秘书的幌子，遇到合意对象时，或许诺高额薪酬，或当场做出一些过于亲近的动作，以此来欺骗应聘学生。

3. 侵犯知情权

面试时用人单位提出各种问题了解学生的情况，而当学生询问单位情况的时候，招聘单位就会回避问题甚至迁怒于学生，"双向选择"成了"单向通道"。招聘单位因为掌握大学生的详细资料而从容筛选，而求知若渴的毕业生却因信息不准很难做出正确的选择。这种在招聘过程中用人单位和毕业生之间信息不平等的状况，不仅有悖"双向选择"的初衷，更是侵犯了大学生享有知情权的正当权益。

4. 侵犯隐私权

毕业生在求职过程中，一些单位会向他们问及一些涉及私人生活的问题，如"有没有男（女）朋友""准备什么时候结婚"等，"如果客户对你骚扰，你怎么办"等侵犯人格尊严的问题。面对这些问题，不少大学生都觉得很窘迫，但又怕不回答会失去这个就业机会。隐私权在我国的法律中并没有明确的规定，最为相关的《民法》第五章第四节第101条："公民、法人享有名誉权，公民的人格尊严受法律保护，禁止以侮辱、诽谤等方式损害公民、法人的名誉"。因此，假如求职者认为自己被问及的问题与求职择业毫无关系或有损个人尊严，可以拒绝回答；如果认为损害已成事实，则可以投诉、报警。

（二）签约阶段的侵权行为

1. 合同必备条款缺失

劳动合同分为有固定期限劳动合同、无固定期限劳动合同和以完成一定的工作为期限的劳动合同，其中至少应具备以下条款：用人单位名称、住所和法定代表人或者主要负责人；劳动者的姓名、住址和居民身份证、劳动合同期限；工作内容和工作地点；工作时间和休息休假；劳动报酬；社会保险；劳动保护、劳动条件和职业危害防护；法律、法规应当纳入劳动合同的其他事项。

特别要注意的是劳动报酬条款，一些企业提供的合同上规定劳动报酬"不低于本市最低工资"，这实际上等于没做任何规定。有的单位顾及行业机密等原因略去不填劳动报酬，甚至填一个假数字；有的单位薪金本来就是浮动制，回避填写；有的单位纯粹是为了吸引人，故意许诺高职、高薪、且不加任何约定，到时又以各种原因拒绝履行协议。

此外，岗位是劳动合同的重要内容，在岗位约定方面毕业生应注意避免有"用人单位可以根据需要随时变更劳动合同"的条款。

2. 违反协议或合同的违约金

违约金条款是协议或合同的重要条款，是担保协议或合同全面履行、补偿约方损失、惩罚违约方违约行为的重要措施。在现实生活中，确有不少用人单位滥设违约金，导致劳动者的劳动所得还不足以支付违约金，严重侵犯了劳动者的权益。违约金数额的设定要求应当遵循公平原则，根据劳动者的劳动报酬等因素合理确定。

按照相关规定，劳动合同或协议中可以规定违约金的数额，但其实是有上限的。根据规定，上限是12个月的工资总和。劳动者违反服务期约定的，应当按照约定向用人单位支付违约金，违约金数额不得超过用人单位提供的培训费用。还要注意的是，劳动合同中只规定单方违约是不公平的，企业违约同样要负责任。

3. 合同文本中有违法条款

部分企业利用签约之际通过文字游戏或其他手段变相设置一些不合理甚至违法的条款，并借此达到变相盘剥劳动者的目的。有些企业声明给予高工资，但以不给职工上社会保险为条件，这也是违反社会保险法的。

如果出现违法条款，虽然条款无效，但是容易导致劳动者与企业间的纠纷。还有部分企业在劳动合同中预先设置一些以对企业过分有利为前提的条款，通过"劝服"甚至直接胁迫的做法，逼迫劳动者同意合同内容。

4. 其他情况

有些企业怕学生签订协议后反悔，收取抵押金或扣留学生有效证件的行为属于不合法行为。不少劳动合同的签订也流于形式。部分劳动者反映，签订劳动合同的时间一般只有两三分钟，基本没有时间看合同的内容。

（三）试用期阶段的侵权行为

利用试用期骗取廉价劳动力主要有三种形式：第一种是无敌延长试用期，几个月的卖力表现最终换来还是解聘；第二种就是把"试用期"变成了"剥削期"，支持超低工资，甚至不支付工资；第三种是试用期结束后以各种理由告诉求职者不合格，公司解聘也是无奈之举。

1. 试用期过长

试用期是用人单位和劳动者互相考查、了解对方当事人而约定的期限。试用期主要针对劳动合同，毕业生与用人单位签订劳动合同的时间应在试用期前，而不是试用合格后。一旦试用期满，用人单位就找各种借口辞退毕业生。

根据有关规定，试用期与劳动合同的期限应一致，劳动合同期限 6 个月以下的，试用期不能超过 15 天；劳动合同期限 6 个月以上、一年以下的，试用期不能超过 30 天；劳动合同期限 1 年以上、两年以下的，试用期不能超过 60 天；劳动合同期限 2 年以上、3 年以下的，试用期不能超过 90 天；劳动合同期限 3 年以上的，试用期不能超过 6 个月。如果试用期过长，则是侵犯学生权益的行为。

用人单位无故延长试用期的做法是：一般在面试时都能让应聘者较为顺利通过，进入试用期，然后口头告知试用期期限，而应聘者被录用后，在试用期内尽管待遇较低，仍会不懈努力，争取获得正式职位。可是试用期满后往往无人理会，当应聘者问及原因时，用人单位会说对应聘者试用期的表现比较满意，但还要进行全面考察。此时应聘者还以为单位是真想留自己，于是很痛快答应再试用一段时间的口头要求。再当试用期满的时候，公司就以种种理由辞退应聘者。

有些用人单位将试用期与大学毕业生的见习期（时间为 1 年）混淆，将见习期的有关规定生搬硬套到试用期上，构成对毕业生权益的侵害。在试用期中，用人单位应签订试用期劳动合同、支付试用期工资，还要为劳动者上保险。

2. 把"试用期"变成了"剥削期"

在职场上，有的用人单位抓住"试用期"的"试用"二字做文章，支付超低工资，甚至不支付工资，这已经成了一些无良老板逃避法定义务的惯用伎俩。他们往往以"试用"为由，想尽办法延长员工的试用期，在试用期内不与劳动者签订劳动合同，不为其办理养老、失业、医疗等社会保险，并在试用期快结束时把员工辞退，使劳动者合法权益受到严重侵害。

《关于贯彻执行〈中华人民共和国劳动法〉若干问题的意见》中规定："劳动者与用人单位形成或建立劳动关系后，试用、熟练、见习期间，在法定工作时间提供了正常工作，所在单位应当支付其不低于最低工资标准的工资。"凡是低于这个标准的，均属于侵犯行为，必须纠正。另外，劳动者在试用期内有权享受社会福利。用人单位与劳动者建立劳动关系以后，应按月为劳动者缴纳养老、失业等社会保险费用。

劳动者除获得劳动报酬外，还应享受与其他员工相同的社会保险福利待遇。用人单位如有违反法律法规及合同约定的行为并对劳动者造成损害的，劳动者有权依法获得赔偿。大学毕业生在"试用期"期间，把握职场机遇的同时，也要注意了解一些劳动法律常识，以维护自己的合法权益不受侵害。在劳动合同试用期内如发生劳动争议，可依据有关规定，到市、区、县劳动仲裁部门通过协商、调解、仲裁程序解决。

3. "只试用，不录用"的恶意侵权行为

《劳动法》规定："在试用期内被证明不符合录用条件的，用人单位可以解除劳动合同。"以职场惯例看，对新录用人员设置一定的试用期限也属正常。可是，面对大学生超乎寻常的求职热情，试用期竟成了有些企业节约人力成本的借口，有些不良的用人单位在大学生试用期满之后，找出各种理由，诸如，"你迟到了两次，说明你时间观念不强""你生病了，说明你的身体不健康""你怀孕了，会影响正常的工作"等，理直气壮地扣上"不合格"的帽子就把毕业生辞退了。

许多用人单位喜欢"试用"毕业生，最重要的原因就是省钱，同时他们还抓住了毕业生急于表现的心理,交给毕业生们超出相同工作人员一倍甚至更多的工作。另外,许多毕业生缺乏自我保护意识,对劳动法规了解甚少,也在一定程度上让一些用人单位有机可乘。

(四)侵权行为的预防

1. 高校应加强对大学毕业生进行就业指导教育

要进一步健全大学生就业指导机构。切实改变教用脱节的现状,加强教学的针对性。高校和教师应当想方设法与实践相结合,要经常考虑这样一些问题:我们所传授的知识到底有何用?如何与市场接轨?哪些单位或职位有用?社会需求怎样?用人单位需要什么样的毕业生?我们培养的学生与用人单位需要的是否相符,差距在哪里?怎样去改进?即根据用人单位对人才的要求,建立校企合作的订单式培养模式,这样既可以有效防止大学生在求职过程中落入各种陷阱,又可以从根本上改变教用脱节的现象。

最重要的是,要不断提高大学生的法律意识和自我保护意识。高校要进一步重视对大学生进行求职教育,可行的办法有:针对毕业生开设《劳动法》《合同法》等选修课,选派包括法律、人力资源管理在内的专业人才充实到高校就业指导机构,以确保对大学生进行针对性的教育。同时,学校就业指导机构要选编一些相关资料供大学生阅读,如《劳动法》《合同法》或常见的就业陷阱案例等,使违法企业的伎俩被学生所知。

2. 毕业生应该增强法律意识

大学生自己要有法律意识,时刻保持清醒的头脑,保护自己的权益。如果遭遇用人单位违反劳动法规定,要勇于说不。遭遇骗子时,不要怕,要保持清醒的头脑,有勇有谋,无法对付时,及时报案,及时将违法分子绳之以法。对招聘单位的实际情况要了解清楚,做到知己知彼,可以通过熟人打听招聘单位的情况,或者通过工商部门、学校就业指导中心等途径核实单位的真实性。此外,高校要通过各种渠道对单位进行实地考察,以摸清招聘单位的发展前景。签订劳动合同的时候一定不能怕麻烦,要仔细观察,一条条地看,哪里不懂就要学会咨询。

3. 社会各界应为大学毕业生就业创造良好的社会环境

针对大学生就业市场存在的问题,政府各有关部门应进一步完善相关的法规和政策,规范就业市场,做到有法可依。同时,注意发挥由各级政府部门的就业场所和人才交流中心的主体作用,对进入招聘场所和人才交流中心的用人单位进行必要的事前资格审核,防患于未然。建立奖惩制度,对那些诚实守信、遵章守纪的用人单位给予奖励;对行为不轨、设置招聘陷阱的用人单位,给予必要惩戒。要注意发挥新闻媒体正面宣传和监督作用,为大学生就业提供良好的舆论氛围。

(五)小心走形式招聘

广州某高校中文专业2015届毕业生小朱称,在他参加的一场大型高校毕业生供需见面会上,一家广告公司一次就发布了10个"文案""策划"和"公关"等职位,由于招聘海报上注明的工资待遇比较高,这家公司招聘摊位前学生排成了长龙。对前来应聘的求职大学生,这家公司几乎都是只谈不到3分钟就给一份注明复试时间、公司地址的"面试通知单"。几天后,他去了这家公司面试,但这家公司的经理几乎一句话也没说,只提供一些资料,然后要求他和十几个应届大学生在1个小时内完成一份推广某保健品的广告文案,写完以后告诉他们"等通知"。据称,当时,还有四五十个应届毕业生模样的求职者在门外等候复试。

小朱气愤地说，后来他打听到这家公司是搞假招聘的，因为一家员工还不到10个人的公司，怎么可能一次就招聘10个大学生呢？一位做广告行业的师兄告诉他，像这种公司都是打着招聘的幌子，其实是从应聘大学生中征集大量的免费文案，而代价不过是参加一场招聘会的摊位费，还可以借人头攒动的招聘会宣传了公司的"形象"，可谓一举两得。

由此可见，这家公司的招聘行为显然是违法的，不仅扰乱了正常的招聘秩序，更让毕业在即的大学生白白浪费时间和精力。作为求职者，大学毕业生处于弱势地位，一旦被企业以某种诱惑或合同钳制住就会十分被动。因此，在确定去某单位之前，应提高自我保护意识，最好四处搜集信息，做到多选、多看、多问，避免落入各种招聘陷阱。

具备以下3个特点的招聘广告很有可能是不真实广告。首先，招聘广告一般对应聘者的学历、工作经验都没有要求，但提供的工资待遇却很高，比如应届生、退伍军人优先，提供住宿等。其次，这一类公司招聘的职位种类繁多，人数也多，但几乎都是初级职位。最后，不遵循约定俗成的"投简历—筛选—通知面试"的招聘流程，往往只留一个地址，让求职者直接前去面试，办公地点可能设在某个住宅小区内，而不是正规的写字楼。

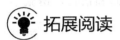

拓展阅读

大学生常见的就业陷阱

一、就业陷阱的种类

1. 就业渠道陷阱

就业渠道陷阱主要是通过招聘网站、QQ信息、微信、微博等渠道发布招聘信息，通过这类渠道发布招聘信息的单位或个人由于被监控不严，其发布信息的真实性难以核实，信息发布者往往利用这一点，发布具有很大诱惑力的职位信息，吸引求职大学生的注意。

例如，某公司打出招聘"储备经理"的广告，并且许以高薪，而且条件也不苛刻，很多符合条件的大学生蜂拥而至，实际该职位是干销售员的工作，所谓的高薪也要等到做到一定年限或职务之后才能享受。

2. 工资待遇陷阱

这类用人单位往往对求职的大学生许以高薪，但是不签订任何书面合同，等到应聘者领工资时，不是打折就是推脱，有的甚至以公司倒闭为由不发一分钱。

例如，一些用人单位和个人只许给求职大学生一个很高的工资总额和无据可查的升职加薪计划，而实际上这个总额包含保险金、养老金、失业金等，扣完到手的工资已所剩无几了，而升职加薪的最终解释权都由用人单位说了算。

3. 单位资质陷阱

有些用人单位或个人在招聘时对自己的单位描述不切实际，把不属于自己的资质、荣誉、业绩等都攀龙附凤地附加到自己的身上，给自己的单位人为地披上一件光鲜的外衣，让涉世不深的求职大学生觉得这个单位不错，有实力，将来一定能够有所发展。而实际上却是一家不起眼的小公司或小单位。

4. 介绍人陷阱

在大学生求职的路上总有一些人很主动热情地给他们去介绍好工作，而热情的背后都可能会隐藏着无法预知的危机。这类介绍人总是在求职大学生面前展示一种成功者的姿态，向求职大学生吹嘘自己工资高、工作轻,生活自由、发展空间很大,往往使缺乏生活经验的大学生上当受骗。

二、就业陷阱的特征

1. 欺骗虚伪性

欺骗虚伪性主要表现在用人单位以虚假宣传、不实承诺获取求职大学生的良好期望,以此提高招聘条件,隐藏各种不法目的。

2. 诱惑性

就业陷阱的诱惑性主要表现在不法单位用高工资、高待遇来吸引求职大学生的注意力。

3. 违法悖德行

就业陷阱的违法性,主要表现在违反《劳动合同法》,有的甚至违反了《中华人民共和国刑法》(以下简称《刑法》)。例如,用人单位想留住人才,而在招聘之时采用比较隐晦的手段扣押学生的身份证、毕业证书等证件,当学生有了其他好的工作选择时,欲走难行。这就违反了《劳动合同法》第九条之规定:"用人单位招用劳动者,不得扣押劳动者的居民身份证和其他证件"。就业陷阱的悖德行,主要表现在利用社会对学生的认同和信任,诱骗学生从事推销劣质产品等,有悖社会公德,甚至走上违法犯罪道路。

4. 模糊性

所谓模糊性,是指用人单位或个人在招聘信息中用词多含歧义,让求职大学生感觉是有利的,但他们自己解释时又变得不利于求职者。

5. 多面性

多面性是指就业信息的发布单位功能强大,往往表现为用同样的地址和电话注册多个公司,或一个公司业务涉及多个领域。

三、就业陷阱的防范

1. 学校层面

(1) 加强就业政策宣传教育。学校就业部门要及时对毕业大学生进行就业形势教育,让毕业生认清当前的就业形势,了解国家最新的就业政策,培养多次就业意识和创业精神。

例如,让学生了解国家确立的"劳动者自主就业,市场调节就业、政府促进就业"方针,千方百计增加扩大就业规模的政策,同时也要让学生认识到目前供需矛盾还比较突出,帮助学生树立正确的择业观和创业观,培养学生创业思想和创业能力,鼓励学生勇于创业。

(2) 加强就业指导针对性。学校的就业指导部门要把国家就业政策及时地告知毕业生,把引导毕业生面向基层、面向西部就业与国家西部开发的建设结合起来,与对毕业生职业生涯规划教育和人生目标规划教育结合起来,提高就业指导的针对性,不能笼统地号召,空洞地鼓吹。

(3) 多向学生介绍防范就业陷阱的知识。刚毕业的大学生的社会阅历较浅,还有一种初生牛犊不怕虎的闯劲和天之骄子的傲气,他们对于在就业过程中可能会出现的陷阱不能及时识别。

学校应该针对就业陷阱的类型进行相关的防范教育,教会学生从国家、政府、学校或正规的人才交流市场获取就业信息,不要相信小广告和流动招聘者。让学生学会根据实际情况辨别公司的可信度,对于公司资质的描述要多问几个为什么,还可以通过工商部门电话、网站等进行核实,不要轻易相信"老同学""老朋友",不要贪图一时的虚荣和小利。

2. 学生层面

（1）端正就业心态。在校期间要刻苦学习，努力掌握专业技术知识，贮备良好的就业能力，为将来的就业打下良好基础。要相信"一分耕耘，一分收获"，不要随便相信高工资、高待遇、福利好、挣钱快的招聘消息，坚信不会有天上掉馅饼的好事，任何成功都是经过努力后取得的。要认清自己，知道自己的真实水平，不要以社会精英自诩，当不法分子以不实夸大之词或甜言蜜语游说时能保持清醒的头脑。

（2）不断提高法律意识。大学生要切实了解《劳动法》《合同法》等法律的相关内容，在自己的就业过程中增加就业陷阱辨别力。另外，大学生要加强法律观念和维权意识，遇到权利受到侵害的情况时能够敢于拿起法律武器来维护自身利益，不给违法分子以可乘之机。

（案例来源：编写组收集整理。）

思考与练习

1. 就业协议的内容有哪些？注意事项包括哪些？
2. 如何对就业权益进行保护？
3. 完成自己的毕业推荐材料制作，至少参加一次由学校、地方政府或其他部门举办的现场招聘会。（本实训内容主要针对大学四年级学生。）

第五章
职场适应与职业发展

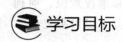 学习目标

1. 熟悉学生角色和职业角色的差异。
2. 掌握职业发展的核心要素。
3. 了解职业发展的三个阶段。

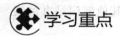 学习重点

1. 学生角色和职业角色的根本区别在于承担的责任不同、面对的环境不同以及相处的人际关系不同等。
2. 树立职业角色转换意识,并落实职业角色转换行动。
3. 职业发展的核心素养主要包括职业道德规范素养、职业科学文化素养、职业心理素质。

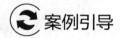 案例引导

做好小事,才能成大事

一位刚工作的大学生,经过一段时间的实习,深有感触:

"我是抱着成功的梦想来到公司的,带着一个大学生的天真与激情想要一展拳脚,打出一片天地。但毕竟工作不是游戏,每个员工首先要做到的就是踏踏实实地完成自己的任务。

"当我不再抱怨每天 3 个小时的路途颠簸,当我不再抱怨每天的工作无聊的时候,我发现我的工作其实并不简单。无论是看报警,还是写报告,只有我做得完美无缺,我的同事们才能够顺利地接力,从而高效地完成他们的任务。

"只有拥有一颗富有使命感的心,才会发现自己在团队中的位置,才能承担起自己的责任,才会发现原来这普通的工作中细节无处不在。

"每一次的数据库查询,每一次的工单处理,因为涉及系统的安全,都要小心谨慎。也许只是因为一个开关没有关闭,也许只是因为一个语音选择错误,或许是一个操作失误,就可能给服务器增加额外的负担,从而影响到整个公司的业务。作为离系统最近的一线人员,我们不仅要具备一定的工作水准,更要具备一个技术人员应有的认真负责的

态度。

"我知道,所谓成功就是在平凡的工作岗位上做出不平凡的成绩。我要做到的是,绝不把未完成的任务留给别人,自己的工作要一丝不苟地负责到底。"

这位刚毕业的大学生现在已经找到了自己的位置,毫无疑问,他一定会得到领导更多的信任。

成功始于细节,对于那些看似不起眼或者不是很重要的工作,也要努力完成,这其实都是在给自己加分。因为,努力地做好每一件不起眼的小事,就打下了将来做大事的基础。

案例分析

全面提高职业素质和综合职业能力是在校大学生为即将开启的职业生涯所作的必要准备。职业发展的进程中,职业素养是大学生最容易轻视的因素。职业素养在这里更多意涵的是一种职业态度和职业规范,是保证职业行为有序有效进行的必要保证,是职业常青的重要保证。大学生加强职业素养,内化职业规范,对于今后从事职业活动不仅是必不可少的方面,更具有重要的现实意义。

(案例来源:编写组收集整理。)

第一节 职场适应

大学生初入职场,由学生角色转变为职业角色是人生角色的重大转变,意味着大学生开启了真正意义上的职场生活。大学生通过十余载的寒窗苦读,对学生这一角色早已习惯,而当他们在毕业前夕即将步入社会时,就要面临职业人每天都要面对的完成本职工作、遵守单位的规章制度等要求。这一时期的大学生对于环境所带来的变化显得十分迷茫,初入职场的新人面临着角色变换、环境适应等诸多压力,如何快速适应这些变化对于未来的职业发展至关重要。

一、角色转换

所谓的角色转换是指当一个人进入新的社会环境时,他的行为方式、自我形象也将随着生活环境和主题的变化而变化,这一过程的根本性变化是社会权利和义务的变化。大学毕业生步入社会,由学生角色转换为职业角色的过程是每一位大学生必然要经历的过程。每个人在社会生活中都履行着不同的社会责任,遵循着不同的社会规范,扮演着不同的社会角色。对自己的社会角色认识得越清晰、越全面,就越能顺利地实现角色的目标和任务,就越会符合社会期待。

(一)大学生与职业人的角色区别

1.学生角色

学生角色通常是指在社会教育环境的保证下和家庭经济的资助下,学习知识,培养能力，全面提升自身素质，努力使自己成为社会的合格人才。大学生是学生角色中的一个典型代表群体。在大学期间，学生的主要职责是学习各种专业知识，掌握各种专业技能，关键任务是发展智力、锻炼能力、求学成才。虽然这一阶段大学生已经开始享有绝大部分的社会权利，也在履行同等程度的社会义务，但社会对大学生的要求更多的是接受教育、成长自己和完成学业，为今后投身社会工作储备能量。

在经济能力方面，由于这一时期的大学生主要还是以完成学业为主，生活重心主要局限于校园环境，因而绝大多数的大学生还没有完全独立的经济能力，经济来源仍然主要依靠家庭。在人际关系方面，大学校园是众所周知的一片净土，"象牙塔"里无论是同学、朋友抑或是师长，几乎都不需要过多的顾虑与防备，可以自由地畅所欲言，可以自由表达自我和展露情感。

2. 职业角色

随着社会的发展，职业角色作为一个最重要的社会角色越来越受到人们的关注。职业角色是以广泛的社会分工为基础而形成的一整套权利和义务的规范、模式。由于社会地位是社会角色的内在本质，因此社会地位的多样性也就决定了社会角色的多样性。职业角色作为社会角色的一种类型，除具有社会角色的一般特征外还具有专门性、盈利性、相对稳定性、合法性和社会性等特征。

在经济能力方面，进入职业角色就意味着经济的独立，没有理由再依赖家庭和他人的帮助。在人际关系方面，职业角色要承担更为复杂的人际交往，而社会上的人际关系相对于学校要繁杂得多，也更为微妙，同时对生存艺术也提出了更高的要求，更加具有个人色彩。

3. 学生角色与职业角色的差异

（1）所处的环境不同。大学生在校园里往往是处于寝室—教室—图书馆—食堂等点线的简单而重复的生活方式，但是职业人在职场中却不得不面对竞争激烈、节奏较快的工作。没有了学校的寒暑假，可自由支配的时间减少了，还往往会受到不同地域生活环境和生活习惯的影响，生活方式因此会与学校生活有较大的变化和差异。

作为学生在大学里的学习时间可以弹性安排，有较长的节假休息日，教学大纲提供清晰的学习任务；学术上多鼓励师生讨论；布置作业或工作要求在规定时间内完成；以知识为导向；学习的过程以抽象性与理论性为主要原则。但作为职业人，在单位里被规定了上下班时间，不能迟到早退，会加班加点，节假日很少，工作任务又急又重；按时完成上司交给的一件件具体且实实在在的工作任务。

对大学环境和工作环境的比较，美国佛罗里达大学的管理学教授丹尼尔·费德曼（Daniel Fieldsman）有一些具体而详细的阐述，详见表5-1。

（2）社会规范不同。学生角色与职业角色不仅是在规范的内容上不同，而且规范所产生的约束力也不相同。社会对学生角色的规范内容主要反映在国家制定的《大学生行为准则》和各学校制定的《大学生手册》之中，学生规范多是从培养、教育的角度出发，告诉学生怎样做人，如何发展，促使其顺利成长为合格的人才，如怎样遵守国家的法律法规、遵守学校的规章制度，怎样待人接物等。因为学生是受教育者，在违反角色规范时，主要还是以教育帮助为主。

表 5-1　大学环境与职业环境

文化	
大学文化	职业文化
1. 弹性的时间安排	1. 固定的时间安排
2. 能够选课	2. 不能缺工
3. 更有规律、更个别的反馈	3. 无规律和不经常的反馈
4. 长假和自由的节假休息	4. 没有长假期，节假休息很少
5. 对问题有正确答案	5. 很少有问题的正确答案
6. 教学大纲提供清晰的任务	6. 任务模糊、不清楚
7. 分数上的个人竞争	7. 按团队业绩进行评估
8. 工作循环周期较短	8. 持续数月或数年的更长时间的工作循环
9. 奖励以客观性标准和优点为基础	9. 奖励更多是以主观性标准和个人判断为基础
教授或老板	
你的教授	你的老板
1. 鼓励讨论	1. 不经常讨论，不感兴趣
2. 规定完成任务的交付时间	2. 分派紧急的工作，交付周期很短
3. 期待公平	3. 有时很独断，也不总是公平
4. 知识导向	4. 结果导向
学习过程	
大学的学习过程	工作的学习过程
1. 抽象性、理论性的原则	1. 具体的问题解决和决策制定
2. 正规性、结构行动和象征性的学习	2. 以工作中发生的临时性事件和具体真实的生活为基础
3. 个人化的学习	3. 社会性、分享性的学习

社会赋予职业角色的规范、提供的行为模式则因职业的不同而不同。这些模式既具体又严格，违背了就要承担一定的责任，甚至是法律责任。比如国家工作人员，必须严于律己、克己奉公，渎职、玩忽职守、收受贿赂就要受到纪律和法律的处罚。

（3）活动方式不同。学生角色是在接受外界的给予，即接受和输入，主要是要求理解；而职业人员角色则是运用自己的知识和能力，向外界提供自己的劳动，即运用和输出，要求结合实际创造性地发挥水平。职业人员角色按照活动方式不同可分为：实际型——木工、运动员、军官、维修工、安装工人、矿工、电工、司机、农民等；研究型——化学家、数学家等自然科学和社会科学方面的研究与开发人员、专家，化学、冶金、电子等方面的工程师、技术人员；艺术型——音乐、舞蹈、戏剧等方面的艺术家、编导，文学、艺术方面的评论员，广播节目的主持人，艺术、珠宝等行业的设计师等；社会型——医疗服务、教育服务、生活服务等主要职业，教师、行政人员、医护人员、衣食住行服务行业的服务人员等；企业型——综合性农业企业管理人员、企业家、律师、金融家、零售商、行业部门和单位的领导者、管理者等；事务型——会计、出纳、银行职员、保管员、审计人员、人事职员等。

（4）行为结果不同。大学生角色行为主要关系到专业知识、能力培养、综合素质的程度，而职业角色行为则影响到单位和个人的发展。职业角色人格不仅会影响工作中的绩效结果，也会对个体的职业行为产生深远的影响。作为职场中的一员，人们在评判职业角色时总是和单位密切联系在一起，总是将其作为身负重任的工作人员来看待。例如：一名医生若能认真履行自己的职责，不仅可以有效地救死扶伤，而且会为医院赢得荣誉，为医生们树立典范；反之，既伤害了患者，影响了个人，又会影响到医院甚至医疗队伍的形象。

（二）学生角色到职业角色的变化

在社会生活中，每个人处在不同的社会地位，从事不同的社会职业都要有相应的个人行为模式，即扮演不同的社会角色。从大学生到职业人，其根本的变化是角色所承担内容的变化。

1. 学业导向到职业导向

大学期间，学生的主要任务导向是完成学业。进入职场后，主要的任务导向是履行岗位职责，完成工作任务，按照职业操守行事。刚刚毕业的学生在走上工作岗位之前往往对角色转换认识模糊，对即将从事的职业缺乏全面的了解。因此，毕业生在踏上工作岗位后，要能够根据现实环境快速调整自己，尽快树立正确的职业意识，并且主动学会适应。

2. 情感导向到职业导向

大学生处于青春发展的关键阶段，相对比较而言，生活方式略显自由，组织纪律观念比较淡薄；职业人在某一职业上受纪律、规范、规则等条件约束，一个合格的社会人应该懂得自我约束。毕业生进入职场后需要按照职业操守行事，即使认为自己非常有能力，也要遵章办事，而不能像学生时代一味地任由自己的性情处人处事。

3. 思想意识到实际行动

很多大学生认为自己胸怀大略、富有思想，大学期间喜欢高谈阔论，但到了工作岗位却往往眼高手低，是典型的"思想上的巨人，行动上的矮子"。大学生要脚踏实地、兢兢业业地工作；要不断熟悉工作、认真总结分析；在工作上要独当一面，承担一定的社会责任；要学会独立思考、独立分析、独立处理问题，摆脱对家长的依赖心理；在工作中要敢于大胆发表自己的见解，不要人云亦云；要提升自己的执行力。

4. 知识能力导向到绩效导向

学生时代的主要职责是积淀知识和能力，为求职做好准备。而职场最看重的是员工的绩效，只有努力工作，提升自己的工作业绩，才会得到单位的认可，才有可能实现个人的成长和进步，得到更多的回报。

5. 个人导向到团队意识

很多当代大学生都有一个明显的特点就是个性较强，团队和集体意识较淡薄。工作不同于读书，必须要有团队合作精神，角色转换必须要增强团队意识，学会帮助和支持他人共同完成工作任务。因此，角色转换包括团队意识的转变。

6. 兴趣导向到责任导向

这是进入社会后非常重要的角色转换。"95后"大学生具有较强的自我意识，大多数学生比较明显的特点是凭兴趣做事，比较注重自我的感受。进入职场后，开展工作必须以责任为向导，必须学会承担责任。任何不负责任的行为都不能为单位接受，不负责任的员工也将被单位解雇。

（三）角色转换易出现的心理问题

学生角色向职业角色转换，表面上只是名称的不同，但却是一个需要不断调整适应的过程。心理学研究表明，当人面对一个陌生的环境会很自然地产生一些迷茫和浮躁，这是人自我保护的本能反应。个体的社会角色发生变化时，新旧角色的转换过程必然伴随着不同角色之间的相互冲突。因此，从学生角色转换为职业角色不可避免地会出现各种各样的问题，这些问题主要包括依赖和恋旧心理、自负或自傲心理、浮躁心理、自卑或畏缩心理等。

1. 依赖和恋旧心理

大学生习惯了十多年的学生角色，容易使个体在学习、生活和思维方式等方面养成一种相对固定的模式。在职业生涯开始之初，许多人会常常不自觉地置身于学生角色之中，以学生角色的社会义务和社会规范要求自己，以学生角色的习惯方式分析和解决问题。在工作、生活或是人际交往中，他们都会将现状与学生时期对比，期望工作中的领导和同事都能像老师一样包容自己，人际交往中常以自我为中心，不会过多地关注别人的感受。但现实往往让他们处处碰壁，这使他们更加怀念在学校的时光，从而对学生角色产生依恋。而与之相矛盾的是企业需要员工服从领导决策、遵守规章制度、按照流程办事。

2. 自负或自傲心理

一些大学生对自我的认知存在偏差，认为自己有学历有文凭，在校期间无论成绩还是表现都不错，或者是毕业于名牌大学、紧俏专业等，于是就有了优越感，对同事和领导的观点习惯于否定，认为工作内容太简单，自己在学校所学的知识和技能比企业目前运用的要先进很多。总觉得自己技高一等，以天之骄子自居，不愿踏实地从基层做起，与那些普通的毕业生干一样的工作，拿一样的报酬，心里便有些失衡，不能以良好的心态融入工作，慢慢会对企业或领导产生怨气，甚至不认真工作，或是跳槽。还有一些大学生盲目自信，自命不凡，摆大学生架子，在工作中喜欢高谈阔论，喜欢表决心，眼高手低、纸上谈兵，不屑与他人合作，更不会虚心接受别人的指导和意见，甚至对领导和前辈表现出轻视。

3. 浮躁心理

一些初入职场的大学生充满激情和幻想，更有甚者出现了大事干不了、小事不愿干的现象，往往弄不清楚自己在工作中真正想要什么、能做什么。当意识到自己所从事的工作和理想中的状态相差甚远时，就丧失了工作动力。另外，一些大学生从事的工作与自己的专业、兴趣爱好或者价值观不符，导致有些大学生感叹自己无用武之地，丧失进取心。刚参加工作的大学生在与同学交流的过程中，有些人表现出对目前工作的不满；也有一些本科新员工喜欢和研究生同学进行比较，考上研究生的想早点工作挣钱，而工作的同学却希望自己能够考上研究生，这就形成了"围城"心态。这些浮躁现象的出现是因为大学生一直在向外探求，而没有向内思考，甚至没有站在企业和社会现实的角度去考虑问题。

4. 自卑或畏缩心理

一些毕业生在初入职场阶段，由于不知如何适应新的工作环境，会表现得怯懦、自卑和自信心不足。无论是做工作还是待人处事，总是担心自己的表现不够完美而被指责。要么过度封闭自己，不与人往来，要么盲目听从他人的指使，不敢表达自己的想法。遇到工作上的困难会感觉无从下手，没有办法从自己现有的能力、经验和知识来解决遇到的问题，进而完全否定自己，感觉自己一无是处。工作上遇到挫折后，就会变得灰心丧气，认为自己好像什么事情也不会做，什么事情也做不成，转入极度自卑的心理状态。

实际上，人的思想问题往往是与心理问题交织在一起的，尤其是上述列举的毕业生心理方面存在的问题，追根溯源还是人生态度和价值取向发生了偏差。这些心理问题都不同程度地反映了毕业生没能顺利完成学生角色到社会职业角色的转换，必然会对毕业生的职业适应能力和后期的职业发展造成不良影响。因此，在两种角色的过渡阶段，毕业生一定要谨慎对待，同时采取必要的方法帮助自己平稳转换角色。

二、职场适应

通常情况下，职场适应既包括职业角色的适应也包括职场环境的适应，是在先天因素和后天环境相互作用的基础上形成和发展起来的。

(一) 职业角色的适应

职业角色的适应并非与生俱来，它既需要个人自身天赋，更需要经过磨炼和学习来获取。如何才能让自己更快更好地适应职业角色是每位大学毕业生踏入职场社会后所必须面对的首要问题，提高职场适应力能够帮助职场新人在自己的职位上站稳脚跟、快速发展。相反，一旦在职业角色适应上出现问题，那么影响的不仅仅是工作，甚至是个人的人生道路。职场新人进入工作环境要从以下几个方面做好角色适应。

1. 心理适应

发挥自身健康的心理机能，即整体协作意识、独立工作意识、创造意识，要克服以下五个"心理"：对学生角色的依恋心理、观望等待的依赖心理、消极退缩的自卑心理、苦闷压抑的孤独心理、见异思迁的浮躁心理。大学生应该积极调整心态，尽快度过毕业初期的心理断乳期，完成职业的适应和发展。

一般新人刚跨入职场总是从基层做起。俗话说，"良好的开端是成功的一半"。首先要学会心理适应，学会适应艰苦、紧张而又有节奏的基层生活。由于大学生缺少基层生活经历，可能对一些制度、做法并不习惯，这时千万不要用自己固有的习惯去改变环境，而是要学会"入乡随俗"，适应新的环境。

(1) 要有充满自信，保持良好的心态。大学毕业生从小学、中学到大学一路上都是在拼搏中走过来的，步入社会更需要有年轻人的朝气与自信，要相信任何困难都不可怕，命运是掌握在自己手中的。虽然开始时可能会做错很多事情，在角色转变过程中会出现心理上的波动，或因环境陌生而孤独，或因条件艰苦而失落，或因周围人才济济而畏惧等，但只要能够吸取经验，随着时间的推移，在同事前辈们的帮助下，整体协作意识和独立工作意识就会慢慢养成，重要的是保持心理的平衡，莫让不良的情绪左右自己。

(2) 要安心本职，甘于吃苦。安心本职是角色转换的基础，做事要有耐性，要充分发挥自己的主观能动性和创造性，凡事要进行具体分析和具体对待，然后脚踏实地地工作，自然而然会惊喜地发现自己身上的创造力。准备好从底层做起，不断积累经验、提升能力，就能为今后的职业发展打下良好的基础，形成一个有延续性的职业发展历程。为了更快地完成角色转换，大学生应该持有"既来之则安之"的心态，在工作中不断地学习和积累各方面的知识和技能，当积累到一定的程度时，就有能力胜任更加重要的工作。

2. 生理适应

既然步入了职场，就已经从一位学生转换成一位职业人。也许在校期间喜欢睡懒觉、上课经常迟到或者频繁的来些"贵恙"，在读书期间，这也许不会带来什么严重的后果，可是在工作以后，如果还有很多懒病、娇病、馋病，每一件都可能带来非常严重的后果。所以，为了自己的职业前途尽早调整生活规律。

3. 岗位适应

一些年轻人容易将事情看得简单而理想化，在跨出校门之前，对未来充满憧憬，初出校门的大学生不能适应新环境，大多与其事先对新岗位估计不足、不切实际有关。工作后，首先要熟悉单位的基本情况，了解公司章程、工作纪律、基本规则、奖励方法等一系列规章制度，清楚什么是应该做的，什么是不应该做的，什么是必须遵守的，这有助于今后顺利地工作。

不同发展阶段的企业对员工的要求和培养会有所差别，了解单位的历史、现状，可以有计划地制订自己的职业发展目标，同时也有利于明确自己的定位。进入工作角色后，要尽快熟悉职业环境和岗位职责，要开动脑筋，勤于思考，运用自己所学的知识解决问题，探索岗位的胜任特征，使自己逐步具备独立开展工作的能力，逐步成为不可替代和领导信赖的员工。"大事干不了，小事不愿干"是刚参加工作的毕业生最容易犯的毛病。初入职场，一般很难直接参与重要的工作，往往承担一些比较琐碎的杂事和小事。例如，接待来访客人、撰写通知或工作报告，提出工作设想或具体工作实施策划方案等。要用心把这些小事做好，赢得领导、同事的好感与信任，逐渐适应角色。如果新人可以为自己做一个良好的职业规划，明确自己的职业目标是什么，在职场中自己该扮演什么角色，该怎样强化自己的职业，并且在这个行当上钻研下去，自然就能得到较好的发展。

4. 知识技能适应

刚出道的新人可能文凭比单位里一些前辈要过硬，但是经常会出现这样的情况：刚刚工作的学生什么都不会。因为学校学到的知识是有限的，大部分知识和能力需要在工作实践中学习和锻炼，到了职场上，更注重的是动手能力和累积经验。因此，新人们要投入到再学习中，要有从零开始的心态，单位领导和同事都是很好的老师；要摆正心态，虚心学习，把职业适应过程看成是不断充实完善、增长才干的过程；要主动向其他同事学习观察问题、分析问题和解决问题的方法，逐渐完善自我，实现角色转换。正所谓，干到老，学到老。竞争在加剧，学习不但是一种心态，更应该是一种生活方式。因此，谁不去学习，谁就不能提高，谁就不会去创新，谁就会落后。同事、上级、客户、竞争对手都是老师。谁会学习，谁就会成功，就能使得自己职业岗位的智能机构更加完善。学习增强了自己的竞争力，也增强了企业的竞争力。

如果真正能够注意并做到以上几种适应，即使大学生还是新人，但是已经能够胜任自己的工作岗位，并且会给上司和同事留下很好的印象。

（二）职场环境的适应

职场环境的适应是大学生社会化的重要阶段和组成部分，是指在对职场生活具有一定认识的基础上，不断通过对自己的职业观念、态度和行为习惯进行调整和改变，以适应职业发展和要求的过程。具体地说，就是人在工作生活环境中根据职业工作的性质和外在要求，对自身的身心系统进行评价、对职业行为进行自我调适，学习工作的必备知识和技能并应用于实际，努力达到自己体验与行为经验相互一致的心理过程。有专家研究认为，大学毕业生的职业适应期为3年。据调查，刚参加工作时，70%的大学毕业生认为自己"完全适应"或"基本适应"工作需要，20%多的人认为"基本不适应"或"完全不适应"，而两三年以后，96%的人都认为已"完全适应"或"基本适应"所从事的工作。

一般来说，大学毕业生走上工作岗位，要在较短的时间内适应职场并获得同事的认同和领导的肯定，应当从以下几个方面来提高和锻炼自己。

1. 珍惜第一份工作，积累经验、增长阅历

社会的发展为人们提供了越来越多自由选择职业的机会。大学毕业生的首次就业，并不一定就是终身的职业选择。由于最初择业时某些条件的限制以及其他因素的影响，一部分大学毕业生就业后对自己的职业并不满意，他们常常发牢骚，抱怨自己的工作环境不好。有的毕业生到一个工作岗位后没多久就跳槽，有的甚至一年之内跳几次槽，到哪个单位都感到不顺心。出现这样的问题，主要是由于一部分大学生将职业满足感和好工作联系在一起，而不是考虑怎样能将一份工作做好。如今是人才竞争的时代，也是企业与人才创造双赢的时代，因此，大学毕业生的思考方向不能只是做"自己的生涯赢家"，而是要做企业认同的"职场赢家"。

第一份工作对于人们的职业发展来说是非常重要的。国外有研究表明，第一份工作的职业水平是个人在其职业生涯中最终所能达到的职业水平的最佳预测因素。而且第一份工作可以给自己积累实际的工作经验，为以后职业生涯的发展打下基础。第一份工作是大学毕业生通过众多的渠道寻找到的一份适合自己的工作，所以，要确定自己的选择，珍惜自己的第一份工作，要忠于职守，努力工作，在工作中不断培养自己的兴趣，努力把工作做好。假如自己的工作是按部就班、重复单调的，可以体会就业的气氛，锻炼自己的耐性；假如工作是富有挑战性的，可以使自己感受到竞争的气氛，锻炼自己应变的能力。

大学毕业生即使在自己的第一份工作中尚未有辉煌的经历，但在第一份工作中所获得的工作经验也会使今后更易找到相同岗位的工作。阅历往往能发挥意想不到的作用。

2. 留下良好的第一印象

第一印象是某种客观事物首次作用于人的感官，在人的头脑中产生对事物整体的反映，它包括事物的外观形状、行为特点、价值批判等。大学毕业生走上工作岗位时，留给别人良好的第一印象非常重要，因为一旦留给别人的第一印象不好，今后很难转变。第一印象的作用表现在以下几个方面。

（1）前摄作用。即先入为主，在毫无认识基础的情况下获得，在人的大脑中嵌入较深。

（2）光环作用，亦称晕轮效应。在人们交往中，突出一个人的某一特点，掩盖着个人的其他特点和本质。

（3）定势作用，也叫定势效应。第一印象的状况如何，会对以后的发展形成一个固定的趋势。

影响第一印象的因素是多方面的，既同刺激客体的行为过程有关，又与反映主体本身的价值取向、知识经验以及需要程度等因素密不可分。要让自己留下良好的第一印象以下几点应值得注意：衣着整洁，讲究仪表；举止得体，虚心求教；守时守信，主动工作；严守秘密，待人真诚。

3. 注重知识转化、重视岗位培训

学历是一个人知识水平的标志。但学历并不能完全代表一个人的能力，因为要胜任现在的工作，还必须具备在职位上所需要的知识和技能。公司对新录用的职员一般都要进行一系列的培训，这也是第一份工作中所获得的最重要的东西。

大学毕业生在校期间主要是学习书本和理论上的知识，而企业所需要的是解决实际问题

的能力。怎样用自己所学的理论去指导自己的实践，完成这一关键的转化是每个大学毕业生都要面对的问题。解决这个问题需从两个方面入手：一是思维方式的转变，工作实际中遇到的问题可能比理论上的问题复杂得多，它可能涉及多门学科的知识和技术，因此需要综合地去看待问题和解决问题，在应用知识解决实际问题时可灵活运用发散思维等思维方式；二是要注意实践经验的积累，加强感性认识，避免"纸上谈兵"。

4. 多做实事和小事，尽快融入集体

一些初涉职场的大学生常抱怨"理想与现实有很大差距"，在单位里自己"吃的是杂粮，干的是杂活，做的是杂人"。其实，哪个初入职场的年轻人不从端茶、倒水、买盒饭干起呢？

涉世之初的学子要抱着多学一点，多做一点的心态，多从诸如打水、扫地、打字、复印这样的琐事做起，这样容易和大家打成一片，融入新环境。建立为现实负责任的观念，少谈一些好高骛远的事情，这样会让周围的人觉得孺子可教。放下架子，虚心向同事请教，他们会耐心释疑。多做实事和小事，少高谈阔论，这样会获得大家的认同。据有经验的"过来人"介绍，对那些不是很起眼或者不很重要的工作，如果大学生都能一丝不苟地努力完成，那么这种行为就是在为自己加分，很快会被老板"相中"。因为许多老板都宁肯相信，能把"小儿科"当回事并认真做好的人，肯定是敬业和有责任感的员工，不久，就会被安排更重要的任务，为施展才华创造机会。"一屋不扫，何以扫天下"的意义正在于此。

初来乍到，要尽快熟悉"圈子"里的人和事，保持多听、多看，用谦虚诚恳的态度向同事学习业务知识，主动与同事接触，可共同参加一些业余活动，或在一块儿聊聊天，增进友谊，这样有利于融入集体。

5. 建立和谐人际关系

人际关系是人与人之间心理上的关系和距离，是以一定的群体为背景，在互相交往的基础上，经过认识的调节、感情的体验、行为交往等手段而形成的，是人们长期交往的结果。交往双方在个性、态度、情感等方面的融洽或不融洽、相互吸引或相互排斥，必然会导致双方人际关系的亲密或疏远。

良好的人际关系表现为热情、诚恳、理解、同情、大度、互助、信用和原则性与灵活性的结合。促进人际关系密切友好的因素是缩短空间的距离，提高交往的频率，增加相似的东西，实现需要的互补。阻碍人际关系的个性特征是不尊重不关心他人，对人不诚恳不同情，缺乏自尊心自信心，妒忌、猜疑、偏激、固执、报复、苛求、依赖他人等。人际关系的变化、发展较快于双方之间需要的满足程度，如果互相间得到满足就容易发生密切关系；如果需要得不到满足，人与人之间发生的矛盾又得不到妥善的解决，人际关系就会恶化。

作为职业人，要与很多人发生各种各样的关系，尤其是随着业务上活动的增多，与同事之间、领导之间的交往频繁，人际关系就显得更为重要。职场上流传着"三分做事，七分做人"的说法，这充分说明职场中的人际关系是十分重要的。和谐的人际关系可以尽快地消除陌生感和孤独感，可以创造良好的工作环境，使人工作顺心，效率提高；可以营造一个宽松的生活环境，使人生活愉快，心理健康；可以增进团结，有益于事业。因此，良好、和谐的人际关系对于大学毕业生的职业发展和自身发展都有非常重要的意义。

处理人际关系要防止两个误区：一是把人际关系看作是决定人行为本质的东西，从而脱离了自身社会生活学习的环境，脱离了生产关系和社会关系，抽象地、绝对地来研究人际关系，甚至将"和谐的人际关系"作为自身发展的唯一筹码；二是忽视人际关系的地位和作用，认为自己是和工作打交道，只要干好本职工作就行了，何必要看别人的脸色，整天注意和别人的关系。

(1) 建立和谐的人际关系需注意
① 尊重他人，不自恃清高；
② 平等待人，不厚此薄彼；
③ 热心助人，不见利忘义；
④ 诚实守信，不贪图虚名；
⑤ 主动随和，不孤陋寡闻；
⑥ 律己宽人，不心胸狭窄；
⑦ 服从领导，不无理抗上。

(2) 处理好与周围同事之间的人际关系需注意
① 尊重同事；
② 要全身心地投入到工作中去；
③ 以诚待人，相互理解，相互尊重；
④ 学会艺术语言；
⑤ 对同事的困难表示关心；
⑥ 不在背后议论同事的隐私；
⑦ 对自己的失误或同事间的误会，应主动道歉说明。

(3) 处理好和领导之间的关系需注意
① 解决好自己分内的问题；
② 维护上司的形象；
③ 积极工作；
④ 信守诺言；
⑤ 了解自己的上司；
⑥ 关系要适度。

6. 敢于接受风险，乐于扩展自己的工作范围

做好本职工作，是分内的责任，不冒险很安全，但可能永远不会进步。初入职场的大学生可能正在思考："如果我接受了新方案，万一失败了怎么办？如果我负责新业务，成绩不理想，会不会脸上挂不住？"有些毕业生为了安全感保守地待在原地，却没想到总有一天被别人轻易地夺取自己的腹地。这就要求毕业生勇于承担一些富有挑战性的工作和责任，在做好本职工作的基础上，随时准备以快乐的心情，接受上司交代的新任务，而不要露出勉为其难的神情，更不要以这项工作不在自己的职责范围内而回绝上司。事实上，上司每交给毕业生一项新工作，都是对毕业生的一次小考验，毕业生必须力争圆满完成这些任务，使自己获得一个被赏识的机会。

第二节　职业发展

职业发展是在职场适应的基础上，使自己的价值充分体现，成为组织满意的优秀员工的

过程。职业发展是大学毕业生进入职场一段时间后，需要充分考虑的问题，对社会、家庭、个人均具有重要影响。因为职业不是一成不变的，个体职业生涯都是一个循序渐进的发展过程，是个体在职业领域中不断学习与进步的过程。在职业发展的过程中，个体要想进步，就要有终身学习的理念，为实现职业顺利发展创造条件。当然，影响职业发展的因素很多，既有个人因素、组织因素，又有职业因素和环境因素。

一、职业发展的影响因素

（一）个人因素

职业能力、创新能力、态度与品德、健康的身心是影响个人职业发展的内在因素。

1. 职业能力

职业能力可以定义为个体将所学的知识和技能在特定的职业活动或情境中进行类化迁移与整合所形成的能完成一定职业任务的能力。任何一个职业岗位都有相应的岗位职责要求，一定的职业能力则是胜任某种职业岗位的必要条件。职业能力主要分为一般职业能力、特殊职业能力和综合能力。

（1）一般职业能力。一般职业能力主要是指一般的学习能力、文字和语言运用能力、数学运用能力、空间判断能力、形体知觉能力、颜色分辨能力、手眼协调能力等。此外，任何职业岗位的工作都需要与人打交道，因此，人际交往能力、团队协作能力、对环境的适应能力以及遇到挫折时良好的心理承受能力都是我们在职业活动中不可缺少的能力。

（2）特殊职业能力。特殊职业能力是指顺利完成某一特殊活动（专业活动）所必须具备的能力，是一般职业能力在专业活动中的具体体现。任何一种专业活动都要求有与该专业内容相符合的特殊职业能力。如从事教育工作必须具有阅读能力和表达能力，从事音乐工作必须具有节奏感和曲调感等。

（3）综合能力。综合能力主要包括计算机应用能力、信息搜集和筛选能力、掌握制订工作计划、独立决策和实施的能力、自我评价能力和接受他人评价的承受力等。

如果大学生的能力与工作要求不相符合，就会感到不愉快和不满足。这些消极情绪又反过来影响工作，从而引起更多的不愉快。从某种意义上说，大学生所从事的工作能否与自己的能力匹配是他们在事业上能否成功的重要条件之一。因此，大学生在进行职业发展规划时，一定要对自己的能力有正确的评估。

2. 创新能力

创新能力是运用知识和理论在科学、艺术、技术和各种实践活动领域中不断提供具有经济价值、社会价值、生态价值的新思想、新理论、新方法和新发明的能力。

创新能力主要表现为发散思维能力。发散思维又称辐射思维、放射思维、扩散思维或求异思维，是指大脑在思考时呈现的一种扩散状态的思维模式，它表现为思维视野广阔，思维呈现出多维发散状，如"一题多解""一事多写""一物多用"等。

3. 态度和品德

（1）工作态度。工作态度是对工作所持有的评价与行为倾向，包括工作的认真度、责任感、努力程度等。工作态度作为员工的内在心理动力，影响其对工作的知觉与判断，直接关系到工作绩效。态度就是竞争力，积极的工作态度始终是脱颖而出的砝码，毕业生拥有积极的工作态度，将在竞争激烈的职场上做得更好，走得更顺利。

(2) 职业道德。职业道德是同职业活动紧密联系的符合职场特点所要求的道德准则、道德情操与道德品质的总和，它既是对工作人员在职业活动中行为的要求，同时又是职业对社会所负的道德责任与义务。各行各业都将职业道德作为完善职业功能的重要规则，每个从业人员，不论从事哪种职业，在职业活动中都要遵守职业道德。

4. 健康的身心

现代健康的含义并不仅是传统所指的身体没有疾病，根据"世界卫生组织"的解释：健康不仅指一个人身体没有出现疾病或虚弱现象，而是指一个人生理上、心理上和社会上的完好状态。现代生活节奏快，工作竞争激烈，人们都在为自己以后更美好的生活而努力，然而就在人们努力创造物质财富的同时，身体健康往往被人忽略。健康好比数字1，事业、家庭、地位、钱财是0；有了1，后面的0越多，就越富有。反之，没有1，则一切皆无。所以，职场新人一定要懂得珍惜身体，培养良好的身心素质，做好健康管理。

（二）组织因素

个人所在的组织环境对个人职业发展有着重要的影响，当组织环境适宜于个人发展时，个人职业更容易取得成功。但组织环境同社会环境一样，也在不断地变化，这些变化同样对职业提出了不同的要求。从组织内部环境看，影响职业发展的因素也是多方面的，主要包括组织状况、人力资源管理现状、领导者的支持和组织文化等。

1. 组织状况

组织状况包括组织规模、组织结构、组织特征和组织战略目标等。

2. 人力资源管理现状

人力资源管理现状包括人力资源规则、供给和需求的预测、招聘方式、晋升管理、工资报酬、福利措施、员工关系、发展政策等。

3. 领导者的支持

一个企业的文化和管理风格与其领导者的素质和价值观有直接的关系。如果企业领导者不重视员工的职业发展，那么员工在这个企业内的职业发展就很可能受挫。如果企业的领导者非常重视员工的职业发展，那么其所属员工在获得职业发展满意度的同时，也为企业创造了更大的价值和财富。

4. 组织文化

组织文化也叫企业文化，是一个组织由其价值观、信念、仪式、符号、处事方式等组成的特有的文化形象，简单而言，就是企业在日常运行中所表现出的各个方面。如果员工个人的价值观与企业文化有冲突，难以适应企业文化，这也决定他在组织中难以发展。因此，尽量避免与组织的文化冲突，是员工在职业发展过程中应遵循的原则。

（三）职业因素

职业是社会分工的结果，由于社会的需求越来越多，职业的种类和要求也随之发展。每一种职业被赋予不同的功能，使得各种职业之间在劳动强度、智力水平、收入状况、工作条件等方面形成了差别。如有的职业风险小，有的需要消耗体力，有的需要消耗脑力，有的需要在户外风吹日晒，有的终年可以待在四季如春的办公室等，这些差别就形成了人们对职业地位的不同看法和态度。职业地位是某种职业在社会分工体系中所处的位置，它通常以职业声望的形式表现出来。职业声望是人们对职业地位的一种主观反映，是职业所享有的社会评价。职业声望在一定程度上反映了人们职业选择的倾向和标准，它往往通过选取有代表性的职业，对其诸如权利、工资、晋升机会、发展前景、工作条件等方面进行调查，经过综合评判，对职业进行等级排序。一般来说，职业声望与职业地位是成正比的，职业声望包括四个方面的内容：职业社会功能、职业报酬、职业自然条件和职业要求。

职业声望是以上各要素的综合反映和综合作用的结果，单个要素不能全面反映职业声望，有的职业从业者收入高，但社会地位并不高。大学生职业声望的形成，一方面受社会职业声望的影响，另一方面也有自身的态度因素。值得关注的是，大学生往往以某一种因素作为判断职业地位的依据，具有很大的片面性。因此，大学生只有全面了解职业声望的意义，才能更好地发展职业。

（四）环境因素

大学生要实现个人的职业发展就必须对环境因素加以系统的分析和研究，据此确定相应的职业发展目标。根据各种因素的变化，对职业发展做出适当的调整。环境因素主要包括社会环境和企业内部环境两个方面。

1. 社会环境

（1）经济环境。主要包括经济形势、劳动力市场供求情况、收入水平、经济发展水平等。在经济发展水平高的地区，企业相对集中，优秀企业也比较多，个人职业选择的机会就比较多，因而有利于个人职业发展；反之，在经济落后地区，个人职业的选择和发展也会受到限制。一般来讲，求大于供，大学生职业选择的范围大，实现的程度就高；供大于求，则选择范围相对缩小，实现程度就低。有的大学生不在社会需求的方面发展自己的职业技能，而是盲目地按个人的兴趣、喜好进行培训。这样，虽然具备了某些方面的知识与技能，但不为社会现实所需也无法实现良好的发展。

（2）政治环境。主要涉及国家的方针和政策，影响职业的政治因素主要包含教育制度、政治体制、经济管理体制、人才流动的政策等。政治和经济是相互影响的，政治不仅影响到一国的经济体制，而且影响着企业的组织体制，从而直接影响到个人的职业发展；政治制度和氛围还会潜移默化地影响个人的追求，从而对职业发展产生影响。

（3）社会文化环境。包括教育条件和水平、社会文化设施、人口规模与质量、社会价值观等。在良好的社会文化环境中个人能受到良好的教育和熏陶，从而为职业发展打下更好的基础；同时职业发展也会受到人口规模与质量、社会价值观等因素的影响，如我国沿海地带的企业可能喜欢与员工保持契约关系，而内地公民可能喜欢传统稳定的雇佣制度。

（4）技术环境。主要包括产业结构的调整、高新技术的影响、现代化技术与管理的发展等。

（5）家庭环境。父母的受教育状况、社会地位、家人的期望、价值观、态度、行为、人际关系等对个人的职业发展起到直接和间接的深刻影响。家庭的教育目标、生活水平、家长的职业态度等都对大学生职业生涯规划起着重要影响。家庭是社会的细胞，是消费、教育与感情交流的基本单位，在社会生活中具有重要地位，对大学生就业意识的培养也是极为突出的。子女的职业选择成为父母的心事、家庭的大事。父母为子女能找到一份满意的工作操心费力，加上父母是孩子的第一任教师，而且是任期最长的教师，他们对孩子就业意识的形成和发展的影响最早、最深、最细微、最全面。

(6) 朋友和同龄群体环境。朋友、同龄群体的工作价值观、工作态度、行为特点等不可避免地会影响到个人对职业的偏好，以及职业发展的程度。

2. 企业内部环境

(1) 企业文化。企业文化决定了一个企业如何对待员工，因此，员工的职业发展是被企业文化所左右的。一个主张员工参与管理的企业显然比一个独裁的企业能为员工提供更多的发展机会；渴望发展、追求挑战的员工也很难在论资排辈的企业中受到重用。当然，一个人的价值观与企业文化有冲突，难以适应企业文化，这也决定了他在组织中难以得到发展。因此企业文化是个人在制定职业发展路线时要考虑的重要因素。

(2) 企业制度。企业员工的职业发展归根到底要靠企业管理制度作为保障，包含合理的培训制度、晋升制度、绩效考核制度、奖惩制度、薪酬制度等。企业价值观、企业经营哲学也只有渗透到制度中才能使制度得到切实的贯彻执行，没有制度或者制度定得不合理、不到位的企业，员工的职业发展就难以实现。

(3) 领导人的素质和价值观。企业的文化和管理风格与其领导人的素质和价值观有直接的关系，企业经营哲学往往就是企业家的价值观，企业主要领导人的抱负及能力是企业发展的确定因素。

(4) 企业实力。企业在本行业中是具备了很强的竞争力，还是处于一个很快就会被吞并的状态？发展前景如何？在激烈的市场竞争中不一定是最大、最强的企业就能生存，即不是强者生存而是适者生存。只有适应环境，适应发展趋势的企业才能生存。

企业内部环境对个人的职业发展有直接的影响，所有的人都处于企业的小环境之中，个体的发展与企业的发展息息相关。对企业环境进行分析可以使个人及时地了解企业的实际发展前景，把个体的发展与企业的发展联系起来，并融入企业之中，这有利于个人做出合理的职业发展规划。

二、职业发展的核心素养

职业发展所需要的核心素养是每一名大学毕业生入职后获得成功生活、适应个人终生发展和社会发展所需要的、不可或缺的共同素养，主要包括职业道德规范素养、职业科学文化素养、职业心理素质等。

(一) 职业道德规范素养

良好的职业道德不仅是市场经济发展的需要，也是提高个人素养、专业水平的需要。在市场竞争日趋激烈的今天，大学生在校期间，不仅要努力学习专业知识，训练专业技能，还必须学习职业道德知识，塑造职业道德品质，陶冶职业道德情操。

1. 加强大学生职业道德素养的重要性

(1) 良好的职业道德素养是企业生存发展的前提和保证。所谓职业道德素养是指从事职业活动的人员，按照职业道德基本原则和规范，在职业活动中所进行的自我教育、自我改造、自我完善，使自己形成良好的职业道德品质和达到一定的职业道德境界，其核心内容是爱岗敬业。爱岗敬业就是敬重所从事的工作，将工作当成自己的使命和责任。

《把信送给加西亚》中，罗文被指派给加西亚将军——一个在战争中发挥关键性作用的人送一封决定战争命运的信，他接受这一任务后就立即出发，没有任何推诿。几经冒险，终于把信送给了加西亚将军。《把信送给加西亚》传达了这样一个理念：企业需要像罗文一样具有良好职业道德素养的员工，这是企业在市场竞争中生存和发展的前提和保证。因为任何一个企业组织总是要通过员工来完成一定的任务，员工的职业道德素养如何必然与企业利益直接相关。美国前总统布什曾经说过："我寻找那些能把信带给加西亚的人，让他们成为我们的一员。那些不需要人监督而且具有坚毅和正直品格的人正是能改变世界的人！"而那些能够"把信送给加西亚的人"一定是德才兼备的人。大学生是高校面向社会和企业未来的高级人才，其是否具备良好的职业道德素养将直接影响着企业的生存。

同样，企业任务的完成、目标的实现也离不开员工，企业与员工是唇齿相依的关系。任何一家想创造优秀业绩的企业都必须拥有良好职业道德素养的员工。没有爱岗敬业的员工，就无法为社会提供有创造性的劳动；没有爱岗敬业的员工，就无法为顾客提供高质量的服务；没有爱岗敬业的员工，就难以生产出高质量的产品；没有爱岗敬业的员工，企业就会缺乏持续发展的可能性。

（2）良好的职业道德素养是大学生获得工作的基本要求与取得业绩的基础条件。高校大学生在结束校园生活进入社会之初，首先要得到用人单位的聘用，而能否得到企业认可的重要因素首先取决于他们是否具有良好的职业素养。据一份有关大学应届毕业生就业调查报告显示，"大学生们认为企业在招聘新员工时，可能最看重员工的职业技能、团队精神以及教育背景；而企业雇主们则表示，在涉及对大学生的招聘录用时，大多数企业把责任心放在首要的位置，同时关注的是他们的工作激情、诚信度、进取心和创新能力。"由此可见，培养高校大学生具有良好的职业道德素养是帮助他们能够顺利进入职业活动领域必备的基本要求。

作为企业员工，在工作中尽职尽责，处处为企业着想，充分发挥个人的潜能，也必然会得到企业的认可、欣赏和重用。可见，良好的职业道德素养表面上看起来是有益于企业，但最终的受益者却是自己。另外，一个敬业、忠诚的员工可以获得他人的尊重，因为敬业和忠诚永远都是备受推崇的优秀品格，不仅能够赢得朋友的高度评价，甚至能够赢得竞争对手的尊敬。一个人一旦能够拥有这些美好的职业品质，也是人生最大的财富。同样，当爱岗敬业等职业道德变成一种生活习惯时，企业员工就能从中学到更多的知识，积累更多的经验，就能从全身心投入工作的过程中获得工作带来的快乐。

2.加强大学生职业道德教育的原则

大学生职业道德教育原则是指从事大学生职业道德教育的人应具有的规则意识和必须遵循的教育准则。在教育中只有遵循这些原则，大学生职业道德教育才能取得实效。

职业道德教育作为道德教育的一部分，是一项复杂的工作，它涉及目标、原则、内容、方法等诸多问题。在德育工作中，德育原则是道德教育的基本问题，在职业道德教育中，职业道德教育原则是职业道德教育的基本问题。大学生职业道德教育有以下原则。

（1）主体性原则。大学生职业道德教育的目的要求大学生将职业道德要求内化为自己的职业道德品质，并外化为适当的道德行为。在大学生职业道德教育中只有充分发挥教育者与受教育者的主体性原则，才能实现职业道德教育的目标。

在职业道德教育中，大学生接受什么教育或不接受什么教育以及在多大程度上接受教育，往往取决于他们内在的自我教育因素。增强受教育者的教育主体地位，使教育过程转化为自我教育过程，是实现职业道德教育目标的关键。因此，我们在教育中要注意引导和不断培养受教育者学习职业道德，培养自我职业道德教育的积极主动性和自主能动性，把大学生自我学习职业道德教育和自我进行职业道德教育实践作为大学生职业道德教育的中心环节。注重启发教育和激励教育，充分发挥大学生的自主性和创造性，让大学生亲身投入到职业道德实践中去，自主地确定自己的价值取向、职业理想、职业选择，从而提高大学生的职业道德素质，增强大学生职业道德教育的实效性。

（2）理论与实践相结合的原则。大学生职业道德教育由于受机制和传统的影响，一直重视理论的讲解，而忽视职业道德的实践，从而造成大学生职业道德教育脱离实际，造成其理论与实践脱节，严重削弱职业道德教育的效果，影响了大学生正确职业道德观的形成。这就要求教育工作者在进行职业道德教育时，必须坚持职业道德理论与实践相结合的原则。只有坚持理论与实践相结合，才能激发大学生学习的兴趣和主动性，才能使大学生获得对职业道德的完整认知。在大学生职业道德教育中，要注重把职业道德教育生活化、实践化，也就是大学生职业道德教育应该从大学生的实际生活出发，关注他们在现实生活中的职业道德需求，创造机会使大学生通过生活和实践的体验来理解社会对大学生的职业道德要求，切忌把大学生职业道德教育空洞化、教条化，使职业道德教育失去生机和活力。

由于实践教学具有社会性、现实性、综合性等特征，它能使大学生在理论学习的同时亲自进行职业实践，能够运用自己所学的知识和所积累的经验亲身体验职业生活，从而使大学生自觉加强职业道德素养，将职业道德原则和规范更好地应用到实践和生活中。

在职业道德教育中，坚持理论与实践相结合原则有利于大学生深化对职业道德理论知识的理解，能够把对职业道德的认识自觉外化为职业道德行为，并在工作中养成良好的职业道德习惯，真正做到爱岗敬业、诚实守信、合作奉献和艰苦奋斗。

（3）先进性与广泛性相结合的原则。我国目前还处于社会主义初级阶段，在 40 多年的改革进程中，我国经济体制和生产方式发生了巨大变革，造成社会经济成分、组织形式、就业方式、利益关系和分配方式日益多样化。这些都导致大学生在职业道德认知和职业道德实践上存在差异。

一些大学生，特别是共产党员和先进分子能严格要求自己，坚持集体主义职业道德原则，做到全心全意为人民服务，在自己的工作岗位上爱岗敬业、艰苦朴素、吃苦在前、享受在后、多做奉献。但是普通大学生的职业道德水平只是符合社会主义公民的职业道德要求，与先进性要求还存在较大的差距。因此，我们在教育中要以广泛性要求为基础，提高大学生的整体职业道德水平，但是在广泛性要求中不能放松先进性要求。在职业道德教育中，要大力弘扬先进性，充分发挥榜样的示范引领作用，倡导普通大学生向共产党员和先进分子学习，提高他们的职业道德水平。

总之，在大学生职业道德教育中，一定要坚持先进性与广泛性的统一，以先进性带动广泛性，根据大学生职业道德的实际情况制订教育目标与内容，实现先进性与广泛性教育的有机结合。

（4）专业教育与职业教育相结合的原则。高校教育者要从各种职业活动的价值与意义去论证职业道德的社会功能，帮助大学生提高对职业道德的认识和履行职业道德的自觉性，从而巩固和加深大学生对职业道德的认识和理解，提高大学生的职业道德素养，使其养成良好的职业习惯。这就要求我们在教育中把职业道德教育内容渗透到专业教育中去，根据大学生的专业情况讲述相关职业道德的基本知识和规范要求，使大学生明确社会主义职业道德的基本原则，掌握本专业职业道德的基本内容，从而提高大学生的职业道德素质。

在此同时，还要对大学生进行专业教育，让大学生了解自己所从事的行业，懂得其社会价值和社会功能，增强其对所学专业的认同感。一些大学生对自己所学专业不了解，尤其是对所学专业的社会价值以及自己在职业生活中的地位、权利与义务不清楚，导致他们有厌学情绪产生，对自己的大学生活感到失望，从而大大降低学习效率，浪费了教育资源。因此，教师在向学生传授知识的同时，也要向学生介绍专业的概况及其在国民经济中的地位和作用、发展历史和前景、性质和特点等，使学生对这个专业有一个较为宏观的了解，从而增强他们对从事所学专业的兴趣，提高职业意识。所以，学校对大学生进行职业道德教育是一项综合任务，它要求每位教师都要把职业道德教育渗透到本学科的教学中，使大学生时时刻刻能够感受到职业道德教育的存在和影响，从而使大学生职业道德教育取得实效。

（5）校内教育与校外教育相结合的原则。我国大学生职业道德教育由于受传统的影响，注重校内教育而轻视校外教育，存在着教育的封闭性、片面性、空泛性、过时性、能力培养功能的缺失等特征。因此，很有必要借鉴国外职业道德教育模式，特别是校外职业道德教育模式。

在长期的职业道德实践中，国外一些国家有着悠久的职业见习和实习传统。在其职业道德教育中，实践课程时数占很大比例，他们充分利用校外教育来提高大学生的职业道德素质，侧重于学生职业道德情感和意志的培养，同时也兼顾学生对职业道德的认知。教师将学生职业道德表现列入见习、实习评价体系，与就业相关联。因此，学校应充分利用大学生教学见习和实习的机会，在校外教育中加强对大学生的职业道德教育。另外，学校还可以组织大学生进行社会走访，让大学生到优秀企业和单位走访有突出成绩的先进模范人物、优秀企业家，充分发挥榜样的作用。此外，还可以组织大学生参加"青年志愿者"服务活动，比如看望福利院老人，定期帮孤寡老人做事等。通过这些校外教育活动，把校内教育中所学到的知识与校外教育实践结合起来，从而使大学生受到良好教育，增强职业道德教育的效果。

总之，大学职业道德教育不仅是学校的责任，也是社会的责任，它需要社会的参与，只有全社会都重视大学生职业道德教育，为大学生职业道德教育营造良好的环境，我们的教育才会真正取得成效，才能全面提高大学生的职业道德素质。

（6）长期性原则。大学生价值观的形成是一个长期的过程，它是在一个人原有的思想品德素质基础上，经过学习和道德实践锻炼而形成的，并受社会环境的影响。价值观一旦形成将影响一生。因此，大学生职业道德教育是一个长期、终身的过程，它需要连续不断的教育和实践。

大学阶段是大学生世界观、人生观、价值观形成的重要时期，是大学生从不成熟走向成熟的重要阶段。因此，大学阶段对大学生进行长期的职业道德教育很有必要，只有这样才能保证大学生职业道德教育的可持续性，才能对大学生进行系统的职业道德知识教育，才能对大学生职业道德教育的效果进行有效评估，并提出具有针对性的整改措施。否则职业道德教育将失去效果，将与我们的教育目标相背离。职业道德教育的长期性对大学生群体而言是一种长期教育，对大学生个体而言是长期学习，也是终身学习。通过由浅入深、由宽泛到系统的教育使大学生对职业道德教育内容有一定深度的理解和掌握。在整个教育过程中，要特别注意对教育规律的运用，做到教育的科学性和规范性。这就要求在职业道德教育中，要根据大学生的不同阶段特征，合理安排教学内容与教学实践，使职业道德教育永葆长期性。

（7）开放性原则。在大学生职业道德教育中必须坚持开放性原则，否则培养的大学生将是不合格的"产品"，不能适应社会的激烈竞争，终将会被社会淘汰。只有让学生在开放的社会环境中接受锻炼,才能树立正确的职业道德观。

大学生只有到开放的社会实践中才能领悟、体会和感受到职业道德和职业精神的内涵,只有在开放的社会中才能领悟到良好的职业道德素质对个人发展以及所在企事业单位发展的重要性。在坚持开放性的职业道德教育中,我们要紧跟时代的变化,把社会职业道德建设中的要求融入大学生职业道德教育中来,把用人单位对大学生的职业道德要求引进到职业道德教育中来,实现二者的良性互动。在职业道德教育中要培养学生的自主择业能力,提高认识和规划自己的能力,确立明确的职业发展目标,并注重以培养就业能力、实践能力、创新能力为重点,着力在树立全心全意为人民服务和艰苦奋斗思想方面教育自己,端正就业思想,调整就业心态,转变就业观念,建立基层意识、职业意识、事业意识和奋斗意识,使大学生进一步增强服务祖国、奉献社会的意识和责任感,把个人志愿与国家需要结合起来,主动积极地到国家需要的地方去,到西部、到基层去建功立业,实现自己的职业理想。

3. 大学生加强职业道德规范建设的路径

(1) 树立自信、自觉、自主地进行自我修养。在职业道德素养上,自觉是非常重要的,人一旦有了自觉性,才能在道德活动中处处留心,时时提醒自己,严格要求自己,完善自己的职业道德品格。

德国著名哲学家康德一生奉献于哲学。他每天走出朴实无华的书房,徒步到大学,忙于他的哲学研究,生活规律不曾稍改,真正做到了"数十年如一日"。他对"时间"的控制分秒不差。每天必在早晨5点起床,晚上大约10时就寝,这个严格的生活习惯,他始终严守不渝。康德严于控制时间的习惯,关键在于他有很强的自我控制能力和强烈的自律意识。良好的习惯一经形成就是终身受用的资本;反之,不良的习惯则会成为一生的羁绊,阻碍自己的发展。一个人如若喜欢整天蒙头大睡,不可能在梦中成就事业。

大学生处在人生的十字路口,自我管理和约束能力相对较差,但具有很强的可塑性,若能从自己内心培植职业道德的土壤,建立长效自我约束机制,就会在工作中爱岗敬业、谦逊礼让、严于律己、宽以待人;在感情上,以为社会多作贡献为荣,以自己的劳动成果能为社会和他人带来幸福为乐,从而更好地在自我教育中提高职业道德水平。

(2) 学习职业道德理论与参加社会实践活动相结合。学习职业道德理论与参加社会实践活动相结合是提高职业道德素养的根本方法。学习理论,首先,要学习马克思列宁主义、毛泽东思想、邓小平理论、"三个代表"重要思想、科学发展观、习近平新时代中国特色社会主义思想,只有学习和掌握了科学理论,才能坚持职业道德素养的正确方向。其次,要学习职业道德基本理论和原则规范,明确职业道德的目的、方向、原则,才能提高职业道德素养的主动性和自觉性,培养职业道德情感、意志、信念,形成良好的职业道德行为习惯。实践证明,大学生在学校学习和实践结合得越紧密,体验就越深刻,在工作岗位上的表现就越优秀,越符合职业道德规范,并能很好地指导社会实践。

人的道德品质不是与生俱来的,是在长期的社会实践中逐步形成和发展起来的,实践是人们养成道德品质的源泉,也是进行职业道德素养的目的和归宿。大学生在学习职业道德理论的基础上,只有不断融入社会,把自己的学习和社会实践活动相联系,才能更深刻地认识自身的价值所在,正确审视自己的不足,并在社会实践中锻炼自己、陶冶自己、完善自己,最终完成职业道德品质的提高。

(3) 向新时代涌现的职业模范人物和身边的榜样学习。新时代社会主义精神文明建设呈现出积极、健康、向上的良好态势，社会职业道德风尚发生了可喜变化，涌现了许多先进楷模，为社会主义职业道德素养的传承树立了榜样。疫情期间，白衣天使用实际行动践行医者大爱的使命担当；社区干部冲锋陷阵，筑牢社区防控安全屏障；教师开启云端授课，将知识和关爱播撒在华夏大地……大学生不但要向各行各业的时代模范学习，还要向身边的老师、同学、工厂的师傅学习，学习他们的长处，克服自己的缺点，把职业道德境界提至崭新高度。

（4）自觉地进行"内省"和"慎独"。"内省"是内心的审查、检讨，去除私心杂念，使自己的言行规范于道德标准的要求，树立正确的道德观念。一个人只有在内心严于解剖自己，在行为上善于反省自己，才能成为一个符合时代精神的有高尚职业道德的人。

大学生在提高自身道德修养的同时，应该经常"内省"，善于认识自己，勇于正视自己的缺点，敢于自我批评，自我检讨，并决心改掉缺点，扬长避短，在实践中不断完善自己的职业道德品质。古人说的"吾日三省吾身"是对"内省"最好的诠释。

"慎独"是指在无人监督的情况下独立工作，自行其是，仍然能谨慎地遵守道德原则而不做坏事。它是我国伦理思想史上一个特有的范畴，既是一种道德修养方法，又是在修养中达到的一种崇高境界。《孔子·中庸》中写道："道也者，不可须臾离也，可离，非道也。是故君子戒慎乎其所不睹，恐惧乎其所不闻。莫见乎隐，莫显乎微，故君子慎其独也。"意思是一个有道德的人，要做到在别人看不见的时候能够谨慎行事，在别人听不到的时候能够警惕，不要以为隐蔽和微小的过失，就可以去做。因此，独自一人时，同样要谨慎行事，防微杜渐，自知自爱，把握自己。山东省有一座四知庙，据说是纪念东汉名臣杨成的。杨成在赴任东莱太守时，路过昌邑县，县令王密深夜只身送上黄金10斤。杨成很生气，埋怨王密不该这样做。王密却说，深夜无人知晓。杨成发火道："天知、地知、你知、我知，何谓无知者？"王密听后，惭愧而去。杨成的故事就是道德修养中的"慎独"。作为当代大学生，能否做到"慎独"，以及"慎独"所能达到的程度，是衡量一个人是否坚持自我修养以及在修身中取得成绩大小的重要标尺。

"慎独"讲究不仅在他人面前、领导面前能按职业道德行事，而且在别人不知道的情况下，也能自觉地做好事。唯有如此，才能在新形势下始终保持清醒的头脑，经受住各种考验，模范地遵守职业道德，做一个具备高尚职业道德品质的新型劳动者。

（5）从小事做起，从现在做起，循序渐进。中国古代最有影响的思想家之一孟子，在道德修养方法和培养高尚道德情感上有很深刻的论述。他认为，修身养性，培养浩然之气，并非深奥玄妙之事，而是要从身边事做起、从小事做起，把内心德行修炼与现实生活紧密结合起来，避免不切实际的高谈阔论。

大学生正处在培养良好职业道德和练就技能本领的大好时期，只有在平凡的日常学习生活中，从点滴小事做起，通过长期积累，才能逐步培养优秀的道德品质。不能因为他人没有做到而原谅自己；也不能因为社会存在不正之风而放纵自己、原谅自己，甚至放松对自己的要求。相反，更应该高标准、严要求，朝着高尚的职业道德境界去追求。唯有如此，才能自觉形成一种道德习惯，形成良好的职业道德信念和品质。

目前，我国正在努力建设社会主义市场经济，人们的思想道德观念发生了很大的变化，职业道德建设面临着新情况和新问题。尽管如此，职业道德素养仍然是职业道德建设中的一个重要方面，对于个人道德品质的形成和发展具有重要的作用。社会需要数以亿计的高素质劳动者，当代大学生更应首当其冲，从我做起，从小事做起，不断提高自己的职业道德素养水平，向更高的职业道德水准迈进。

（二）职业科学文化素养

当今世界，科技和经济不断发展，科学技术的发展水平已成了国家强大的基石。所以加强大学生职业科学文化素养既是党和国家推进社会主义现代化建设事业的迫切需要，也是大学生自身发展的内在要求。高校在开展培养职业科学文化素养的过程中，要将知识和能力培养有机结合。高校在强调专业核心能力培养的同时，还要加强大学生智力能力、方法能力、社会能力的培养；高校既注重专业知识的传授，也要重视社会文化知识的传授。因此，使高等教育的职业科学文化素养的培养真正落到实处，高校就必须对职业科学文化素养有清晰的认识，探寻职业科学文化素养与能力素质的培养途径。在实际工作中，人们能清晰地感受到综合素质好、职业素养好的大学生，往往能够找到比较理想的工作。

1. 职业科学文化素养的概述

职业文化是人们在职业活动中逐步形成的价值观念、思维方式、行为规范以及相应的习惯、气质、礼仪与风气，其核心内容是对职业使命、职业荣誉、职业心理、职业规范以及职业礼仪的认同和遵从。每一种职业都有属于自己独特的职业文化，这是职业文化的个性，也是一种职业区别于另一种职业的主要原因之一。从事某一职业就必须遵循这一职业一系列的以职业价值观、行为规范为核心的职业文化要求。虽然不同的职业有不同的职业文化，但是，很多职业科学文化素养却是通用的，如爱岗敬业精神、团队意识、责任意识等，几乎是每一种职业的共性要求。

教育部对大学生的职业科学文化素养有明确要求，曾在《教育部关于全面提高高等职业教育教学质量的若干意见》中指出"要高度重视大学生的职业道德教育和法制教育，重视培养学生的诚信品质、敬业精神和责任意识、遵纪守法意识，培养一批高素质的技能性人才。"

加强职业科学文化素养是社会发展的要求。职业科学文化素养教育体系包括人文素质教育、自然科学教育和社会科学教育三个部分。社会科学教育目标是对学生进行文学、历史、哲学、艺术等人文社会科学方面的教育，以提高其人文素养、文化品位、审美情趣以及建立正确的人生观和价值观等。我们认为，职业科学文化素养就是指在职业过程中，个体在文化方面所具有的较为稳定的、内在的基本品质，具体表现为个体的知识和与之相适应的能力行为、情感等综合发展的质量、水平和个性特点。

2. 职业科学文化素养是用人单位对大学生的迫切需求

用人单位对大学生的职业科学文化素养的需求直接或间接地表现在企业对人才的需求条件上。以天津的企业为调查对象，关于企业对大学生职业科学文化素养需求进行的调查如下：

一项关于"企业希望招聘的毕业生在校期间要多掌握哪方面的知识"的调查统计结果依次为：个人修养（约占70%）、本专业知识（约占53%）、相近专业知识（约占38%）、计算机应用（约占23%）、文字表达（约占21%）。

一项关于"企业所需要的员工应具备的能力或品质"的调查情况如下：爱岗敬业（约占72%）、专业理论（约占22%）、责任意识（约占69%）、个性突出（约占5%）、沟通能力（约占58%）、合作精神（约占62%）、遵守纪律（约占35%）、创新能力（约占41%）、思维能力（约占22%）、动手能力（约占37%）、执行能力（约占42%）、领导能力（约占8%）、虚心好学（约占38%）。

以上调查结果说明，企业对大学生职业科学文化素养的要求是比较高的。企业对大学生的职业科学文化素养要求依次是爱岗敬业、责任意识、合作精神等。甚至有的企业对大学生个人修养的要求超出了对本专业知识的要求，而且企业更为青睐有职业素养且具有一定工作经验的大学生。

总之，在当前经济形势影响下，大学生的就业问题将面临更为严峻的挑战。这组数据充分说明了用人单位对大学生职业科学文化素养的关注。高校要在努力打造专业高技能人才的同时，着力培养大学生的职业科学文化素养，努力将大学生们培养成专业技能水平高、职业科学文化素养高的"双高"人才。

（三）职业心理素质

进入21世纪，职业心理素质显得越发重要。职业心理素质是职业心理学研究的重要内容，是职业指导和职业培训的重要内容。职业心理素质的高低反映了个体对特定职业的适应程度，这种心理素质形成之后对相应的职业活动具有独特的作用和功能，职业心理素质也是开展职业指导和培训的重要理论问题。

1. 职业心理素质的含义

目前，对职业心理素质的界定有两条途径：一是从心理素质的角度界定，把职业心理素质作为人的心理素质的有机组成部分。由于人的心理素质是以生理条件为基础的，将外在获得的刺激内化成稳定的、基本的、衍生性的，并与人的社会适应行为和创造行为密切相关的心理品质，这种心理品质在职业领域就表现为相应的职业心理素质。因此，从心理素质的角度，职业心理素质可以定义为人的心理素质在职业行为上的表现和个体的心理素质对其职业生活的适应性程度，它强调职业心理素质是人的心理素质在特定职业领域的具体化。二是从职业素质的角度界定，认为职业心理素质是职业素质的一个有机组成部分，而职业素质是指人们从事职业活动所必须具备的生理因素、专业素质和心理因素。生理因素包括人的体质、体能、反应速度、神经类型等；专业素质包括所从事职业范围内的学科知识等；心理因素既包括与人的个性倾向性相联系的职业需要、职业兴趣、职业态度、职业道德、竞争意识、协作精神、职业习惯等心理品质，也包括直接影响职业劳动效率与成就水平的智能因素，如人的知识、经验、技能、技巧、能力、智慧等。因此从职业素质的角度，即职业心理素质是指从事职业活动所必备的心理因素的总和，它强调职业心理素质的结构与数量。

职业心理素质与心理素质、职业素质密切相关，因此，界定职业心理素质的概念就应该把这两种观点结合起来。通常认为职业心理素质是个体拥有的对职业活动起重要影响的心理品质的质与量的有机统一。第一，它是特定职业对其从业人员都要求具备的心理品质，不同的职业有不同的心理素质特点和要求；第二，职业心理素质是人的一般心理素质在个体的职业活动中的具体表现。

2. 职业心理素质的特征

一般而言，职业心理素质具有以下特性。

（1）稳定性。职业心理素质是个体相对稳定的心理特征，是个体在职业生涯中体现出来的职业意识与职业技能，反映一段时期内从业者与职业之间的适应状况，因此具有相对的稳定性。而且职业心理素质一经形成，便是具有相对稳定的心理结构系统。这种稳定性对个体而言具有两方面的意义，一方面，它能够持续稳定地起作用，特别是随着从业者职业活动的逐步发展，其对职业活动中出现的各种情况都能够自动地进行处理，这样有利于提高职业活动的效率;另一方面,职业心理素质的稳定性也容易造成在职业活动中出现思维和行为上的定势,使人的职业活动出现按部就班和故步自封的现象。

(2) 基础性。职业心理素质对职业活动的影响是全面而深远的,它不仅影响人们对职业的选择、职业活动的效率、职业成就的大小,而且影响着从业者对职业的适应和发展,以及个体从职业活动中获得的满足感。这种基础性还表现在由于人的职业心理素质的不同,对职业适应程度也不同,而职业本身又是现代人的主要社会行为,使得来自职业生活的各种信息对人的整个心理系统都有重要的影响。因此,在职业心理学的研究中,职业调适是非常重要的内容,其原因就在于来自职业上的压力不仅能够引起胃肠机能失调、头痛、过度疲劳等生理症状,而且更多的是使从业者出现焦虑、沮丧、压抑、注意力无法集中等心理问题。

(3) 综合性。职业心理素质不是单纯各种心理品质的总和,而是在人的职业活动与实践中综合表现出来的心理品质。尽管我们也对其进行构成成分的分析,其实从更严格的意义上说,这些成分只是影响职业心理素质的各种因素,职业心理素质从整体上说是人的一般心理素质与特定职业结合反映出来的心理特质。

(4) 发展性。尽管职业心理素质具有相对的稳定性,但它也具有可持续发展的性质和自我衍生的功能。职业心理素质是既在职业教育与相应的职业活动中发展和培养起来的,也会随着职业活动的深入而产生变化。当然这种发展性是渐进的,尽管职业心理素质的构成成分中某些因素可能在短时间发生重大改变,但这种改变对整个职业心理素质的影响是相当缓慢的,这从另一个方面也反映了职业心理素质的稳定性。

3. 职业心理素质的内容

心理素质内容十分丰富,它不仅包括知识、智力、能力技能素质,还包括思想道德、观念态度以及人的性格气质方面的素质。因此,职业心理素质成分也十分丰富,我们可以把职业心理素质分为两大类型,即智力型职业心理素质和非智力型职业心理素质。

(1) 智力型职业心理素质。具体包括:知识(经验);智力(注意力、观察力、记忆力、想象力、思维能力);领导及管理能力(组织能力、管理能力、协调能力等);人际交往能力(公关能力、交流能力、沟通能力、表达能力等);处理工作的能力(分析判断能力、解决问题能力、动手能力等)。

(2) 非智力型职业心理素质。具体包括:思想品质及职业道德(如思想观点、态度、行为、作风等);职业需求、职业情感及价值观(如职业愿望、职业意向、职业动机、职业理想、事业心和职业价值观等);意志情绪品质(如乐观、开朗、耐心、冒险敢为、吃苦耐劳、心理承受力等);个人素质(如勤奋、仔细、严谨、精力充沛、内倾性、外倾性等)。

上述分类中把人际交往能力归类为智力型职业心理素质,事实上人际交往能力中的不少能力(如沟通能力)具有双重属性,也就是它们既是智力型职业心理素质,也是非智力型职业心理素质。

4. 马斯洛的良好职业心理素质的标准

马斯洛是美国著名社会心理学家,第三代心理学的开创者,提出了融合精神分析心理学和行为主义心理学的人本主义心理学,其中融合了美学思想。马斯洛作为人本主义的重要代表,认为良好的职业心理素质表现在以下几个方面。

(1) 具有充分的适应力。所谓适应力是个体和社会的链接,是指个体为了在社会更好生存去积极适应社会,适应外部环境,适应和他人的关系而进行的心理上、生理上以及行为上的各种适应性的改变,与社会达到和谐状态的一种执行适应能力。适应力也包括接纳社会的制度和价值,一个人发展的前提是他认同这个国家的制度和价值,否则他就无法生存和发展。同时,适应力也是反馈一个人综合素质能力高低的间接表现,是个体融入社会、接纳社会能力的表现。

(2) 能充分地了解自己,并对自己的能力做出适度的评价。良禽择木而栖,即将步入职场的高校毕业生择业时须充分了解自己,发现自己的内在需求,并对自己的能力做出适度的评价。自我评价是建立在自我观察与自我分析基础上的自我身心素质的全面评估和认知的过程。就大学生择业而言,自我评价是大学生择业意识从"我想干什么"的幻想型转变到"我能干什么"的现实型的过程,也就是实现择业者知行合一的过程。

(3) 生活的目标切合实际。心理学家指出,人的心理健康是战胜疾患的康复剂,也是获得机体健康、延年益寿的要素。要对自己的能力做出恰如其分的判断,如果勉强去做超越自己能力的工作,就会显得力不从心,于身心大为不利,超负荷的工作,甚至会给健康带来麻烦。因此,制订生活目标必须要切合实际,因为社会生产力发展水平与物质生活条件有一定限度,如果生活目标定得过高,必然会产生挫折感,不利于身心健康。

(4) 不脱离现实环境。现实环境是客观存在的,是不以人的主观意志而转移的,逃避和不遵守客观规律的做法都是不可取的。人们认识和处理问题,应该正视现实环境,从实际出发,以积极的态度去处理,而不应该从自己的喜怒哀乐出发去看待问题和处理问题。人是社会人,没有世外桃源,现实客观存在,这就使得人的情绪由此而生。人生活在自然环境中,生活在群体中,就要学会驾驭环境,正视现实,适应社会环境和自然环境,根据环境和形势的要求改变自己,进而创造环境。

(5) 能保持人格的完整与和谐。完整与和谐的人格是当今社会发展的产物。人格是一个历史范畴,它随着社会历史条件的变化而变化。马克思曾说"人是各种社会关系的总和"。尽管说"百人百性",每一个人都有自己的面孔,每一个人性格都不尽相同。但是,由于人是社会的人,社会是人的社会,所以这种个性的集合必然又会形成具有共同价值趋向、共同道德理想的人格标准。人格是人的品格、境界、素质层次的综合反映。因此,完整与和谐的人格就是人格的崇高境界和层次。社会的延续和发展必然要求其成员形成一定的共同人格。任何一个社会都会以其历史条件为基础,要求生存于其中的个人养成并保持完整和谐的人格,这种超越自我的根本途径就是个体人格的实现,就是人格的完整与和谐发展。

(6) 善于从经验中学习。善于从经验中学习既是理论自觉的重要体现,又是坚持实事求是思想路线的重要内容,也是推动事业不断发展前进的重要途径。善于从经验中学习是中华民族的优良传统。中国历史上从教训中学习的传说和故事不胜枚举,"吃一堑、长一智""前事不忘,后事之师"等格言警句,也都印证了从经验中反省获益的深刻道理。重视总结经验教训,从中获取发展的动力、创新的源泉,进而成为成功的垫脚石。善于从经验中学习,最关键的是从失败或错误中查原因、找症结、明方向,进而引以为戒,举一反三,在总结经验中探寻成功之道。

(7) 能保持良好的人际关系。人际关系是人们在交往中心理上的直接关系或距离,它反映了个人寻求满足其社会需求的心理状态。社会学将人际关系定义为人们在生产或生活活动过程中所建立的一种社会关系。心理学将人际关系定义为人与人在交往中建立的直接的心理上的联系。在现代社会中,人们追求高质量的生活,需要人与人之间的真诚、理解、和睦相处的人际关系,人们追求事业上的成功,需要团结互助、平等友爱、共同前进的人际关系。

人际关系在人们的社会生活中具有十分重要的作用，良好的人际关系是人身心健康的需要，使人保持心境轻松平稳，态度乐观；良好的人际关系是人生事业成功的需要，能为一个人事业的成功创造优良的环境；良好的人际关系是人生幸福的需要，营造使人在物质生产过程中充分发挥创造力的优化环境，丰富人们的物质生活。

（8）能适度地发泄情绪和控制情绪。人不可能永远处在好情绪之中，人有喜怒哀乐等不同的情绪体验，生活中既然有挫折、有烦恼，就会有消极的情绪。一个心理成熟的人，一个具有良好的职业心理素质的人不是没有消极情绪的人，而是一个善于调节和控制自己情绪的人。处理情绪的办法有很多，适度地发泄情绪和控制情绪最重要也最关键。人们通过发泄情绪和控制情绪以求得心理上的平衡，但不能发泄过分。否则，既影响自己的生活，又加剧了人际矛盾，于身心健康无益。人们在为人处事中，应该培养较强的协调和控制情绪的能力，不被情绪左右而使行为失调；能适度地表达和控制心理情绪，经常保持较为平静的心态，显示出积极的情感特征，这是自我修养中培养良好职业心理品质的要求。

（四）职业素养的提升路径

1. 做好终身学习

教育学家康内尔曾说："现代社会，非学不可，非善学不可，非终身学习不可。"如果一个人一年不学习，他所拥有的知识就会折旧80%。一个人比另一个人水平高、能力强，在很大程度上是他拥有更多的信息，能够站在更高层次看待问题，拥有更多解决问题的途径，而这些能力的根源，都来自丰富广阔的知识学习。

对于大学毕业生来说，从小读书一直到大学毕业，很多人会持有这样一个看似自然的想法，读完大学书就算读到头了，参加工作则意味着学习生涯的终结。事实上，这样的观点既片面，也狭隘。正如"活到老，学到老"，虽然这句话非常的通俗浅显，但却是不争的真理，对于个人的职业发展来说也是如此。社会在不断发展变化，职业的结构、内容和用人要求也在不断地变化，而个人的职业意识、职业素质以及知识能力必须通过学习才能提高。大学教育固然重要，但毕竟只是短暂的一个阶段，大学毕业之后的延伸学习和重新学习，对于选择或重新选择职业岗位以及取得职业成就无疑具有更重要的意义。尤其是在当前的知识经济时代，获取知识、运用知识和创新知识的能力是一个人成功的重要因素。善于学习、有较强的学习能力和思维能力的创新型人才才是知识经济时代的强者。虽然我们都认可"活到老，学到老"的说法，也能认识到不断学习对于自己职业素养提升的重要性，然而更为关键的是要把终身学习的理念落实到实际行动中，要合理进行有关终身学习的计划安排，要培养终身学习的好习惯。一份成功的学习计划应包括以下原则。

（1）要有清晰的人生蓝图。如果一个人连自己想要什么、想成为什么样的人都毫无感觉，那么必然也搞不清自己应当学什么、怎么学。

（2）要有激励。终身学习不同于短时间的学习，更多地需要一个人的意志力和持久性，因此制订一些能够自我激励的方法不失为督促终身学习的好助手。

（3）要明白自己的弱势。终身学习的内容已不单单是知识的学习，更多的是要学习如何更好地在职业和社会中求得发展，因此必须明确自己在工作中的各种劣势，从而有目的、有方向地进行学习，逐渐弥补自己的劣势，发挥自己的优势。

（4）要重视阅历和观摩。与学生时代的学习不同，终身学习更多伴随的是阅历的增加和视野的拓宽，要注意实践历练。同时，在终身学习中一定要学会广结良缘、寻找榜样。"独学而无友，则孤陋而寡闻"，学习不是一个人孤芳自赏，更多的是与身边的人沟通、交流，向有经验的前辈观摩、请教，如此才能较快地学到真本事。

2. 强化职业情商修炼

情商又称情绪智力，是指人在情绪、情感、意志、耐受挫折等方面的品质。美国心理学家认为，情商包括以下几个方面的内容：一是认识自身的情绪，因为只有认识自己，才能成为自己生活的主宰；二是能妥善管理自己的情绪，学会调控自己；三是自我激励，它能够使人走出生命中的低潮，重新出发；四是认知他人情绪，这是与他人正常交往，实现顺利沟通的基础；五是人际关系的管理，即领导和管理能力。

职场情商又称职业情商，就是一个人掌握自己和他人情绪的能力在职场中的具体表现，更加侧重于对自己和他人工作情绪的了解和把握，以及如何处理好职场中的人际关系，是职业化的情绪能力的表现。职场情商的修炼要从以下几个方面入手。

（1）心态修炼

① 工作状态要积极。每天精神饱满，与同事见面积极主动打招呼，展现出愉快的心情，做任何工作都满心欢喜，这样会给大家带来愉快的工作心情，自己也会变得开心。

② 工作表现要积极。积极就意味着主动，称职的员工应该在工作表现上做到以下五个主动：主动发现问题、主动思考问题、主动解决问题、主动承担责任、主动承担分外之事。做到五个"主动"是职场员工获得高职高薪的五大法宝。

③ 工作态度要积极。积极的工作态度就意味面对工作中遇到的问题，积极想办法解决问题，而不是千方百计找借口。成功激励大师陈安之说："成功和借口永远不会住在同一个屋檐下。"遇到问题习惯找借口的人永远不会成功。

④ 工作信念要积极。对工作要有强烈的自信心，相信自己的能力和价值，肯定自己。只有抱着积极信念工作的人，才会充分挖掘自己的潜能，为自己赢得更多的发展机遇。

（2）思维方式修炼

① 学会掌控消极情绪。要驾驭自己的情绪，还必须从改变思维方式入手改变对事物的情绪，以积极的思维方式看待问题，使消极的情绪自动转化为积极的情绪，从而控制自己的情绪。

② 学会培养积极的思维方式。积极的思维方式就是以开放的心态去处理工作中的人际关系和事情，包括多向思维、反向思维、横向思维、超前思维等。例如，了解他人的情绪需要反向思维，也就是逆向思维，要站在对方的角度看问题，理解对方的内心感受。

③ 学会同理心思维。在工作中有时自己辛辛苦苦去努力完成一件工作，本想得到上级的肯定表扬，不料因为出现一点忽视的微小差错却遭到上级的否定和批评，心里感到不平衡、发牢骚。但是站在上级的角度思考，作为上级，需要得到工作成果，自己的辛苦没有得到肯定说明还有一定的提升空间。处理同事关系同样需要同理心，在别人看来，一件多么不可理喻的事情，都有其内心的动机。要善于站在对方的角度了解他人的想法，才会实现双赢的沟通，建立良好的人际关系。

（3）职业习惯修炼。培养良好的职业习惯是提升职业情商和实现职业发展的重要途径。一个人形成的习惯就是他的舒适区，要改变不好的习惯就要突破自己的舒适区，要有意识为自己施压，培养出积极的职业化习惯。

① 突破沟通舒适区。每个人的性格、脾气决定了与他人沟通的方式。有的人说话快言

快语；有的人该表态的时候却沉默寡言；有的人说话爱抢风头，经常不自觉打断别人的谈话；有的人习惯被动等待上级的工作指示；有的人喜欢遇到问题主动请示和沟通。每个人都习惯以自己的方式与别人沟通，要实现有效沟通，就必须首先学会认真倾听。良好的工作沟通不一定是说服对方，而是真正理解了对方的想法。

② 突破交往舒适区。人们都习惯和自己脾气相投的人交往，所以无论身在哪个组织，都存在非正式的组织和团体。但是人在职场，必须要与所有组织内的人以及外部的客户打交道，就要学会适应不同性格的人。突破交往舒适区，就是要有意识地与不同性格的人打交道。一旦尝试和另一种不同性格的人交往，看来是一件小小的突破，却对提升职场情商大有帮助，一定程度上改善了职场人际关系。

(4) 工作行为修炼

① 工作行为要以目标为导向。要了解公司的目标，同时要制订明确清晰的个人目标，并且使公司目标和个人目标相结合，这样才可以形成职业发展的合力。通过配合完成公司目标而实现个人目标，通过达成个人目标而推进公司事业的发展，这是实现个人职业发展的重要方式。

② 工作行为要以结果为导向。以结果为导向就是要站在实现结果的角度去思考问题，站在结果的角度去衡量自己的工作。以结果为导向既是一种思维方法，又是一种行为习惯，以结果为导向就是要追求积极的结果，面对一项工作，首先要破除"可能办不成"的思维障碍，要积极寻找办法完成工作。

3. 注重职业逆商培养

逆商是指人们面对逆境时的反应方式，即面对挫折、摆脱困境和超越困难的能力。一些逆商高的人即使在黑暗中也不绝望，因为他们在黑暗中能看到满天的繁星。提升职场逆商的方法主要如下。

(1) 抛弃抱怨的习惯。每个人都不会一直是幸运的，面对不佳的际遇、一时的坎坷，大多数人都抱怨命运的不公，却很少有人能正视自己，冷静地剖析自我，问一问是否已经将自己磨炼成一块"金子"。对于生活中那些习惯抱怨的人，人们常会对他避而远之；在工作中也很少有人会因为坏脾气以及抱怨、嘲弄等消极负面的情绪而获得奖励和晋升。在职场中，工作出了错误不要相互推诿抱怨，不要说历史，谈后悔，要总结经验，吸取教训，研究改进的方法和具体行动。

(2) 每日反思。我为什么要抱怨？我从抱怨中得到了什么？我自己有什么地方需要改进？有没有什么方法可以解决问题？有没有赞美或表扬过别人？有没有检讨自己？有没有为自己得到的而感恩？一味地抱怨会使人的思想摇摆不定，进而在工作上敷衍了事。因此，我们每日要通过积极地、不断地反思来改变自己，用积极的心态对待工作中的"磨难"。

(3) 把困难当成对自己的挑战。在面对不利的环境或者难题时，我们为什么不能把困顿当作一种磨砺呢？在工作中，对工作的结果负责，也是对自己的薪水负责，更是对自己的前途负责，与其诅咒黑暗，不如点亮蜡烛。

(4) 少说多干。要想不抱怨，唯一的方法就是让自己行动起来。不少人在平时工作中常常推责于别人，却很少从自己身上找原因。其实，当自己改变了，一切就会有改观。任何指责和抱怨都是无能的表现。只有在工作中充分挖掘自身的潜能，发挥自己的才干，才能在单位的发展中实现人生的价值。

4. 加强职业健康管理

"身体是革命的本钱",健康虽说不是一切,但没有健康就没有一切。因此,我们要学会管理自己的健康。

(1) 养成良好的生活习惯。习惯与智慧不同,它与遗传无关,是在后天的环境和教育培养下形成的。因此,习惯是可以修正和改变的,养成良好的健康习惯,就一定能够收获健康的身心,享受高质量的生活。

不良的生活习惯会破坏健康。比如通宵上网、白天睡觉、日夜颠倒;或是应酬聚会、暴饮暴食、饮食无度,不良的生活习惯影响着身心健康,倘若不能修正,日积月累定会对健康造成损害。世界卫生组织的报告显示,癌症病人中不良生活方式致病所占的比例高达80%。好习惯决定人的健康,我们要学会驾驭日常生活中的行为习惯,制订适合自己的健康计划,如健康运动的自我管理计划、饮食的自我管理计划、生活方式的自我管理计划、压力控制的自我管理计划及社会支持资源的自我管理计划。"30天形成一个习惯",我们就在30天的短期计划中形成健康的习惯,让好习惯引导我们走向成功。

(2) 进行适度运动。心理学实验表明,运动具有减轻应激反应以降低紧张情绪的作用。运动可以锻炼人的意志,增加人的心理坚韧性。现代社会的快节奏和激烈的竞争,使人们常常受到情绪波动和过度紧张的刺激。要适应这种环境并保持良好的心理状态,就必须多参加各种形式的体育运动,以缓解内心的紧张情绪,使身心张弛适度,始终保持在一种比较稳定、积极的状态之中。

坚持锻炼有利于健康,锻炼可使血液变得"富有"、血管变得有弹性、肺活量增加、心肌更加强壮,骨骼肌密度增强、血压稳定;还能够提高机体工作的耐力,改善不良情绪。每个人一生中一定要有一项永久的锻炼项目,有一项体育特长,一个健康计划。

(3) 保证充足的睡眠。睡眠在我们的生活中十分重要。人生三分之一的时间是在睡眠中度过的。现代生活中发生的许多亚健康状态,常常是和工作压力大、处于紧张的状态有关,经常加班会导致生物钟改变,肌体的内分泌功能紊乱。若长期睡眠不足会带来许多身心的伤害,如思考能力会下降、警觉力与判断力会削弱、免疫功能会失调、失去平衡等。因此要保证充足睡眠,睡眠时要保持安静,有适于睡眠的环境;放松心情,学会随遇而安。

(4) 合理调整饮食。我们每天摄入的食物都在潜移默化地影响着人体的健康状况。人们在平日的饮食中,大多只注重食物口味和方便,但在营养、卫生、健康方面的考虑却不够周全。《黄帝内经》曾经提出了著名的"五谷为养、五果为助、五畜为宜、五菜为充"的理论。因此,建议食物多样,以谷类食物为主,多吃蔬菜水果和薯类,养成良好的喝水习惯,合理分配三餐,适量摄入鱼、禽、蛋和瘦肉。另外平时一定要把握进餐量,不能因喜好的食物而多吃,尽可能少吃多餐,以增进营养,同时要禁忌烟酒。

三、职业发展的自我管理

从个人角度出发,职业发展的自我管理可分为早期管理、中期管理和晚期管理三个阶段。在不同的职业发展阶段个体对人生的追求和对职业的需要是不同的,处于不断变化之中。因此,认识职业发展道路的阶段性和渐进性,并且根据个人职业发展的不同阶段进行科学的开发和管理,对个人实现职业目标、获得成功具有十分重要的意义。

(一) 职业发展的早期管理

职业发展的早期阶段是指一个人由学校进入企业或其他组织并在组织内逐步"组织化",

并为组织所接纳的过程。这一阶段是一个人由学校走向社会，由学生变成员工的过程，也是人生事业发展的起点。

1. 职业发展早期的特征

在职业发展早期阶段，员工个人年龄正值青年时期，这一阶段无论从个人生物周期、社会家庭周期还是从生命周期来看，其任务都较为简单，主要包括：进入企业、学会工作、完成独立、寻找职业锚等。在职业发展早期，又可以分为两个阶段，即进入组织前的职业探索阶段和进入组织后的职业适应阶段。

（1）职业探索。职业探索包括试图尝试新的工作、尝试不同的职业转换和变换工作岗位。职业探索并不是将现在的职业看作是最理想的职业，而是积极寻找或探索其他有利于自我实现的职业。个人进行职业探索的过程与结果会受到多种因素的影响，其中最主要的两个因素分别是：个人期望与个人对组织招聘活动评价的匹配程度；个人工作绩效表现与组织对个人绩效要求的匹配程度。

对个人而言，个人需要在职业发展早期尽可能快速地识别就职企业，决定"去"还是"留"。在职业探索过程中，人们可以把期望结果和其他标准作为评估待选工作的基础，可以促使个人思考自己的职业价值观和兴趣，思考待选工作满足这些期望的可行性。人们在选择或改变工作时，没有必要刻意压抑自己情绪化的主观因素，而单纯地相信数字或理性方法。美国著名职业规划专家格林豪斯认为，在遵循性格、能力与工作、职业相互适应的前提下，凭自己的感觉来做出判断仍然是值得鼓励的。

（2）职业适应。个人在进入选定的组织之后，便开始进入职业适应阶段。在这一阶段，个人要逐步适应新环境和新岗位，检验自己的知识、技能、经验和能力是否适应新岗位的需要，逐渐融入新组织，在组织中建立自己的地位。因为员工刚进入组织，对组织环境和组织文化都很陌生，需要不断地适应，不断地学习。

2. 职业发展早期面临的问题

职业发展早期由于个人缺乏对组织的了解，与上司和同事相处还处于磨合阶段，对组织的需要不能完全清楚，所有这些都造成了问题的出现，主要包括以下几个方面。

（1）经受职业挫折。职业挫折是人们从事职业活动和个人职业发展方面的需求不能得到满足，行动受阻、目标未能实现等造成的一种心理状态。产生职业挫折的原因多种多样，基本上都是由目标未能实现而导致的失落感。要想获得职业发展就必须克服职业挫折带来的失落，善于调整自己的心态，维持正常的行动。

在个体的职业发展过程中，初次进入企业时的组织化阶段对员工至关重要。正是在这一时期，雇员们被招募并第一次被分派工作。对于新雇员来说，在这一时期，必须建立一种自信的感觉，必须学会与第一位上级以及同事相处，必须学会接受责任，然而最重要的还是对自己的才能、需求以及价值观是否与最初的职业目标吻合进行审视和判断。实际上对于大学生而言，这是一个现实测试时期，这一时期，他们最初的期望或目标第一次面对企业生活的现实，并且第一次与自己的能力和需要"亲密接触"。因此，现实冲击和失望是常发生的事。

（2）承受现实冲击。现实冲击是指由新员工对其工作所怀有的期望与工作实际情况之间的差异所引起的新雇员的心理冲击。现实冲击通常是一个人开始职业发展的最初时期的一种阶段性结果，在这一时期，新员工的较高工作期望所面对的却是枯燥无味和毫无挑战性的工作现实。对于许多第一次参加工作的人来说，这可能是一个比较痛苦的时期，因为他们天真的期望将第一次面对企业现实的冲击。比如，年轻的大学生可能满怀希望去寻找第一份富有挑战性的、激动人心的工作，他们希望这种工作能使他们发挥自己在学校所学的新知识，证明自己的能力可以获得提升的机会。然而，在现实社会中，他们常常会苦恼地发现，自己被委派到某个并不重要的低风险工作岗位上。例如，遇到严酷的现实马上陷入错综复杂的部门间冲突；或者是遇到一位使自己感到沮丧的上司，这位上司可能既不值得自己为之工作，而且其本人也从未受过任何技能培训，而这种技能在监督指导新员工时恰恰是十分重要的。

（3）难以担当重任。新员工刚刚进入企业，对企业的人员和环境都不了解，企业对其也缺乏深入地了解，因此很难立即取信于自己的第一任上司。在这种情况下，上司往往会认为只有等到新雇员真正了解公司运作的真实情况之后，才可以让其承担重要的工作。因此，最初交给新员工的往往是容易或者很乏味的工作。当然，在新员工进入企业后的最初数周内采取这种做法是完全可以理解的。但是，如果数月、一年甚至更长时间都持这样不信任的态度，就会大大压抑新员工的工作积极性和才能的发挥，并将直接影响到其未来的职业发展。

3. 职业发展早期自我管理的策略

处在职业发展早期阶段的人，要注意从以下几个方面着手，有效实施好职业管理。

（1）做好思想准备，融入企业文化。在进入职业发展之前，做好思想准备工作十分重要。要有取得成功所必需的态度和价值观。首先，要对企业进行积极的认知和理解，做好充分的思想准备，接受企业的文化。其次，要培养积极的情感，以饱满的热情来工作，这是事业成功的重要法宝。最后，要树立积极的意向和正确的价值观，对于自己所选择的职业，要认识到它对自己的重要性，要充满信心。

（2）熟悉工作环境，形成良好印象。进入组织后，了解和熟悉工作环境是很重要的环节。只有熟悉了整个组织的框架和运作模式，才能更好地配合，从而树立良好形象。在形象学中有句话，你不可以用第一印象来评判某一人，但你不能防止别人用第一印象来看你。所以，第一印象就显得很重要，否则会影响到自己的发展。通常情况下，应该注意以下问题：第一，要有时间观念；第二，要适当讲究着装；第三，尽快熟悉工作，明确岗位职责，争取出色地完成第一件任务；第四，积极利用正式场合熟悉周围的员工；第五，不断总结改进工作；第六，注意交往技巧；第七，熟悉企业文化、体制和运作模式等。

（3）培养职业能力，积极适应职业。新员工在进入组织、承担一定的工作任务后，除了要尽快了解组织情况、熟悉组织环境、尽早进入工作状态外，更重要的是培养自己的职业能力，尽快地适应职业要求，以便顺利完成各项工作任务。每个人从事职业活动，总是处于一定的物质环境和心理环境中，个人的态度会受到诸多主客观因素的影响，如个人对工作的兴趣、价值观、组织福利状况、家庭成员工作状况等。提高个人的职业适应性就是要尽快习惯、调适、认可各种职业要素，使职业工作的性质、类型和工作条件与个人需求、组织目标最大限度地耦合，保证自身在职业工作中获得更大的满足感。职业适应性提高的结果能够使个人在职业中有较高的效率，可以获得他人的信任，有利于个人的全面发展。

（4）重铸心智模式，实现自我激励。一个人如果心智模式出了问题，知识越多越反动。也就是说，一个没有智慧的人，知识越多越痛苦。心智模式就是指个人看待身边事物以及处理问题的习惯性态度和行为模式。心智模式的形成与个性、生活环境及后天的培养都有关系。良好的心智模式可以改善个人看待事物的偏差，纠正错误的态度，提供有建设性的解决方案。新人所持有的职业价值观在组织看来往往有很多幼稚和可笑之处，但是如果正视在职业初期心智模式上的局限，就能开诚布公、以诚相待、寻求解决问题的途径。就个人而言，重铸自己的心智模式不是一件容易的事，要想获得职业发展和个人价值的实现，就必须积极采取措施，消除自己的不足。具体来讲，可以从以下几个方面进行改进：完全开放自己，抛弃自己已有的观念；克服依赖心理，学会自主开展工作；安心适应单调乏味的工作，注意能力的提高。

（5）适应组织环境，学会与人相处。新员工进入组织后必然要经历一个适应组织环境的过程，这也是新员工做好工作实现发展的必要条件。新员工在入职初期必须尽快适应组织环境，尽量搞好人际关系。在这里需要注意以下几个问题：要接受组织现实的人际关系；要尊重上司，学会与上司融洽相处；自我定位，建立心理契约。

（二）职业发展的中期管理

个人职业发展在经过了早期阶段之后，完成了个人与企业或组织的相互接纳，必然要步入职业发展的中期阶段。这是一个时间周期长、富于变化、宽阔的职业发展阶段。职业发展中期阶段开始的标志有两种表现形态：一是获得晋升，进入更高一层的领导或技术职位；二是工资福利增加，在选定的职场岗位上成为稳定的贡献者。

1. 职业发展的中期特征

职业生涯中期是人生最重要、最漫长的时期。这一阶段个人职业生涯处于向上发展并逐步达到顶峰的态势，同时也是家庭关系最为复杂、家庭任务及负担最重的时期。虽然每个人职业发展状况各不相同，但仍然表现出一些共性特点。

（1）职业能力稳步提升，并趋于成熟。人到中年，已经有了相当多的生活阅历，具备处理人际交往和各种事情的技能经验；步入不惑之年后，个人价值观更加成熟，事业心和责任心更强，逐步形成了沉稳、踏实和一丝不苟的工作作风；个人对组织有较为稳定的长期贡献后，确立了在组织中的威信。

（2）创造力旺盛，工作业绩突出。在职业发展中期，员工在企业中已经具有了一定的地位，一般都是作为骨干在发挥着作用。此时，个人也具备了创造一番辉煌业绩的潜在实力。一方面源于工作的经验积累和能力增强，另一方面则源于自身的个性和能力创造性的发挥。因此，在职业发展中期正是个人创造力最强、工作卓有成效并不断创造辉煌的时期。

（3）职业发展轨迹呈倒"U"型。职业发展中期长达20多年的时间，在中期的初始阶段，职业发展轨迹呈现由低到高逐步上升的趋势。在职业发展中期的中间阶段出现职业高峰，经历过高峰之后，职业轨迹就会呈现下降的趋势，整个过程呈现为一个倒"U"型的曲线形状。不同人的职业发展曲线差别很大：事业成功，大有作为的人的曲顶峰平而长；事业成功只是昙花一现的人，其形状如山峰，峰高尖顶；事业发展平平的人，曲线低而平缓，无明显突出。

2. 职业发展中期面临的问题

职业发展中期阶段，正值复杂人生的关键时期，由于个人三个生命周期的交叉运行，面临诸多的问题，导致某些员工职业问题的存在，如职业发展中期危机、职业发展的瓶颈、工作与家庭的冲突等问题。

（1）职业发展中期危机

① 缺乏明确的组织认同和个人职业认同。这种情况往往会出现两种结果：一是放弃工作，更多地转向自身发展和家庭生活。二是对工作本身失去了"反应"，其积极性、兴奋点、

注意力渐渐不在工作上，而是放在了组织福利报酬上。

② 现实与职业理想不一致。有些人在职业发展中期会陷入一种自我矛盾之中，因为当下的职业发展同早期的职业目标、职业理想不匹配，就会产生自卑现象，不认可自己，因为没有达到自己期望的成就。

③ 职业发展中发生急剧转折或下滑。有些人由于年龄的增大，个人学习能力的逐渐下降，需要补充新知识而又感到力不从心，想重新择业又顾虑重重，与年轻的职员相比，感到职业机会越来越少，欲达到更高发展层次的难度越来越大，因此常常会出现抑郁、焦虑的心态，产生心理负担。

(2) 职业发展的瓶颈。职业发展的瓶颈首先来自组织结构的制约。组织对各类人员的需求量不同，初级层次的人员较多，中间层次次之，高级层次的需求相对较少。由于对初、中、高级人才的需求呈现金字塔形，初期和中期的竞争可能不是十分激烈，但争取高级职位就比较困难。有些人由于缺乏竞争力，对未来的前途感到迷茫。

产生职业瓶颈的一个很重要的原因就是不好学。《论语》讲："十室之邑，必有忠信如丘者焉，不如丘之好学也。"意思是只有十户人家的小地方，也必定有像我这样忠实诚信的人，但不一定像我这样好学。孔子一番话提醒我们忠实诚信的美德，比较容易培养；但是好学不倦的精神，则比较难于保持。不好学就难以明白道理，受到环境的影响，便会随波逐流。唯有好学不倦，与时俱进，才能长期保存忠信的美德，持续发扬光大。

(3) 工作与家庭的冲突问题。处于职业发展中期阶段的人由单身变为有家庭和子女，且子女逐渐长大成人，上有年迈的父母，家庭关系复杂、家庭负担沉重，既要处理同配偶、子女的关系，同时又要赡养父母，处理好与父母的关系，矛盾和冲突比较多。同时，这一时期也是事业上升的关键时期，需要投入大量的精力。但随着年龄的增长，个人的身体状况开始下降，有时会出现力不从心的现象。很多人因为工作压力和家庭方面的影响，就会发生冲突。因此需要合理应对，不能盲目，否则会产生不良的后果。家庭最重要的是和睦，家和万事兴；工作最重要的也是和睦，和气方生财。

3. 职业发展中期自我管理的策略

(1) 了解职业生涯规律，积极调整自我心态。研究表明，个人在职业生涯中期产生的忧虑、不安与个人对职业发展状况的了解程度密切相关。在采取任何措施之前，让员工认识到不同职业生涯处境是保证个人采取自然、正常反应的前提。个人处理好职业生涯中期的思想变化、职业选择等问题需要对职业生涯发展规律有清晰的认识，意识到问题的存在和产生有其普遍性，而不是个人运气所致。通过正视问题的存在，个人才能端正心态，更坚强、更健康地度过职业生涯中期。

职业发展中期阶段是一个人一生的关键时刻和转折点，这一阶段遇到的问题比较多，承受的压力也比较大，容易出现职业倦怠现象。相当数量的中年职员，由于自己在组织中处于一个普通的岗位，默默无闻，没有突出的专长和业绩，或者感到怀才不遇，于是便得过且过，平庸度日；有些人尽管职位较高，但日复一日、年复一年地重复着同样的工作，或者由于长期承受的工作压力过大，因此对工作感到厌倦，缺乏激情。这种职业倦怠现象对个人职业发展将产生许多消极影响。如果能够保持积极进取的精神状态，注意进行自我激励，调整心态，寻找工作中的乐趣或新的兴奋点，正确面对挫折和失败，积极寻找解决问题、化解矛盾的方法，就可能获得更多晋升和发展的机会。

（2）努力挖掘工作潜力，寻求更多流动机会。尽管许多处于职业发展中期阶段的员工可能不再期望晋升，但是他们对于成功和自主权的需要依然很强烈。对个人而言，快速摆脱"职业发展高原"的痛苦，就是转变对晋升、报酬的关注，不断挖掘当前工作的潜力，改进工作方式和思维模式，使工作成为具有多样性、挑战性的任务。此外，促使自己保持对最新技术和信息的跟踪和学习，明确自己的工作职责和绩效目标，寻求同事和上司对自己的及时反馈，也是有效找到"职业发展高原"原因的方法。

在获得了对自身潜力挖掘和对最新技术的学习后，即使不能够获得足够的晋升空间，个人也可以通过在组织中申请工作轮换和平级调动的方法驱使自己远离职业发展高原的困扰。无论采取哪一种方法，都能够为个人带来足够新鲜的挑战，可以有新的技术和合作对象来改善沉闷的心情，降低做同样事情所产生的厌倦感。正所谓"我们不能选择这个世界，但是我们可以通过不断的努力等着这个世界来选择我们"。

（3）客观分析利弊，正确处理各种关系。职业发展的中期阶段，每个人都面临着自身工作、家庭和个人发展三个方面的问题，正确处理好这三者的关系，求得适当的平衡也是处于这一阶段的员工必须完成的重要任务。如果一心扑在工作上，力求取得更高层次的发展，就意味着给予家庭的时间和精力就会很少；如果沉迷于业余爱好，专注于从事个人的活动，虽然可以使个人获得一定的满足感，却将以牺牲职业工作和家庭生活为代价；如果感觉到在工作上前途渺茫而不思进取，把大部分精力和时间投向家庭，也会给个人的事业发展带来一些问题。一个人要成为成功的职业者，必须注意及时完成好各种社会角色的转换，维系好事业、家庭与个人发展之间的和谐，为自己职业不断追求更高层次或再次"择业"的成功创造坚实的基础。

在个人的职业发展过程中，特别是职业发展的转折关头，例如首次就业、选定职业发展路线、重新择业等，科学地把握职业选择决策是十分重要的。处于职业发展中期阶段的人，尤其是在前半段的十年，正是精力最充沛，综合实力最强的时期，能力、经验优势突出，因此晋升的机会也比较多。当面临选择薪酬更多、级别更高的职位时，应该对自己从事职业活动的表现、收获以及所处的环境进行全面、客观的分析，对照自己的职业目标、价值倾向，认真地审视自己是否胜任本职工作，自己是否对这份工作感兴趣，自己要追求的究竟是金钱、地位还是工作成就感等，从而综合权衡利弊得失，确定最适合、最有利于自己发展的职业岗位，而不能只是盲目地追求待遇和地位，积极面对职业的变化。

（三）职业发展的后期管理

职业发展的后期阶段是人生职业发展的转折期和相对稳定期。处于这一阶段的人的职业发展轨迹一般呈下降趋势。职业生活、生理、心理都发生了一些变化，如职业能力明显衰退，核心骨干、中心地位和作用逐渐丧失，职业进取心相对减弱，对家庭的依赖感增强，自我意识上升，关注自我生命及健康，容易怀旧念友等。

1. 职业发展后期的特征

处于职业发展后期的员工，个人职业特征主要体现在以下几个方面：

（1）职业竞争力、进取心和职业能力明显下降。处于职业生涯后期的员工，个人在工作经验方面的优势虽然尚存，但在灵活性、胆识和管理方式等方面也都在"悄然"落伍于新员工。随着这种竞争力的衰退，组织为了维持自身的发展需要，开始进行"换班工程"。同时由于知识经济的发展，科学技术进步等客观原因使得老员工在学习新知识、新技术方面的难度加大，从而渐渐失去了工作岗位的"胜任能力"。

（2）对组织贡献下降。处于职业发展后期的员工，体能和精力明显衰退，学习能力和整体职业能力呈现下降趋势。他们开始逐渐退居幕后，从事支持性和辅助性的工作，个人在组织中的贡献逐步下降。

（3）责任、权力及中心地位发生变化。在职业中期，正值员工年富力强、职业发展至顶峰时期。有的员工依靠自己的能力获得了属于自己的权力和地位，拥有了一定的威望；有的员工虽然发展平常，但在中期也拥有了娴熟的技能和丰富的经验。但是当到达职业发展后期，曾经夺目的光环就会逐渐消失，领导地位被新的员工取代，权力和责任也随之削弱，中心地位和作用逐渐丧失。

（4）保留一定优势，可以发挥余热。处于职业后期的老员工虽然体能、智能、地位有所下降，但长期的职业发展使他们拥有了丰富的经验和业务知识，他们深知企业的发展历程。同时，由于老员工在组织中积累的大量"隐形知识"，比如技术、处理特定问题的经验和丰富的社会阅历等，部分人开始担任教练和领路人的角色，继续发挥余热。此外，老员工拥有丰富的人生阅历，见多识广，具有处理各种复杂人与事、人与人之间矛盾的能力和经验，仍然能够在企业中发挥独特的作用。

2. 职业发展后期面临的问题

职业发展曾一度被认为是线性的、可预测的，但当人们重新审视时，却发现职业发展后期具有很强的流动性、非线性和不稳定性。职业发展后期的问题主要表现在以下几个方面。

（1）职业生涯即将终结。组织中新老员工的交替是不可避免的，因为组织中的重要位置，通常是由经验丰富、熟悉历史、能力较强的人来担任。我国现阶段的政策，倾向于在岗的员工，特别是中青年员工。正因为这些原因，老年员工害怕"人走茶凉"，各种有利的退休政策难以实现，这种情况影响了组织的更替和组织的发展进程。如何让员工安心退休，心情舒畅地离开工作岗位，的确是组织应该考虑的问题。

（2）不安全感增多。在新老交替的过程中，一些老员工的心理、经济、身体都会不同程度地产生不安全感。此时的员工已经接近人生暮年，他们开始寻求心理的归宿，害怕被子女、社会和家庭冷落。员工退休后，经济收入就会减少，但社会消费水平却依然在不断上升，在社会保障体系还不够完善的情况下，退休后的生活来源就会成为员工的精神负担。加之年纪的增长，身体衰退、老化、免疫系统功能减弱，疾病就会显著增加。

3. 职业发展后期自我管理的策略

对于进入职业发展后期的个人，自我管理的选择仍然很重要。虽然，每个人都会因为条件不同而遭遇不同的问题，抑或问题产生的影响有深有浅，但将问题掌握在自己的手里，使自己觉得心中有数，未尝不是一件值得做的事情。为此职业发展后期的自我管理可以采取以下策略。

（1）勇敢面对现实，坦然接受新的角色。在职业发展后期，员工的能力和竞争力下降是事实，要学会勇敢地面对和接受，另辟蹊径，寻求适合自己的新的职业角色，来发挥自己的特长和优势。在现实工作中，充当参谋、职业顾问的角色；充当教练，对员工进行技能培训；充当师傅的角色，培养新员工等，都是职业发展后期的选择。

（2）充分发挥余热，培养支持年青一代。有的组织考虑到老员工的利益和对公司的贡献，就把培养年轻人的任务交给了老员工，希望他们能够发挥自己的经验优势。其实，培养年轻人也是一门学问。老员工要像老师一样，将自己的感受和理解以科学的方法和方式传递给年轻人。培养年轻人的时候，既要了解年轻人的心理，使自己与年轻人和谐相处，又要讲究技术，使他们能够很好地理解并接受。

（3）积极调整心态，学会应对"空巢"问题。"空巢"的出现是职业发展后期的一大变化，也是人生的一大转折。处理好"空巢"问题，对于一个人职业发展后期至关重要。这时应该多给配偶时间，通过多种途径密切关注与配偶的关系。此外，可以发展自己的兴趣爱好或者培养新的兴趣，以此来丰富自己的生活，充实自己的时光。对大部分人来说，可以积极参加社会活动，来获取一些适合退休年龄的人的就业信息。当然，所有这些努力的实施都离不开良好的心态。个人要学会接受和发展新的角色，即每个人的价值仍然可以通过各种方式予以体现。

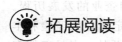拓展阅读

职场"植物人"

植物1："顶心衫"

有些职场新人自视甚高，经常顶撞上司，令上司不胜其烦。这样做，吃亏的只能是自己。上司既是工作的直接安排者，也是工作成绩的直接考评者，即使做好了自己的工作，也不要得罪上司。当然，搞好与上司的关系不是溜须拍马、阿谀奉承（这样又会让上司瞧不起），而是要注意经常与上级沟通，了解上级安排工作的意图，一起讨论一些问题的解决方案，让上司重视你而不是害怕你，喜欢你而非厌恶你。

植物2："向日葵"

一味取悦上司，随着上司转，不顾别人的感受。一个真正称职的员工应该对本职工作内存在的问题向上级提出建议，而不应该只是附和上司的决定。特别是当上司的决定有违公司和大多数员工利益时，即使不表示反对，也不应该明言支持。附和上司虽然暂时取悦了领导，却会失去大多数人的支持。

植物3："含羞草"

已经确定下来的事情，一遇阻滞便轻易变更，让协助你的同事无所适从。其实，做事小心谨慎是应该的，但同样需要临危不惧，立场坚定，承诺如果无法兑现，会在大家面前失去信用。这样的人，公司也不敢委以重任。

植物4："箩底橙"

不求有功但求无过，做事慢吞吞，效果一般，迟早会被淘汰。其实很多工作都是多名员工相互协作开展的，由于一人的迟缓而影响了整体工作的进度，会损害到大家的利益。有时，某些工作确属客观原因无法完成，这时应该立即通知上司，寻找问题的解决方案。无论如何，都不应该将工作搁置，去等待上级的询问。总之，在接受工作任务之后，应该立即着手行动。如果要加班加点，也应与其他人共同进退。

优秀员工的十种心态

（1）积极的心态。正如哲学家叔本华所言：事物的本身并不影响人，人们只受对事物看法的影响。一个企业在发展过程中必然会遇到各种各样的问题，甚至会是瓶颈，这个时候企

业需要职员发挥积极正面思考的力量与智慧，正确看待企业所进行的变革，以对企业和自己 100% 负责的态度投身到企业的建设中去。

（2）感恩的心态。感恩是一种胸怀，是一种美德。学会感恩，善于感恩，既可以帮助企业营造一种互相赏识的团队氛围，又能够打造企业与个人无限的"情商"与融洽的人际关系。感谢父母、朋友，他们给予的亲情与友谊；感谢上司、老板，他们给予的发展空间与机会；感谢同事和客户，他们给予的认可与丰厚的回馈；感谢……没有他们，我们的生活将失去光彩和快乐。

（3）改变的心态。改变是管理的主题，最好的改变态度是归零，一切从头开始。常常胸怀谦谨心境的人，他的改变速度和效率将会有惊人的突破，他通常会在最短的时间内吸收更多全新的知识、发展更高技能以及迅速建立人脉。

（4）进取的心态。21 世纪的企业将是学习型的组织。企业要求每一位员工必须肯于学习，善于学习，努力进取。如果每位员工每天进步 1%，每天检讨当天的行为，每天改善一点点，那么企业的进步将是巨大和迅猛的。

（5）诚实勤奋的心态。诚信是商业的第一准则，也是职业的第一准则，相信诚信才是合作的最好基石。诚实做人，踏实做事，忠实于企业，忠实于个人，永远对人忠诚。勤奋是需要做的比要求的更多、更好，要比竞争对手多走"一里路"。

（6）付出与奉献的心态。要想杰出一定得先付出，没有奉献精神是不能够创业的。要先用行动让别人知道，自己有超过所有的价值，别人才会开更高的价格。付出一定会有收获，一定会得到相应的回报。奉献是一种精神，是付出的另一种表现形式，他会为自己赢得最长久的回馈。企业需要员工付出和奉献在先，不要斤斤计较眼前的利益与得失。

（7）合作与创新的心态。当今市场的竞争更讲究企业团队的整体作战能力，致力达到员工个人与企业双赢的结局。个人渺小并不可怕，与团队的伙伴精诚合作，团队伙伴之间知识与能力互补，就能共享资源。创新是企业的生命力所在，怀旧与故步自封都将被市场淘汰。

（8）自信与行动的心态。自信是一个人最大的资本，是潜能发挥的催化剂。自信不是自负，也不是自大，自信与行动密切相关。只有行动才会有结果，行动是解除恐惧的最好良药。

（9）敬业的心态。每个员工只有对所从事的工作充满激情与浓厚兴趣，才有可能创造出最高效的价值，才有可能主动克服各种苦难，逐步真正实现人生的奋斗目标。

（10）渴望成功的心态。一个企业不能容忍一个人一辈子在岗位上平平淡淡、碌碌无为。企业愿意录用一个一直想赢、渴望成功，并有办法让企业和个人成功双赢的人。

（案例来源：编写组收集整理。）

思考与练习

1. 个人职业发展早期、中期、后期管理的关键问题是什么？
2. 结合实际谈谈职业道德规范素养在现实生活中的应用。
3. 请同学们在纸上写下工作后担心的可能会遇到的问题。写完后与周围的同学交换，并给自己所拿到的问题写下建议和应对策略。

参 考 文 献

[1] 宋吉鑫. 大学生就业创业指导[M]. 沈阳：辽宁大学出版社，2015.
[2] 李培林，陈光金，张翼. 社会蓝皮书：2016年中国社会形势分析与预测[M]. 北京：社会科学文献出版社，2015.
[3] 刘铸. 大学生就业创业指导[M]. 沈阳：辽宁大学出版社，2013.
[4] 何少庆. 大学生职业生涯规划与就业创业指导[M]. 北京：新华出版社，2014.
[5] 焦金雷. 大学生就业与创业指导[M]. 西安：西安交通大学出版社，2014.
[6] 余勇. 大学生职业生涯规划与就业创业指导[M]. 天津：南开大学出版社，2013.
[7] 崔正华. 中国大学生的就业与职业选择[M]. 武汉：武汉出版社，2012.
[8] 胡振坤，黄兆文. 大学生就业指导[M]. 天津：南开大学出版社，2013.
[9] 杨芳. 大学生创新与创业教程[M]. 天津：南开大学出版社，2013.
[10] 荆德刚. 新常态视角下的大学生就业形势与任务[J]. 中国高教研究，2015，(12)：37-40.
[11] 闵尊涛，陈云松，王修晓. 大学生毕业意向的影响机制及变迁趋势：基于十年历时调查数据的实证考察[J]. 2018，38(5)：182-213.
[12] 卞梦健. 就业选择更加多元化已经成为新趋势[J]. 中国就业，2017，(9)：52-53.
[13] 陈媛媛，张锐，陈思宇. 经济转型期大学生"先就业再择业"观念形成的原因探析：基于安徽省调研数据的实证研究[J]. 长春理工大学学报：社会科学版，2018，31(1)：147-152.
[14] 宋妍. 论复合型人才培养的重要性及其途径[J]. 长春工业大学学报：高教研究版，2013，34(1)：3-5.
[15] 凌海蓉. "双创教育"视域下大学生实践能力培养的思考[J]. 教育理论与实践. 2018，38(27)：15-17.
[16] 林培锦. 勒温场理论下当代大学生学习兴趣的培养探究[J]. 中国大学教学，2015，(6)：67-71.
[17] 刘霄，蒋承. 大学生的专业兴趣可以培养吗：基于本科四年发展数据的动态分析[J]. 教育发展研究，2017，(19)：33-39.
[18] 王凤军. 大学生行为习惯养成教育的措施与方法研究[J]. 当代教育理论与实践，2014，6(12)：129-130.
[19] 李小林. 学生行为习惯养成教育的五个注重[J]. 重庆电子工程职业学院学报，2015，24(1)：106-108.
[20] 刘川生. 用社会主义核心价值观塑造大学生健康人格[J]. 中国高等教育，2015，(11)：20-23.
[21] 郭秀艳，敖嫩. 当代大学生健康人格塑造的途径[J]. 教育教学论坛，2014，31(7)：185-186.
[22] 宋爱华. 大学生就业创业指导[M]. 北京：中国石化出版社，2011：26-37.
[23] 梁达友，韦仕珍. 大学生职业发展与就业创业指导[M]. 北京：中国工信出版社集团，2017：153-155.
[24] 李颖，王宪明. 大学生就业创业指导[M]. 沈阳：辽宁大学出版社，2014.
[25] 辽宁省教育厅. 大学生职业发展与就业指导[M]. 沈阳：辽宁大学出版社，2011.
[26] 刘铸，刘万芳. 高校毕业生就业与创业指导服务体系建设的理论与实践[M]. 沈阳：辽宁大学出版社. 2012.
[27] 孙灵. 大学生就业准备与实现研究[D]. 重庆大学，2008.
[28] 陈清义. 大学生职业生涯规划与就业指导[M]. 南京：东南大学出版社，2015：192.